中華文化促進會主持編纂

國家"十一五"重點圖書出版規劃項目

中國社會科學院哲學社會科學創新工程學術出版資助項目

出品人 王石 段先念

今注本二十四史

南史

一六

傳〔一三〕

唐 李延壽 撰

趙凱 汪福寶 周群 主持校注

中国社会科学出版社

南史　卷六八

列傳第五十八

趙知禮　蔡景歷 子徵　宗元饒　韓子高　華皎
劉師知　謝岐　毛喜　沈君理　陸山才

趙知禮字齊旦，天水隴西人也。[1]父孝穆，梁候官令。[2]知禮涉獵文史，善書翰。[3]陳武帝之討元景仲也，[4]或薦之，引爲書記。[5]知禮爲文贍速，[6]每占授軍書，[7]下筆便就，率皆稱旨。由是恒侍左右，深被委任，當時計畫，莫不預焉。武帝征侯景，[8]至白茅灣，[9]上表於梁元帝，[10]及與王僧辯論軍事，[11]其文並知禮所製。及景平，授中書侍郎，[12]封始平縣子。[13]陳受命，位散騎常侍、太府卿，[14]權知領軍事。[15]

[1]天水：郡名。治上邽縣，在今甘肅天水市。　隴西：縣名。治所在今甘肅隴西縣。

[2]候官：縣名。治所在今福建福州市。

[3]善書翰：《陳書》卷一六《趙知禮傳》作“擅隸書”。

[4]陳武帝：陳霸先。字興國，小字法生，吴興長城（今浙江長興縣）人。南朝陳開國皇帝。本書卷九，《陳書》卷一、卷二有紀。　元景仲：本北魏宗室支屬，梁武帝普通（520—527）中隨父兄降梁，封枝江縣公，歷任右衛將軍、廣州刺史等職。後起兵響應侯景之亂，兵敗自殺。《梁書》卷三九有附傳。

[5]書記：泛指書寫、記録、撰擬等文牘事務。《陳書・趙知禮傳》作“記室參軍”。

[6]贍速：語匯豐富，文思敏捷。

[7]占授：口授。

[8]侯景：字萬景，懷朔鎮（今内蒙古固陽縣）人。原爲東魏大將，後叛至南朝梁，發動叛亂，史稱“侯景之亂”。本書卷八〇、《梁書》卷五六有傳。

[9]白茅灣：地名。在今江西九江市東北，東近桑落洲。《梁書》卷四五《王僧辯傳》作“白茅洲”。

[10]梁元帝：蕭繹。小字七符，梁武帝第七子。初封湘東郡王，後爲荆州刺史，出鎮江陵。簡文帝大寶三年（552）於江陵即位，年號承聖。元帝承聖三年（554），西魏圍攻江陵，城陷身死。廟號世祖。本書卷八、《梁書》卷五有紀。

[11]王僧辯：字君才，太原祁（今山西祁縣）人。初爲北魏將領，梁初隨父南渡，任湘東王蕭繹府中司馬等職。後與陳霸先收復建康。蕭繹即位後，爲太尉。梁元帝被殺，僧辯又立北齊扶持的蕭淵明爲帝，終爲陳霸先所襲殺。本書卷六三有附傳，《梁書》卷四五有傳。

[12]中書侍郎：官名。中書省屬官，舊掌詔誥，後流爲清職，漸成諸王起家官。梁九班。陳四品，秩千石。

[13]始平縣子：封爵名。始平，縣名。治所不詳。縣子，開國縣子的省稱。在梁位視二千石，班次之。在陳爲九等爵第五等，五品，秩視二千石。據《陳書・趙知禮傳》，始平縣子食邑三百户。

[14]散騎常侍：官名。集書省長官。職掌侍從皇帝左右，應對

顧問，獻納得失。與散騎侍郎、通直散騎常侍、通直散騎侍郎、員外散騎常侍、員外散騎侍郎合稱六散騎，實爲閑職，用以安置閑退官員、衰老之士，多授宗室、公族子弟。陳三品，秩中二千石。
太府卿：官名。掌管金帛庫藏出納、關市税收諸各，供應國家、皇室用度。轄左右藏、上庫、太市、南北市諸令丞及各地關津。陳三品，秩中二千石。

[15]權知：臨時兼管。　領軍：官名。領軍將軍的省稱。爲禁衛軍將領，與護軍並爲中軍統帥，合稱“領護”。總領駐扎在建康臺城之内的中軍諸部（即内軍，又稱臺軍），宿衛宫闕。職位顯要，梁時有“領軍管天下兵要”“總一六軍，非才勿授”（《梁書》卷四二《臧盾傳》）之説。資輕者稱中領軍，資重者稱領軍將軍。陳三品，秩中二千石。

天嘉元年，[1]進爵爲伯。[2]王琳平，[3]授吴州刺史。[4]知禮沈静有謀謨，每軍國大事，文帝輒令璽書問之。[5]再遷右將軍，[6]領前軍將軍。[7]卒，[8]贈侍中，[9]謚曰忠。子元恭嗣。[10]

[1]天嘉：南朝陳文帝陳蒨年號（560—566）。

[2]進爵爲伯：由始平縣子進爲始平縣伯。縣伯，開國縣伯省稱。南朝梁開國縣伯位視九卿，班次之。陳爲九等爵之第四等，四品，秩視中二千石。

[3]王琳：字子珩，會稽山陰（今浙江紹興市）人。梁元帝蕭繹心腹將領。江陵陷落後，擁立梁元帝之孫蕭莊，依附北齊，盤踞於湘、郢諸州，對抗陳朝。陳文帝天嘉元年（560）在蕪湖之役慘敗，逃奔北齊。本書卷六四、《北齊書》卷三二有傳。

[4]吴州：州名。治吴縣，在今江蘇蘇州市。

[5]文帝：南朝陳文帝陳蒨。字子華，陳武帝兄始興昭烈王陳

道談長子，南朝陳第二任皇帝，廟號世祖。本書卷九、《陳書》卷三有紀。

[6]右將軍：《陳書》卷一六《趙知禮傳》作“右衛將軍”。南朝梁武帝天監七年（508）以武臣、爪牙、龍騎、雲麾將軍取代舊置前、後、左、右將軍，陳朝相沿，亦不置右將軍，故當以《陳書》爲是。右衛將軍，禁衛軍統帥之一。與左衛將軍合稱二衛將軍，掌宫廷宿衛營兵，多由近臣擔任。陳三品，秩二千石。

[7]前軍將軍：大德本、汲古閣本、殿本無“將軍”二字。右軍將軍與前軍、後軍、左軍將軍合稱四軍將軍，掌宫禁宿衛。陳五品，秩千石。

[8]卒：據《陳書·趙知禮傳》，卒於陳文帝天嘉六年，時年四十七歲。

[9]侍中：官名。南朝梁、陳時爲門下省長官，侍奉皇帝生活起居，侍從左右，有顧問應對、諫諍糾察之職能，同時兼掌出納、璽封詔奏，有封駁權，參預機密政務，上親皇帝，下接百官，官顯職重。多選美姿容、有文才、與皇帝親近者任之。並爲親王之起家官。陳三品，秩中二千石。

[10]元恭：《陳書·趙知禮傳》作“允恭”。

蔡景歷字茂世，濟陽考城人也。[1]祖點，梁尚書左户侍郎。[2]父大同，輕車岳陽王記室參軍。[3]景歷少俊爽，[4]有孝行，家貧好學，善尺牘，[5]工草隸。[6]爲海陽令，[7]政有能名。在侯景中與南康嗣王會理通，[8]謀匡復，[9]事泄被執，賊黨王偉保護之，[10]獲免，因客游京口。[11]

[1]濟陽：郡名。治濟陽縣，在今河南蘭考縣東北。　考城：縣名。治所在今河南民權縣東北。

[2]尚書左户侍郎：官名。尚書省左民曹長官，屬左民尚書。梁五班。陳四品，秩六百石。左户即左民，唐人避唐太宗李世民名諱而改“民”爲“户”。

[3]記室參軍：官名。王公軍府屬官，掌府内文書，品秩皆依府主地位而定。

[4]俊爽：容儀俊美爽朗。

[5]尺牘：書信。

[6]草隸：草書。亦可兼指草書、隸書兩種書體。

[7]海陽：縣名。治所在今廣東潮州市東北。

[8]南康嗣王會理：蕭會理。字長才，南康簡王蕭績之子，梁武帝之孫。侯景之亂時，圖謀起兵平定侯景，事泄被殺。本書卷五三、《梁書》卷二九有附傳。南康，郡名。治贛縣，在今江西贛州市西南。嗣王，嗣位爲郡王者。

[9]謀匡復：《陳書》卷一六《蔡景歷傳》作“謀，欲挾簡文出奔”。

[10]王偉：南朝梁人，陳留（今河南開封市）人。少有才學，後隨侯景叛亂，爲謀主，侯景文檄皆其所草。及侯景攻陷建康，累遷至尚書左僕射。侯景兵敗，被囚送江陵，烹於市。本書卷八〇、《梁書》卷五六有附傳。

[11]京口：又稱京城、京，爲南徐州鎮所，在今江蘇鎮江市。南朝時爲交通要衝、軍事重鎮。《隋書·地理志下》：“京口東通吴、會，南接江、湖，西連都邑，亦一都會也。”

侯景平，陳武帝鎮朱方，[1]素聞其名，以書要之。[2]景歷對使人答書，筆不停綴，[3]文無所改。帝得書，甚加欽賞，即日授征北府中記室參軍，[4]仍領記室。[5]

[1]朱方：京口的别稱。其地春秋時期爲吴國之朱方邑，故南

朝時或稱京口爲朱方。

［2］要：同“邀”。

［3］綴：大德本、汲古閣本、殿本作“輟”。

［4］征北府中記室參軍：征北府，指征北大將軍府。據本書卷一《武帝紀》，陳霸先時爲征北大將軍、南徐州刺史。中記室參軍，常省稱爲“中記室”。王公軍府皆置。

［5］記室：官名。記室參軍的省稱。王公軍府屬官，掌府內文書。陳自七品至九品，皆依府主地位而定。皇弟皇子府記室參軍第七品。常由他官兼領。

衡陽獻王昌爲吴興太守，[1]帝以鄉里父老，尊卑有數，恐昌年少，接對乖禮，乃遣景歷輔之。承聖中，[2]還掌記室。武帝將討王僧辯，獨與侯安都等數人謀之，[3]景歷弗之知。部分既畢，[4]召令草檄，景歷援筆立成，辭義感激，事皆稱旨。及受禪，遷秘書監、中書通事舍人，[5]掌詔誥。

［1］衡陽獻王昌：陳昌。陳霸先第六子。本書卷六五、《陳書》卷一四有傳。　吴興：郡名。治烏程縣，在今浙江湖州市。

［2］承聖：南朝梁元帝蕭繹年號（552—555）。

［3］侯安都：字成師，始興曲江（今廣東韶關市）人。本書卷六六、《陳書》卷八有傳。

［4］部分：安排布置。

［5］秘書監：官名。秘書省長官。掌國家典籍圖書。陳四品，秩中二千石。　中書通事舍人：官名。中書省屬官。常省稱爲“中書舍人”。職掌收納、轉呈章奏等事，入值禁中，直接聽命於皇帝，位顯權重，實爲中書省核心要職。《隋書·百官志上》載陳時官制云：“國之政事，並由中書省。有中書舍人五人，領主事十人，書吏

二百人。書吏不足，并取助書。分掌二十一局事，各當尚書諸曹，並爲上司，總國内機要，而尚書唯聽受而已。”陳八品。

永定二年，[1]坐妻弟受周寶安餉馬，[2]爲御史中丞沈炯所劾，[3]降爲中書侍郎，[4]舍人如故。

[1]永定：南朝陳武帝陳霸先年號（557—559）。

[2]坐妻弟受周寶安餉馬：《陳書》卷一六《蔡景歷傳》作“坐妻弟劉淹詐受周寶安餉馬”，知妻弟名爲劉淹。周寶安，字安民，義興陽羡（今江蘇宜興市）人。周文育之子。本書卷六六、《陳書》卷八有附傳。餉馬，贈送馬匹。

[3]御史中丞：官名。御史臺長官，或稱“南司”。掌監察百官，奏劾不法。南朝時其職雖重，世族名士多不樂充任。陳三品，秩二千石。　沈炯：字禮明，吴興武康（今浙江德清縣）人。本書卷六九、《陳書》卷一九有傳。

[4]中書侍郎：官名。中書省屬官，舊掌詔誥，後流爲清職，漸成諸王起家官。陳四品，秩千石。

三年，武帝崩。時外有强寇，文帝鎮南皖，[1]朝無重臣，宣后呼景歷及江大權、杜稜定議，[2]秘不發喪，疾召文帝。景歷躬共宦者及内人密營斂服，時既暑熱，須營梓宫，[3]恐斤斧之聲聞外，[4]乃以蠟爲秘器，[5]文詔依舊宣行。[6]

[1]南皖：地名。亦稱南皖口，爲皖水注入長江處，在今安徽懷寧縣東。

[2]宣后：陳高祖宣皇后章要兒。本書卷一二、《陳書》卷七

有傳。　杜稜：字雄盛，吴郡錢塘（今浙江杭州市）人。本書卷六七、《陳書》卷一二有傳。

[3]梓宫：帝王的棺槨。古禮以梓木爲之，故名。

[4]怨：大德本、汲古閣本、殿本作“恐”。底本誤。

[5]秘器：東園秘器的省稱。意即棺材。漢代皇室葬具往往由少府下屬東園署製作，稱東園秘器。

[6]文詔：文書詔誥。

文帝即位，復爲秘書監，舍人如故。以定策功，封新豐縣子。[1]累遷散騎常侍。文帝誅侯安都，景歷勸成其事，以功遷太子左衛率，[2]進爵爲侯，[3]常侍、舍人如故。坐妻兄劉裕依倚景歷權前後姦詭，[4]并受歐陽威餉絹百匹，[5]免官。

[1]新豐縣子：封爵名。新豐，縣名。治所在今廣東新豐縣東北。據《陳書》卷一六《蔡景歷傳》，新豐縣子食邑四百户。

[2]太子左衛率：官名。宿衛東宫，亦任征伐，地位頗重。陳四品，秩二千石。

[3]進爵爲侯：由新豐縣子進爲新豐縣侯。據《陳書·蔡景歷傳》，新豐縣侯增邑一百户。

[4]坐妻兄劉裕依倚景歷權前後姦詭：《陳書·蔡景歷傳》作“坐妻兄劉洽依倚景歷權勢前後姦詐”。中華本據改“劉裕”爲“劉洽”，並在“權”後補“勢”字。馬宗霍《南史校證》亦云：“以《陳書》上文妻弟名‘淹’例之，疑《南史》此文‘裕’蓋‘洽’之誤，洽淹同從水旁。”（湖南教育出版社 2008 年版，第 1050 頁）

[5]歐陽威：《陳書·蔡景歷傳》作“歐陽武威”。

華皎反，以景歷爲武勝將軍、吴明徹軍司。[1]皎平，明徹於軍中輒戮安成内史楊文通，[2]又受降人馬仗有不分明，[3]景歷又坐不能匡正，被收，久之獲宥。

[1]武勝將軍：官名。南朝陳時與武猛、武略、武力、武毅、武健、武烈、武威、武鋭、武勇將軍並稱十武將軍。擬六品，比秩千石。　吴明徹：字通昭（《南史》作“通炤”），秦郡（今江蘇南京市六合區）人。仕梁官至使持節、散騎常侍、安東將軍、南兖州刺史，封安吴縣侯。入陳，官至司空、侍中、都督南北兖南北青譙五州諸軍事、南兖州刺史，進爵爲公。宣帝太建九年（577），受命北伐，爲北周所俘，後卒於長安。本書卷六六、《陳書》卷九有傳。　軍司：官名。爲諸軍府主要僚屬，佐主帥統帶軍隊，在主帥因故不能行使職權時攝行其職，亦常爲主帥職位的繼任者。從屬於主師，又有監察匡理有主帥、掌理軍法之責，地位很高。原稱軍師，晋避司馬師諱，改爲軍司，南朝沿用（參見陶新華《魏晋南朝的軍師、軍司、軍副——軍府職官辨析》，《杭州師範學院學報》2000年第4期）。

[2]安成内史楊文通：内史，王國行政長官，掌王國民政，職同太守。陳萬户以上郡爲六品，不滿萬户郡爲七品。安成，郡名。治平都縣，在今江西安福縣東南。時安成郡爲陳頊王國，故置内史。華皎反叛，陳軍數路進擊，其中安成内史楊文通以假節、冠武將軍身份從安成郡步道出茶陵。

[3]馬仗：馬匹軍械。

宣帝即位，[1]累遷通直散騎常侍、中書通事舍人，[2]掌詔誥，仍復封邑。

[1]宣帝：南朝陳宣帝陳頊。陳武帝兄陳道談子，陳文帝弟。

本書卷一〇、《陳書》卷五有紀。

［2］通直散騎常侍：官名。晉武帝時以員外散騎常侍二人與散騎常侍通員當值，故名。南朝梁、陳隸集書省，與散騎常侍、散騎侍郎、通直散騎侍郎、員外散騎常侍、員外散騎侍郎合稱六散騎。掌侍奉規諫，備顧問應對，實爲閑職，用以安置閑退官員、衰老之士，多授宗室、公族子弟。陳四品，秩二千石。

太建五年，[1]都督吴明徹北侵，所向剋捷，大破周梁士彦於吕梁，[2]方進圍彭城。[3]時宣帝鋭意河南，以爲指麾可定。景歷稱師老將驕，不宜過窮遠略。帝惡其沮衆，[4]大怒，猶以朝廷舊臣，不加深罪，出爲豫章内史。[5]未行，爲飛章所劾，[6]以在省之日，贓污狼籍，帝令有司案問，景歷但承其半。於是御史中丞宗元饒奏免景歷所居官，徙居會稽。[7]

［1］太建：南朝陳宣帝陳頊年號（569—582）。

［2］周：北周。公元前557年，西魏權臣宇文護迫使魏恭帝拓跋廓禪位，宇文覺稱帝，建立周朝，是爲北周。　梁士彦：字相如，安定烏氏（今寧夏固原市）人。時爲北周柱國。《周書》卷三一、《北史》卷七三有傳。　吕梁：地名。在今江蘇徐州市銅山區東南。北齊彭城郡有吕縣，城臨泗水，泗水至吕縣積石爲梁，故號吕梁。北齊爲防備陳軍，在吕縣城東二里築三城，一在泗水南，一在水中潬上，一在泗水北。此處水流湍急，爲軍事要地。

［3］彭城：郡名。治彭城縣，在今江蘇徐州市。

［4］沮衆：古代軍法有“沮軍興”罪，以言論擾亂軍心、阻礙軍事行動者，當斬。

［5］豫章内史：豫章，郡名。治南昌縣，在今江西南昌市。時

爲陳叔英王國，故置内史。

［6］飛章：匿名書信。

［7］會稽：郡名。治山陰縣，在今浙江紹興市。

及吴明徹敗，帝追憶景歷前言，即日追還，以爲征南鄱陽王諮議。[1]數日，遷員外散騎常侍，[2]兼御史中丞，復本爵封，入守度支尚書。[3]舊式拜官在午後，景歷拜日，適逢輿駕幸玄武觀，[4]在位皆侍宴，帝恐景歷不預，特令早拜。其見重如此。

［1］征南鄱陽王諮議：征南鄱陽王府之諮議參軍事。征南鄱陽王指陳伯山，陳文帝第三子，天嘉元年（560）封鄱陽王，宣帝太建六年（574）爲征北將軍，不久改爲征南將軍。本書卷六五、《陳書》卷二八有傳。諮議，官名。“諮議參軍事”的省稱。爲王公軍府屬僚佐之一，掌咨詢謀議軍事，位在諸參軍之上。皇弟皇子府諮議參軍，陳五品，秩八百石。

［2］員外散騎常侍：官名。初爲正員之外添差之散騎常侍，後轉爲定員官，與散騎常侍、散騎侍郎、通直散騎常侍、通直散騎侍郎、員外散騎侍郎合稱六散騎。南朝梁、陳隸集書省，掌侍奉規諫，備顧問應對，實爲閑職，用以安置閑退官員、衰老之士，多授宗室、公族子弟。陳四品，秩二千石。

［3］守：官制術語。即以較低官階署理較高官職。　度支尚書：官名。南朝尚書省六尚書之一，領度支、金部、倉部、起部四曹，掌管全國貢税租賦的統計、調撥等事務。陳三品，秩中二千石。

［4］玄武觀：樓觀名。在建康城北覆舟山（今江蘇南京市玄武區九華山公園）上，臨玄武湖。其景致可參南朝陳江總《侍宴玄武觀》詩：“詰曉三春暮，新雨百花朝。星宫移渡罕，天駟動行鑣。旆轉蒼龍闕，塵飛飲馬橋。翠觀迎斜照，丹樓望落潮。鳥聲雲裏出，

樹影浪中摇。歌吟奉天詠，未必待聞詔。”

卒官，[1]贈太常卿，[2]謚曰敬。十三年，改葬，重贈中領軍。[3]禎明元年，[4]配享武帝廟庭。[5]二年，車駕親幸其宅，重贈景歷侍中、中撫軍將軍，[6]謚曰忠敬，給鼓吹一部，[7]於墓所立碑。

[1]卒官：據《陳書》卷一六《蔡景歷傳》，卒時年六十歲。

[2]太常卿：官名。本爲太常之尊稱，南朝梁武帝天監七年（508）官班改革，建置十二卿，改太常爲太常卿，遂爲正式官名。掌宗廟祭祀禮樂賓客車輿天文學校陵園諸事，領明堂、太廟、太史、太祝、廪犧、太樂、鼓吹、乘黄、北館、典客館諸令丞，及陵監、國學及協律校尉、總章校尉監、掌故、樂正等。陳因之，三品，秩中二千石。

[3]中領軍：官名。南朝禁衛軍將領，與護軍並爲中軍統帥，合稱“領護”。總領駐扎在建康臺城之内的中軍諸部（即内軍，又稱臺軍），宿衛宫闕。職位顯要，梁時有“領軍管天下兵要”“總一六軍，非才勿授”（《梁書》卷四二《臧盾傳》）之説。資輕者稱中領軍，資重者稱領軍將軍。陳三品，秩中二千石。

[4]禎明：南朝陳後主陳叔寶年號（587—589）。

[5]配享武帝廟庭：錢大昕《廿二史考異》卷二七云：“本紀不載此事，疑所配享乃高宗也。”據此，“武帝”當爲“宣帝”之訛。

[6]中撫軍將軍：《陳書·蔡景歷傳》作“中撫將軍”，中華本據改。中撫將軍，官名。南朝梁、陳時中撫將軍與中軍、中衛、中護將軍合稱四中將軍。專授予在京師任職的官員。陳擬二品，比秩中二千石。加“大”爲中撫大將軍，較中撫將軍進一階。

[7]鼓吹：本爲皇帝出行儀仗的組成部分，南朝時往往賜予皇親國戚或有功大臣，以示尊崇。高級儀仗分爲前部鼓吹、後部鼓

吹，前部鼓吹在前開道，以鉦、鼓等大型樂器爲主，樂工步行演奏；後部鼓吹殿後，以簫、笳、鼙等小型樂器爲主，樂工或步行，或在馬上演奏。

景歷屬文，不尚雕靡，而長於叙事，應機敏速，爲當時所稱。有文集三十卷。[1]子徵嗣。

[1]文集三十卷：《隋書·經籍志四》集部别集類正目有陳護軍將軍《蔡景歷集》五卷。按，景歷未曾擔任護軍，最后贈官爲中撫軍將軍，疑《隋志》“護”爲“撫”之誤字（參見馬宗霍《南史校證》，第1050頁）。

江大權字伯謀，濟陽考城人，位少府，[1]封四會縣伯。[2]太建二年，卒於通直散騎常侍。

[1]少府：官名。即少府卿，南朝梁武帝天監七年（508）官班改革所置十二卿之一，職掌宫廷手工業及冶鑄、磚木、庫藏等事務，領材官將軍、左中右尚方、甄官、平水署、南塘、邸税庫、東西冶、中黄、細作、炭庫、紙官等令丞。梁十一班，位視尚書左丞。陳三品，秩中二千石。

[2]四會：縣名。治所在今廣東四會市。

徵字希祥，幼聰敏，精識强記。年六歲，詣梁吏部尚書河南褚翔，[1]嗟其穎悟。[2]七歲丁母憂，[3]居喪如成人禮。繼母劉氏性悍忌，視之不以道，徵供侍益謹，初無怨色。[4]徵本名覽，景歷以其有王祥之性，[5]更名字焉。

[1]吏部尚書：官名。南朝尚書省六尚書之一，領吏部、删定、三公、比部四曹，掌官吏銓選考課，職任隆重，位居列曹尚書之上。梁十四班。陳三品，秩中二千石。　河南：郡名。治洛陽縣，在今河南洛陽市東北。　褚翔：字世舉，河南陽翟（今河南禹州市）人。本書卷二八有附傳，《梁書》卷四一有傳。

[2]嗟其穎悟：《陳書》卷二九《蔡徵傳》作“翔嗟其穎悟”。本書删“翔”字，損傷文意。

[3]丁母憂：遭逢母親喪事。古代喪服禮制規定，父母死後，子女須守喪，三年内不得做官、婚娶、赴宴、應考、舉樂等。

[4]初：全。

[5]王祥：字休徵，琅邪臨沂（今山東臨沂市）人。漢末隱居不仕，曹魏時官至司空、太尉，封睢陵侯。西晋時爲太保，封睢陵公。侍奉後母至孝，被時人視爲德操模範，曹魏尊爲國三老。後世二十四孝故事之“卧冰求鯉”，即頌揚王祥之孝。《晋書》卷三三有傳，事又詳《三國志》卷四《魏書·三少帝紀》。

陳武帝爲南徐州，[1]召補迎主簿，[2]尋授太學博士。[3]太建中，累遷太子中舍人，[4]兼東宫領直，[5]襲封新豐侯。[6]

[1]爲南徐州：任南徐州刺史。南徐州，治所在今江蘇鎮江市。

[2]迎主簿：官名。六朝時，地方官吏上任或離任，官府要以財禮迎送，謂之迎新、送故。主持迎新的主簿稱爲迎主簿。迎主簿由一州門第、德行、才學優異者擔任，是一種入仕之資格。

[3]太學博士：官名。即太學博士。掌教授國子學生，參議禮制。隸國子祭酒。陳八品，秩六百石。

[4]太子中舍人：官名。東宫屬官，隸屬於太子詹事。南朝陳之制，東宫有舍人十六員，掌文章書記。七品，秩二百石。選太子

舍人才學俱佳者四人爲中舍人，掌奏事文書、侍從規諫、儐相威儀等事。又以功高者一人，與中庶子祭酒共掌其署禁令。五品，秩六百石。

[5]東宫領直：官名。東宫屬官。總領直寢、直後等東宫值衛之士，故名。品秩不詳。

[6]新豐侯：《陳書》卷二九《蔡徵傳》作“新豐縣侯”。

至德中，[1]位太子中庶子、中書舍人，[2]掌詔誥。尋授左户尚書，[3]與僕射江總知撰五禮事。[4]後主器其才幹，[5]任寄日重。遷吏部尚書，每十日一往東宫，於皇太子前論述古今得喪及當時政務。又敕以廷尉寺獄，[6]事大小，[7]取徵議决。俄敕遣徵收募兵士，自爲部曲。[8]徵善撫卹，得物情，旬月之間，衆近一萬。位望既重，兼聲位熏灼，[9]物議咸忌憚之。[10]尋徙中書令。[11]中書清簡無事，或云徵有怨言，後主聞之大怒，收奪人馬，將誅之，左右致諫，獲免。

[1]至德：南朝陳後主陳叔寶年號（583—586）。

[2]太子中庶子：官名。東宫屬官，掌東宫管記，並以功高者一人爲祭酒，行則負璽，前後部護駕，與太子中舍人功高者同掌禁令。陳四品，秩二千石。

[3]左户尚書：官名。即左民尚書。尚書省列曹尚書之一，領左民、駕部、起部、屯田諸曹，掌修繕功作、鹽池園苑等土木工程，兼掌户籍。陳三品，秩中二千石。

[4]僕射：官名。尚書僕射的省稱。爲尚書省次官，輔佐尚書令執行政務，參議大政，諫諍得失。南朝尚書令位尊權重，不親庶務，梁、陳時常缺，尚書僕射實爲尚書省主官。僕射有時分置左、

右二僕射，右僕射位在左僕射下；有時不分，徑稱尚書僕射。陳二品，秩中二千石。　江總：字總持，濟陽考城（今河南民權縣）人。仕梁爲太子洗馬、太子中舍人，參與創製《述懷詩》，爲梁武帝所嗟賞。入陳歷左民尚書、太子詹事、祠部尚書、尚書僕射、尚書令等職。有辭采，善屬文，尤長於五言、七言詩。《隋書·經籍志四》著録《開府江總集》三十卷、《江總後集》二卷。本書卷三六有附傳，《陳書》卷二七有傳。

[5]後主：南朝陳後主陳叔寶。字元秀，陳宣帝陳頊嫡長子。南朝陳最後一任皇帝。本書卷一〇、《陳書》卷六有紀。

[6]廷尉寺獄：即北獄。梁武帝天監五年（506）設置詔獄，收繫皇帝指名收捕的特殊罪犯，奉詔審理特殊案件。其一在建康縣，名南獄；其一在廷尉寺，名北獄。

[7]事大小：大德本、汲古閣本、殿本作“事無大小”。底本“事”後脱“無”字，當補。

[8]部曲：漢代本爲軍隊編制用語，魏晋南北朝時演變爲世族、豪强的私屬依附，平時耕田從役，戰時隨主家作戰，父死子繼，地位低下。陳朝從建立至亡國，戰事頻仍，部曲私兵的主要職責是隨主家征戰（參見周一良《魏晋南北朝史札記·陳書札記》，中華書局 1985 年版，第 301—304 頁）。

[9]位望既重，兼聲位熏灼：聲位，《陳書》卷一六《蔡徵傳》作“聲勢”。馬宗霍《南史校證》云：“上句言‘位望’，則下句‘聲位’字復，當從《陳書》本傳作‘聲勢’。”（第 1051 頁）

[10]物議：輿論。

[11]中書令：官名。與中書監並爲中書省長官，掌出納帝命。東晋以後，中書出令之權歸他省或中書侍郎、中書舍人，中書令漸成閑職，僅掌文章之事，多用於重要大臣之加官。陳二品，秩中二千石。

祯明二年，[1]隋軍濟江，後主以徵有幹用，令權知中領軍事。徵日夜勤苦，備盡心力，後主嘉焉，謂曰："事寧，有以相報"。及決戰於鍾山南岡，[2]敕徵守宫城西北大營，[3]尋令督衆軍戰事。陳亡，隨例入長安。[4]

[1]二年：《陳書》卷一六《蔡徵傳》作"三年"。中華本校勘記云："隋師濟江，陳亡，事在禎明三年。"中華本據改爲"三年"。

[2]鍾山南岡：鍾山，又稱蔣山。即今江蘇南京市紫金山。南岡，即白地岡，鍾山與秦淮河之間南北向的岡阜，位置相當於明代南京城以朝陽門（今中山門）控扼的東墻段。《讀史方輿紀要》卷二〇《南直二·江寧縣》："白土岡，府東十三里。隋賀若弼與陳兵戰於白土岡，擒蕭摩訶於此。《金陵記》：'白土岡周回十里，高十丈，南至淮，即鍾山之南麓也。'"

[3]宫城：即臺城，在京師建康城中北部。本爲吴之苑城，晋成帝咸和年間改築爲宫城，是爲建康宫。因其爲臺省所在，故稱臺城。故址在今江蘇南京市雞籠山南。據《建康實録》卷七引《圖經》："臺城周八里，有兩重墻。"

[4]長安：隋都城。在今陝西西安市。

徵美容儀，有口辯，多所詳究，至於士流官宦，陳宗戚屬，及當朝制度，憲章儀軌，户口風俗，山川土地，問無不對。然性頗便佞進取，[1]不能以退素自業。[2]初拜吏部尚書，啓後主借鼓吹，後主謂所司曰："鼓吹軍樂，有功乃授，蔡徵不自量揆，紊我朝章。然其父景歷既有締構之功，宜且如啓，拜訖即進還。"[3]徵不脩廉隅，[4]皆此類也。

[1]便佞：巧言善辯，阿諛逢迎。

[2]退素：謙退淡泊。

[3]進：大德本、汲古閣本、殿本作“追”。

[4]不脩廉隅：意謂私生活有失檢點。

隋文帝聞其敏贍，[1]召見顧問，言輒會旨。然累年不調，久之，除太常丞。[2]歷尚書户部儀曹郎，[3]轉給事郎，[4]卒。[5]子翼，位司徒屬。[6]入隋，爲東宫學士。[7]

[1]隋文帝：楊堅。小名那羅延，弘農華陰（今陝西華陰市）人。隋朝開國皇帝。《隋書》卷一、卷二，《北史》卷一一有紀。

[2]太常丞：官名。太常寺副官，掌判本寺日常公務。隋初爲從六品下，煬帝大業五年（609）升爲從五品。

[3]尚書户部儀曹郎：《陳書》卷一六《蔡徵傳》作“尚書民部儀曹郎”。本書避唐太宗李世民名諱，改“民”爲“户”。儀曹郎，尚書禮部儀曹司長官，掌禮儀、祭祀、宴享等事務，正六品。按，隋初省儀曹，煬帝大業三年改禮部尚書所轄禮部司爲儀曹。此云“户部儀曹”，待考。

[4]給事郎：官名。隋文帝開皇六年（586）於尚書省吏部置朝議、通議、朝請、朝散、給事、承奉、儒林、文林等八郎，爲散官番直，常出使監察。正八品上。煬帝大業三年罷，並取其名置於門下省，位黄門侍郎下，掌省讀奏案。從五品。

[5]卒：據《陳書·蔡徵傳》，卒時年六十七歲。

[6]司徒屬：官名。司徒府僚屬。陳六品。

[7]東宫學士：官名。亦稱太子學士。職在整理東宫經籍圖書，侍從太子左右，解析經史疑義。屬臨時差遣任命之職，員額、品階皆不固定。

宗元饒，南郡江陵人也。[1]少好學，以孝聞。仕梁爲征南府外兵參軍。[2]及司徒王僧辯幕府初建，[3]元饒與沛國劉師知同爲主簿。[4]陳武帝受禪，稍遷廷尉卿、尚書左丞。[5]

[1]南郡：郡名。治江陵縣，在今湖北荆州市荆州區。

[2]征南府：征南將軍府。　外兵參軍：官名。又作“外兵參軍事”。爲諸公軍府屬官，掌本府車隊政令。品秩隨府主地位而定。

[3]幕府：官署。

[4]主簿：此指司徒府主簿。西晋初，三公及位從公者加兵，始得置主簿。東晋時諸公皆置主簿，與祭酒、舍人主閤内事。南朝宋、齊、梁、陳沿之。其品位秩級隨府官長地位高下而異。梁時司徒主簿爲六班。陳七品。

[5]廷尉卿：官名。即廷尉。梁武帝天監七年（508）建置十二卿，廷尉爲其一，稱廷尉卿，掌刑獄諸事。陳三品，秩中二千石。　尚書左丞：官名。尚書省屬官。與尚書右丞分掌尚書都省事務，糾駁諸司文案。陳四品，秩六百石。

宣帝初，軍國務廣，事無巨細，一以貫之，[1]臺省號爲稱職。[2]遷御史中丞，知五禮事。時合州刺史陳裦贓污狼籍，[3]遣使就渚斂魚，又令人於六郡乞米，百姓甚苦之，元饒劾奏免之。吴興太守武陵王伯禮、豫章内史南康嗣王方泰等，[4]驕蹇放横，元饒案奏，皆見削黜。元饒性公平，善持法，諳曉故事，明練政體，吏有犯法，政不便時，及於名教不足者，[5]隨事糺正，多所裨益。遷南康内史，以秩米三千餘斛助人租課，[6]存問高年，拯救乏絶，百姓甚賴焉。以課最入朝，[7]詔加散騎常侍。後爲吏部尚書，卒。[8]

[1]一以貫之：《陳書》卷二九《宗元饒傳》作"一以咨之"，中華本據改。

[2]臺省：漢之尚書臺、三國魏之中書省皆爲代表皇帝發布政令的中樞機關，後因以"臺省"代指政府中央機構。

[3]合州：州名。治徐聞縣，在今廣東雷州市。　陳褒：陳武帝從子，封鍾陵縣侯。

[4]武陵王伯禮：陳伯禮。字用之，陳文帝第十子。文帝天嘉六年（565）封武陵王。本書卷六五、《陳書》卷二八有傳。武陵，郡名。治臨沅縣，在今湖南常德市。　南康嗣王方泰：陳方泰。南康王陳曇朗長子。曇朗死於北齊，復以其長子方泰嗣爵爲王。本書卷六五、《陳書》卷一四有附傳。南康，郡名。治贛縣，在今江西贛州市西南。

[5]名教：禮教。

[6]斛：容量單位。南朝量制，一斛十斗，一斗十升，一升十合。一合約當今三十毫升。

[7]課最：政績考核最優。

[8]卒：據《陳書·宗元饒傳》，卒於陳宣帝太建十三年(581)，時年六十四。

韓子高，會稽山陰人也。[1]家本微賤。侯景之亂，寓都下。景平，陳文帝出守吴興，子高年十六，爲總角，[2]容貌美麗，狀似婦人，於淮渚附部伍寄載欲還鄉里，[3]文帝見而問曰："能事我乎？"子高許諾。子高本名蠻子，帝改名子高。[4]性恭謹，恒執備身刀及傳酒炙。[5]帝性急，子高恒會意旨。稍長，習騎射，頗有膽決，願爲將帥。及平杜龕，[6]配以士卒。文帝甚愛之，未嘗離左右。[7]帝嘗夢騎馬登山，路危欲墮，子高推捧而升。[8]

[1]山陰：縣名。治所在今浙江紹興市。

[2]總角：古代未成年人把頭髮扎成髻，稱“總角”。

[3]淮渚（zhǔ）：淮河邊。　部伍：部曲、行伍，皆爲軍隊的編制單位，泛指軍隊。　寄載：謂附乘别人的交通工具。

[4]帝改名：大德本、汲古閣本、殿本作“帝改名之”，且無下文小字“子高”。

[5]備身刀：防身用的刀具。　傳酒炙：傳遞酒食。

[6]杜龕（kān）：京兆杜陵（今陝西西安市長安區）人。王僧辯之婿。仕梁爲定州刺史、鎮東將軍、震州刺史。王僧辯死，起兵對抗陳霸先，兵敗歸降，被賜死。本書卷六四、《梁書》卷四六有附傳。

[7]文帝甚愛之，未嘗離左右：陳蒨與韓子高關係親近，近世研究者常視之爲同姓戀案例〔參見［英］靄理士著，潘光旦譯注《性心理學》，上海三聯書店2006年版，第346頁〕。

[8]子高推捧而升：《史記》卷一二五《佞幸列傳》記載，漢文帝曾夢見自己得到一黄頭郎推助而上天，夢醒後發現鄧通與夢中黄頭郎相似，遂加意提拔，貴幸無比。韓子高行迹，頗類鄧通。

文帝之討張彪也，[1]沈泰等先降，[2]帝據有州城，[3]周文育鎮北郭香巖寺。[4]張彪自剡縣夜還襲城，[5]文帝自北門出，倉卒闇夕，[6]軍人擾亂，唯子高在側。文帝乃遣子高自亂兵中往見文育，反命酬答，於闇中又往慰勞衆事。[7]文帝散兵稍集，子高引入文育營，因共立栅。明日敗彪，彪奔松山，[8]浙東平。[9]文帝乃分麾下多配子高，子高亦輕財禮士，歸之者甚衆。

[1]張彪：早年在會稽若邪山（今浙江紹興市南）聚衆爲盜，後率衆抗擊侯景，深得王僧辯賞識，用爲爪牙部將，任吴郡太守、東揚州刺史。陳霸先襲殺王僧辯，張彪據州城對抗陳氏，死於若邪山，以忠義爲時人所重。本書卷六四有傳。

[2]沈泰：梁末爲張彪司馬，升定州刺史，入陳爲安西將軍、南豫州刺史，陳武帝永定二年（558）畏罪投奔北齊。

[3]州城：此指山陰縣城。張彪爲東揚州刺史，東揚州鎮會稽山陰縣。

[4]周文育：字景德，義興陽羨（今江蘇宜興市）人。本書卷六六、《陳書》卷八有傳。

[5]剡：縣名。治所在今浙江嵊州市西南。

[6]闇夕：昏暗的夜晚。

[7]衆事：大德本同，汲古閣本、殿本作“衆軍”。

[8]松山：本書《張彪傳》作“若邪山”。

[9]淅：大德本、汲古閣本、殿本作“浙”。

文帝嗣位，除右軍將軍，[1]封文招縣子。[2]及王琳平，子高所統益多，將士依附之，其有所論進，帝皆任使焉。天嘉六年，爲右衛將軍。[3]文帝不豫，[4]入侍醫藥。

[1]右軍將軍：官名。與左軍、前軍、後軍合稱四軍將軍，掌宫廷宿衛。陳五品，秩千石。

[2]文招：縣名。治所在今廣東德慶縣東北。

[3]右衛將軍：官名。禁衛軍統帥之一。與左衛將軍合稱二衛將軍，掌宫廷宿衛營兵，多由近臣擔任。陳三品，秩二千石。

[4]不豫：天子病重的隱諱之辭，意謂不復豫政。

廢帝即位，[1]加散騎常侍。宣帝入輔，子高兵權過重，深不自安，好參訪臺閣，[2]又求出爲衡、廣諸鎮。[3]光大元年八月，[4]前上虞縣令陸昉及子高軍主告其謀反，[5]宣帝在尚書省，[6]因召文武在位議立皇太子，子高預焉，執送廷尉。其夕，與到仲舉同賜死。[7]父延慶及子弟並原宥。[8]

[1]廢帝：南朝陳廢帝陳伯宗。字奉業，小字藥王，陳文帝嫡長子。性仁弱，文帝死後即位，廢帝光大二年（568）被廢爲臨海郡王。本書卷九、《陳書》卷四有紀。

[2]臺閣：尚書省。

[3]衡：州名。南朝梁武帝天監六年（507）置。治含洭縣，在今廣東英德市浛洸鎮。南朝陳改爲西衡州。　廣：州名。治番禺縣，在今廣東廣州市。

[4]光大：南朝陳廢帝陳伯宗年號（567—568）。

[5]上虞：縣名。治所在今浙江紹興市上虞區百官街道。　軍主：官名。軍爲軍隊編制名稱，所統兵力多少不一。一軍之統帥即稱軍主，其下設軍副（參見周一良《魏晋南北朝史札記》，第408—411頁）。

[6]尚書省：又稱尚書臺，爲中央最高政令執行機關。按，陳頊時爲録尚書，總領尚書省政務。

[7]到仲舉：字德言，彭城武原（今江蘇邳州市）人。本書卷二五有附傳，《陳書》卷二〇有傳。按，據《陳書》卷二〇《韓子高傳》，子高卒時年僅三十。

[8]延慶：韓延慶。因其子韓子高得寵於陳文帝，官至給事中、山陰令。

華晈，晋陵既陽人也。[1]世爲小吏。晈梁代爲尚書比部令史。[2]侯景之亂，事景之黨王偉。陳武帝南下，文帝爲景所囚，晈遇文帝甚厚。及景平，文帝爲吴興太守，以晈爲都録事，[3]深見委性。[4]及文帝平杜龕，仍配以甲兵。御下分明，善於撫按，[5]解衣推食，多少必均。天嘉元年，封懷仁縣伯。[6]

[1]晋陵：郡名。治晋陵縣，在今江蘇常州市。　既陽：《陳書》卷二〇《華晈傳》作“暨陽”。暨陽，縣名。治所在今江蘇江陰市東南。

[2]尚書比部令史：官名。尚書比部曹辦事吏員。品秩甚低。比部爲尚書省諸曹之一，掌擬定、修訂法律，與吏部、删定、三公四曹皆隸吏部尚書。長官爲比部郎中，資深者稱比部侍郎。

[3]都録事：官名。郡府屬官，總掌文簿。與太守甚親近，常主管衆務。

[4]性：大德本、汲古閣本、殿本作“任”。底本誤。

[5]按：大德本、汲古閣本、殿本作“接”。底本誤。

[6]懷仁縣伯：封爵名。懷仁，縣名。治所在今四川仁壽縣東。據《陳書·華晈傳》，懷仁縣伯食邑四百户。

王琳東下，晈隨侯瑱拒之。[1]琳平，知江州事。[2]後隨都督吴明徹征周迪，[3]迪平，以功進爵爲侯，[4]仍授都督、湘州刺史。[5]晈起自下吏，善營産業，又征川洞，多致銅鼓及生口，[6]並送都下。廢帝即位，改封重安縣公。[7]

[1]侯瑱：字伯玉，巴西充國（今四川閬中市）人。本書卷六

六、《陳書》卷九有傳。

[2]江州：州名。治湓口城，在今江西九江市。

[3]周迪：臨川南城（今江西南城縣東南）人。以勇猛敢戰著稱。仕梁爲高州刺史、臨川内史、使持節、散騎常侍、信威將軍、衡州刺史、江州刺史，封臨汝縣侯。入陳，以功加平南將軍、開府儀同三司，進號安南將軍。後以官賞不至，謀反被殺。本書卷八〇、《陳書》卷三五有傳。

[4]進爵爲侯：由懷仁縣伯進爲懷仁縣侯。據《陳書》卷二〇《華皎傳》，懷仁縣侯食邑增封並前共五百户。

[5]都督、湘州刺史：湘州，州名。治臨湘縣，在今湖南長沙市。按，《陳書·華皎傳》作"使持節、都督湘巴等四州諸軍事、湘州刺史"，則都督所督之州不僅湘州，本書删略失當。王鳴盛《十七史商榷》卷六四《都督刺史》專論本書此一史法云："凡各書中都督某某幾州諸軍事、某州刺史，《南史》則但書某州刺史，而於其下添'加都督'三字，或直書都督某州刺史，就使二者皆是，而二者本是一例，今忽自岐其例，使人疑爲異其詞，則似别有意義者，已非史法，乃予詳考之，則二者皆非也。凡都督或督二三州，或有多至十餘州者，又有於某州不全督，督其數郡者，都有會聚之意。各州郡皆所總統，今如《南史》二種書法皆但書其本治，所總統等州郡之數與名皆不見叙，至下文忽露某州某郡，突如其來，使觀者眩惑，且於叙事中全不得當日勢望權任之所在，只因欲圖簡嚴，自誇裁斷，獨不思諧謔支贅，談神説佛，不以爲煩，何以紀載實事，反矜貴筆墨乃爾。"

[6]銅鼓：南方特别是西南少數民族特有的樂器，用於祭祀，兼作軍鼓，亦爲部族首領身份、權力、財富的標志，如《太平御覽》卷七八五引《廣州記》記載，"俚獠貴銅鼓……欲相攻擊，鳴此鼓集衆，到者如雲。有是鼓者，極爲豪强"。使用者地位越高，銅鼓越大。現存銅鼓皆爲銅製，鼓面圓形，衹有一面，邊緣往往鑄有蛙、牛、馬、船等形象。鼓身呈卡腰狀，上有精美紋飾。鼓面直

徑往往在 30 至 80 釐米之間，偶有超過 100 釐米者，鑄造難度大，頗爲珍罕，當即所謂“大銅鼓”。廣西自治區博物館所藏“水沖庵大銅鼓”，鼓面直徑 165 釐米，高 67.5 釐米，重 299 公斤，是目前所見最大的古代銅鼓。

［7］重安縣公：《陳書・華皎傳》作“重安縣侯”。高敏《南北史考索》云：“前文已云‘進爵縣侯’，即懷仁縣侯，此云‘改封’，應仍以縣侯爵，若爲公爵，則應言‘進封重安縣公’。”（天津古籍出版社 2010 年版，第 300 頁）據此，當以《陳書》“重安縣侯”爲是。

韓子高誅後，皎内不自安。光大元年，密啓求廣州，以觀時主意。宣帝僞許之，而詔書未出。皎亦遣使引周兵，又崇奉梁明帝，[1]士馬甚盛。詔乃以吴明徹爲湘州刺史，實欲以輕兵襲之。慮皎先發，乃前遣明徹率衆三萬，乘金翅直趣郢州，[2]又遣撫軍大將軍淳于量率衆五萬，[3]乘大艦繼之。

［1］梁明帝：南朝後梁明帝蕭巋。字仁遠，梁宣帝蕭詧之子。《周書》卷四八、《北史》卷九三有附傳。

［2］金翅：一種大型戰船。　郢州：州名。治夏口城，在今湖北武漢市武昌區。

［3］撫軍大將軍：官名。亦稱中撫軍大將軍。梁、陳時中撫將軍與中軍、中衛、中護將軍合稱四中將軍。專授予在京師任職的官員。梁二十三班。陳擬二品，比秩中二千石。加“大”爲中撫大將軍，較中撫將軍進一階。　淳于量：字思明，其先濟北（今山東肥城市）人，世居建鄴（今江蘇南京市）。本書卷六六、《陳書》卷一一有傳。

時梁明帝遣水軍爲晈聲援，周武帝遣衛公宇文直頓魯山，[1]又遣柱國長湖公元定攻圍郢州。[2]梁明帝授晈司空，[3]巴州刺史戴僧朔、衡陽内史任蠻奴、巴陵内史潘智虔、岳陽太守章昭裕、桂陽太守曹宣、湘東太守錢明，[4]並隸於晈。又長沙太守曹慶等本隸晈下，[5]因爲之用。帝恐上流宰守並爲晈扇惑，乃下詔曲赦湘、巴二州，[6]其賊主帥節將，並許開恩出首。

[1]周武帝：宇文邕。廟號高祖。《周書》卷五、卷六，《北史》卷一〇有紀。　宇文直：周武帝宇文邕同母弟。北周初建，拜大將軍，封衛公。武帝建德三年（574）進封衛王，不久即謀反被殺。《周書》卷一三、《北史》卷五八有傳。　魯山：城名。在今湖北武漢市漢陽區東北漢江南岸。城依魯山，故名。《太平寰宇記》卷一三一引《輿地志》云："魯山臨江，盤基數十里。山下有城。"

[2]柱國：勳官名。"柱國大將軍"的省稱。正九命。　長湖公：封爵名。長湖郡公的省稱。長湖郡，西魏置，故治義安縣，在今湖北襄陽市西南。　元定：即拓跋定。字願安，河南洛陽（今河南洛陽市）人。仕西魏累遷金紫光禄大夫、車騎大將軍、開府儀同三司，封長湖郡公。北周代魏，進位大將軍。《周書》卷三四、《北史》卷六九有傳。

[3]司空：官名。與太尉、司徒並爲三公。魏晋南北朝爲名譽宰相，多爲大臣加官，無實際職掌。梁十八班。陳一品，秩萬石。

[4]巴州：州名。治巴陵縣，在今湖南岳陽市。　戴僧朔：吴郡錢塘（今浙江杭州市）人。仕陳歷南丹陽太守、壯武將軍、北江州刺史、巴州刺史、巴陵内史等職。後隨華晈降附北梁，拜車騎將軍，封吴興縣侯。　任蠻奴：即任忠。字奉誠，小名蠻奴，汝陰（今安徽阜陽市）人。仕陳爲衡陽内史，參與華晈反陳之亂，兵敗獲宥，歷直閤將軍、南豫州刺史、領軍將軍等職，封梁信郡公。後

降隋。本書卷六七、《陳書》卷三一有傳。　巴陵：郡名。治巴陵縣，在今湖南岳陽市。　潘智虔：陳將潘純陁之子。年少有志氣，二十歲即爲巴陵内史。參與華皎反陳之亂，兵敗被殺。　岳陽：郡名。治岳陽縣，在今湖南汨羅市長樂鎮。　章昭裕：陳將章昭達之弟，仕陳爲岳陽太守，參與華皎反陳之亂，兵敗獲宥。　桂陽：郡名。治郴縣，在今湖南郴州市。　曹宣：仕陳爲桂陽太守，後參與華皎反陳之亂，兵敗被俘，以陳霸先舊臣之故，得以寬宥。　湘東：郡名。治臨烝縣，在今湖南衡陽市。　錢明：本爲陳霸先部下，官至湘東太守，後參與華皎反陳之亂，兵敗被殺。

[5]長沙：郡名。治臨湘縣，在今湖南長沙市。

[6]曲赦：因特殊情況而赦免。

皎以大艦載薪，因風放火。俄而風轉自焚，皎大敗，乃與戴僧朔奔江陵。元定等無復船度，步趣巴陵，巴陵城已爲陳軍所據，乃降，送于建鄴。[1]皎遂終於江陵，其黨並誅，唯任蠻奴、章昭裕、曹宣、劉廣業獲免。

[1]建鄴：東晋、南朝都城，又稱建業、建康，在今江蘇南京市。東漢獻帝建安十六年（211），孫權徙治丹陽郡秣陵縣，次年改名建業。吴大帝黄龍元年（229），正式定都於建業。西晋滅吴，恢復秣陵舊名。武帝太康三年（282），以秦淮水爲界兩分秣陵縣境，以南爲秣陵，以北爲建業，並改名建鄴。建興元年（313）因避愍帝司馬鄴諱，改名建康。其後宋、齊、梁、陳沿用爲都城，故稱六朝古都。《太平寰宇記》卷九〇《江南東道二・昇州》引《金陵記》云：“梁都之時，城中二十八萬餘户。西至石頭城，東至倪塘，南至石子岡，北過蔣山，東西南北各四十里。”城市西界至石頭城，位於今江蘇南京市水西門以北至清涼山；東界爲倪塘，在今江蘇南

京市江寧區上坊街道泥塘社區附近；南界石子岡，是包含今雨花臺在内的城南東西走向的一系列岡阜；北界逾過蔣山，也就是鍾山，今稱紫金山（參見張學鋒《南朝建康的都城空間與葬地》，《中華文史論叢》2019年第3期）。

劉師知，沛國相人也。[1]家本素族。[2]祖奚之，齊淮南太守，[3]以善政聞。父景彦，梁司農卿。[4]

[1]相：縣名。治所在今安徽濉溪縣西北。

[2]素族：指相對皇室王族而言的普通士族。

[3]齊：此指北齊。　淮南：郡名。寄治姑孰，在今安徽當塗縣。

[4]司農卿：官名。梁武帝天監七年（508）所置十二卿之一，掌農業生産、糧食儲藏諸事。統太倉、導官、籍田、上林令，又管樂游、北苑丞，左右中部三倉丞，荚庫、荻庫、箬庫丞，湖西諸屯主。梁十一班。陳因之，三品，秩中二千石。

師知本名師智，以與敬帝諱同，[1]改焉。好學有當務才，[2]博涉書傳，工文筆，善儀體，臺閣故事，多所詳悉。紹泰初，[3]陳武帝入輔，以師知爲中書舍人，掌詔誥。時兵亂後，朝儀多闕，武帝爲丞相及加九錫并受禪，[4]其儀注多師知所定。

[1]敬帝：南朝梁敬帝蕭方智。字慧相，小字法真，梁元帝蕭繹第九子。本書卷八、《梁書》卷六有紀。

[2]好學有當務才：《陳書》卷一六《劉師知傳》作“好學有當世才”。本書避唐太宗李世民名諱，改“世”爲“務”。

[3]紹泰：南朝梁敬帝蕭方智年號（555—556）。

[4]九錫：禮制術語。指帝王專用的車馬、衣服、樂則、朱户、納陛、虎賁、弓矢、鈇鉞、秬鬯等九種器物。

梁敬帝在内殿，師知常侍左右。及將加害，師知詐帝令出，帝覺，遶牀走曰："師知賣我，陳霸先反。我本不須作天子，何意見殺？"師知執帝衣，行事者加刃焉。既而報陳武帝曰："事已了。"武帝曰："卿乃忠於我，後莫復爾。"師知不對。[1]

[1]"梁敬帝在内殿"至"師知不對"：此段記載不見於《陳書》，可補史闕。王鳴盛《十七史商榷》卷六四《劉師知增事條》云："此《南史》之遠勝本書處。姚察陳臣，故諱之，其子不加益也。"

武帝受命，仍兼舍人。性疏簡，[1]與物多忤，雖位官不遷，[2]而任遇甚重，[3]其所獻替，[4]皆有弘益。

[1]疏簡：精疏散漫。

[2]官：大德本、汲古閣本、殿本作"宦"。

[3]任遇：地位和待遇。

[4]獻替：獻可替否。《左傳》昭公二十年："君所謂可而有否焉，臣獻其否以成其可。君所謂否而有可焉，臣獻其可以去其否。"

及武帝崩，六日成服。[1]時朝臣共議大行皇帝靈坐俠御人衣服吉凶之制，[2]博士沈文阿議宜服吉，[3]師知議云："既稱成服，本備喪禮。案梁昭明太子薨，[4]成服，俠侍之官，悉著衰斬，[5]唯著鎧不異，此即可擬。愚謂六日成服，俠靈坐須服衰絰。”[6]中書舍人蔡景歷、江德藻、謝岐等同師知議。[7]時以二議不同，乃啓取左丞徐陵决斷。[8]陵云：“案山陵鹵簿吉部伍中，[9]公卿以下導引者，爰及武賁、鼓吹、執蓋、奉車，[10]並是吉服，[11]豈容俠御獨爲衰絰？若言公卿胥吏並服衰絰，此與梓宫部伍有何差别？若言文物並吉，司事者凶，豈容衽絰而奉華蓋，[12]衰衣而升玉路邪？[13]同博士議。”謝岐議曰：“靈筵祔宗廟，[14]梓宫還山陵，[15]實如左丞議。但山陵鹵簿，備有吉凶，從靈輿者儀服無變，從梓宫者皆服苴衰，[16]爰至士禮，悉同此制。此自是山陵之儀，非關成服。今謂梓宫靈扆，共在西階，稱爲成服，亦無鹵簿，直是爰自胥吏，上至王公，四海之内，必備衰絰。案梁昭明太子薨，畧是成例，豈容凡百士庶，悉此日服重，[17]而侍中至於武衛，最是近官，反鳴玉紆青，與平吉不異？左丞既推以山陵事，愚意或謂與成服有殊。”陵重答云：“老病屬纊，[18]不能多説。古人争議，多成怨府。[19]傅玄見尤於晋代，[20]王商取陷於漢朝。[21]謹自三緘，[22]敬同高命。若萬一不死，猶得展言，庶與群賢，更申揚榷。”[23]文阿猶執所見，衆議不能决，乃具録二議奏聞，上從師知議。[24]

[1]六日成服：成服，謂死者入殮後，親屬各依服制穿着喪服。成服通常在死者去世的第四日，陳武帝辭世倉促，繼嗣未定，又需保密，故成服在第六日，有别於常情。或以爲“六日”亦有誤。陳霸先以永定三年（559）六月丙午崩，内無嫡嗣，朝無重臣，外有

强寇，因而秘不發喪，密營斂服，斧斤之聲，亦懼外聞。疾如陳蒨回都，直至甲寅陳蒨自皖南入居中書省，是日始遷殯於太極殿西階。自丙午至甲寅已十日，陳蒨未回，安可“六日”即便“成服”，且召朝臣共議侒御人所服衣服吉凶之制，則是公諸於衆。“秘不發喪”之舉，豈不徒然？“六日”二字恐怕有誤。成服之期當在十日亦即陳蒨回都之後（參見王岳塵《〈陳書〉札記》，《古籍整理與研究》總第 1 期，上海古籍出版社 1986 年版）。

［2］大行：皇帝、皇后剛死而未定謚號時稱大行。《後漢書》卷五《孝安帝紀》：“大行皇帝不永天年。”李賢注引韋昭曰：“大行者，不反之辭也。天子崩，未有謚，故稱大行也。”　靈坐：新喪即葬，供奉神主的幾筵。　侒御人：安靈之人。侒，同“夾”。

［3］博士：此指國子博士。南朝陳時爲國子學教官，以儒經教授國子學生，國有疑事則掌承問對。四品。　沈文阿：字國衛，吴興武康（今浙江德清縣）人。梁簡文帝時爲東宫學士。敬帝時爲國子博士，尋領步兵校尉，兼掌儀禮。仕陳爲遷通直散騎常侍，兼國子博士，領羽林監。以儒學聞於梁陳之際，曾參與奏議大行皇帝儀注事。本書卷七一、《梁書》卷四八有附傳，《陳書》卷三三有傳。　宜：同“誼”。

［4］梁昭明太子：蕭統。字德施，梁武帝長子。武帝天監元年（502）立爲皇太子。通儒釋經典，善文章詩賦。編有《文選》等。中大通三年（531）病卒，謚昭明。本書卷五三、《梁書》卷二八有傳。

［5］衰（cuī）斬：又稱斬衰。古代喪服名。服期三年，爲“五服”中最重者。其服以最粗麻布製成，不緝邊，使斷處外露，以示無飾，故稱“斬衰”。凡子及未嫁女爲父、承重孫爲祖父、妻爲夫，皆服之。縗，通“衰”。

［6］絰（dié）：古代喪服中結在頭上或腰間的麻帶。《儀禮·喪服》：“喪服，斬衰裳，苴絰、杖、絞帶。”鄭玄注：“麻在首在要皆曰絰。”

[7]江德藻：字德藻，濟陽考城（今河南民權縣）人。梁名臣江革之子。仕陳歷秘書監兼尚書左丞、中書舍人、散騎常侍、太子中庶子等職。博學多識，長於屬文。陳文帝天嘉年間（560—566）受命出使北齊，著《聘北道里記》三卷。本書卷六〇有附傳，《陳書》卷三四有傳。　謝歧：會稽山陰（今浙江紹興市）人。梁太學博士謝達之子。仕陳歷給事黄門侍郎、中書舍人，兼尚書右丞。本書卷六八、《陳書》卷一六有傳。歧，一作“岐”。

[8]左丞：尚書左丞。　徐陵：字孝穆，東海郯（今山東郯城縣）人。南朝梁、陳時文學名家，善詩賦駢文，作品綺艷輕靡，與庾信並爲當時宫廷文學的代表，時號“徐庾體”。梁武帝時任東宫學士。仕陳歷、左僕射、中書監、侍中、左光禄大夫等要職，封建昌縣侯。《隋書·經籍志四》集部别集類著録“陳尚書左僕射《徐陵集》三十卷”。本書卷六二有附傳，《陳書》卷二六有傳。

[9]山陵：帝王陵墓。帝陵封土高大，遠望如山，故稱山陵。　鹵簿：古代皇帝出行時的儀仗和警衛。

[10]武賁：勇士。本作“虎賁”，唐人避唐高祖李淵祖父李虎名諱，改“虎”爲“武”。　鼓吹：皇帝出行儀仗的組成部分。高級儀仗分爲前部鼓吹、後部鼓吹，前部鼓吹在前開道，以鉦、鼓等大型樂器爲主，樂工步行演奏；後部鼓吹殿後，以簫、笳、鼙等小型樂器爲主，樂工或步行，或在馬上演奏。　執蓋：執舉傘蓋者。　奉車：奉侍皇帝車輿者。

[11]吉服：祭祀時所著衣冕。祭祀爲吉禮，故曰吉服。《周禮·春官·司服》：“司服掌王之吉凶衣服，辨其名物，與其用事。王之吉服，祀昊天上帝，則服大裘而冕，祀五帝亦如之。享先王，則衮冕。”

[12]華蓋：帝王勳貴車上的傘蓋。《漢書》卷九九下《王莽傳下》：“或言黄帝時建華蓋以登僊，莽乃造華蓋九重，高八丈一尺，金瑵羽葆，載以秘機四輪車。”《隋書·禮儀志五》：“車之蓋圓，以象天，輿方，以象地。輪輻三十，以象日月。蓋橑二十有八，以象

列宿。設和鑾以節趨行，被旗旒以表貴賤。其取象也大，其彰德也明，是以王者尚之。”

［13］玉路：即“玉輅”，帝所乘五車輿之一。《淮南子·俶真訓》：“是故目觀玉輅琬象之狀，耳聽《白雪》《清角》之聲，不能以亂其神。”高誘注：“玉輅，王者所乘，有琬琰象牙之飾。”《隋書·禮儀志五》：“皇帝之輅，十有二等……七曰玉輅，以享先皇，加元服，納后……玉輅，青質，以玉飾諸末。重箱盤輿，左青龍，右白虎，金鳳翅，畫簾文鳥獸。黄屋左纛，金鳳在軾前，八鸞在衡，二鈴在軾。”

［14］靈筵：供奉亡靈的几筵。

［15］還山陵：《陳書》卷一六《劉師知傳》作“祔山陵”，中華本據改。

［16］苴衰：即“苴縗”，用麻草織成的喪服。

［17］悉此日服重：《陳書·劉師知傳》作“悉皆服重”。中華本所改“此日”爲“皆”。此或係後世傳寫時將“皆”誤分爲“比”“白”二字，復分别訛作字形相近的“此”“日”（參見馬宗霍《南史校證》，第1054頁）。

［18］屬纊：意謂近死。《儀禮·既夕禮》：“徹褻衣，加新衣，御者四人，皆坐持體，屬纊以俟氣絶。”鄭玄注：“其氣微，難節也。纊，新絮。”孔穎達疏：“案《喪大記》注云：‘纊，今之新綿，易動摇，置口鼻之上，以爲候。’亦二注相兼乃具。其云‘纊，新絮’，即新綿。”

［19］怨府：衆怨所指。

［20］傅玄見尤於晋代：晋人傅玄因爲恪守禮制而遭人怨恨。傅玄，字休奕，北地泥陽（今陝西銅川市耀州區）人。博學善屬文，性剛直。《晋書》卷四七有傳。

［21］王商取陷於漢朝：漢朝王商因爲秉持公道而被人陷害。王商，字子威，西漢涿郡蠡吾（今河北博野縣）人。因對成帝舅大將軍王鳳專權不滿，被讒免相，嘔血而死。《漢書》卷八二有傳。

［22］三緘：三緘其口。《説苑·敬慎》："孔子之周，觀於太廟，右陛之前有金人焉，三緘其口而銘其背曰：'古之慎言人也。'"《抱朴子·疾謬》："昔陳靈之被矢，灌氏之泯族，匪降自天，口實爲之。樞機之發，榮辱之主，三緘之戒，其欺我哉！"

［23］揚榷：粗略。《文選》左太沖《三都賦·蜀都賦》："吾子豈亦曾聞蜀都之事歟？請爲左右揚榷而陳之。"李善注："許慎《淮南子注》曰：'揚榷，粗略也。'"

［24］上從師知議：《隋書·禮儀志一》："陳武克平建業，多準梁舊，仍詔尚書左丞江德藻、員外散騎常侍沈洙、博士沈文阿、中書舍人劉師知等，或因行事，隨時取捨。"

遷鴻臚卿，[1]舍人如故。天嘉元年，坐事免。尋起爲中書舍人，復掌詔誥。天康元年，[2]文帝不豫，師知與尚書僕射到仲舉等入侍醫藥。帝崩，豫顧命。宣帝入輔，師知與仲舉等遣舍人殷不佞矯詔令宣帝還府，[3]事覺，於北獄賜死。[4]

［1］鴻臚卿：官名。南朝梁武帝天監七年（508）官班改革所置十二卿之一，掌導護贊拜。九班。陳因之，三品，秩二千石。

［2］天康：南朝陳文帝陳蒨年號（566）。

［3］殷不佞：時任東宫通事舍人。本書卷七四、《陳書》卷三二有附傳。　矯詔：亦作"矯制"，指詐稱妄托或不執行皇帝詔令的行爲。漢代將矯制行爲視爲重罪，旨在防範和懲治臣子借用皇帝的名義行事。事發後根據"害"與"不害"（即是否損害國家利益）靈活處罰：害大者可處死，害小者可贖免，無害者罰金或免處（參見孫家洲、李宜春《西漢矯制考論》，《中國史研究》1998 年第 1 期；孫家洲《再論"矯制"——讀〈張家山漢墓竹簡〉札記》，《南都學壇》2003 年第 4 期）。漢晋律令對矯詔之罪有明確規定，

南朝梁陳沿用。　還府：《陳書》卷一六《劉師知傳》及本書本卷《毛喜傳》皆作“還東府”。中華本據補“東”字。

[4]北獄：即廷尉寺獄。梁武帝天監五年設置詔獄，收繫皇帝指名收捕的特殊罪犯，奉詔審理特殊案件。其一在建康縣，名南獄；其一在廷尉寺，名北獄。

初，文帝敕師知撰《起居注》，[1]自永定二年秋至天嘉元年爲十卷。

[1]撰《起居注》：《隋書·經籍志二》史部起居注類不見劉師知所撰起居注，地理類正目載“《聘遊記》三卷，劉師知撰”，當是記述陳文帝天嘉中與江德藻出使北齊時關於道里行迹的記録。

謝岐，[1]會稽山陰人也。父達，梁太學博士。[2]

[1]歧：大德本同，汲古閣本、殿本作“岐”。按，應作“岐”。

[2]太學博士：官名。掌儒家經典。南朝梁時置太學博士八員，又有限外博士若干員。二班。

歧少機警，好學，仕梁爲山陰令。侯景亂，流寓東陽。[1]景平，依于張彪。彪在吴郡及會稽，[2]庶事委之。彪每征討，恒留歧監郡知後事。[3]彪敗，陳武帝引參機密，爲兼尚書右丞。[4]時軍旅屢興，糧儲多闕，歧所在幹理，深被知遇。永定元年，爲給事黄門侍郎、中書舍人，[5]兼右丞如故。天嘉二年卒，贈通直散騎常侍。

[1]東陽：郡名。治長山縣，在今浙江金華市。

[2]吴郡：郡名。治吴縣，在今江蘇蘇州市。

[3]知後事：管理後方事務。

[4]尚書右丞：官名。尚書省屬官。與尚書左丞分掌尚書都省事務，糾駁諸司文案。梁九班。陳四品，秩六百石。

[5]給事黄門侍郎：官名。常省稱爲黄門侍郎。爲門下省次官，協助長官侍中掌侍從贊相，獻納諫正，糾駁制敕。陳四品，秩二千石。

弟嶠，篤學，爲通儒。[1]

[1]“弟嶠”至“爲通儒”：按，據唐人陸德明《經典釋文·序録》，謝嶠仕陳爲國子祭酒，撰《爾雅音》，屬名家之作，《經典釋文·爾雅意義》予以參考采納。又《隋書·經籍志一》經部禮類録有陳國子祭酒謝嶠撰《喪服義》十卷。

毛喜字伯武，滎陽陽武人也。[1]祖稱，梁散騎侍郎。[2]父栖忠，中權司馬。[3]

[1]陽武：縣名。治所在今河南原陽縣東南。

[2]散騎侍郎：官名。與散騎常侍、通直散騎常侍、通直散騎侍郎、員外散騎常侍、員外散騎侍郎合稱六散騎。南朝梁、陳隸集書省，掌侍奉規諫，備顧問應對，實爲閑職，用以安置閑退官員、衰老之士，多授宗室、公族子弟。梁十班。陳四品，秩二千石。

[3]中權司馬：官名。中權將軍僚佐。司馬爲軍府高級幕僚，掌參贊軍務。品秩隨其府主地位而定。中權將軍與中軍、中衛、中撫將軍合稱四中將軍，專授予在京師任職的官員，地位顯要。梁二十三班。陳擬二品，比秩中二千石。

喜少好學，善草隸。[1]陳武帝素知之。及鎮京口，命喜與宣帝往江陵，仍敕宣帝諮稟之。及梁元帝即位，以宣帝爲領直，[2]喜爲尚書功論侍郎。[3]及魏平江陵，[4]喜與宣帝俱遷長安。文帝即位，喜自周還，進和好之策，陳朝乃遣周弘正等通聘。[5]及宣帝反國，[6]又遣喜入周，以家屬爲請。周冢宰宇文護執喜手曰：[7]“能結二國之好者，卿也。”仍迎柳皇后及後主還。[8]天嘉三年至都，宣帝時爲驃騎將軍，[9]仍以喜爲府諮議參軍，[10]領中記室。[11]府朝文翰，皆喜詞也。

[1]草隸：即草書。又指草書和隸書。

[2]領直：官名。總領直寢、直後等宫禁值衛之士。

[3]尚書功論侍郎：官名。尚書省功論曹長官，職掌官吏考功等事。梁六班。功論爲尚書省諸曹之一，與都官、水部、庫部並屬都官尚書。

[4]魏：此指西魏。

[5]周弘正：字思行，汝南安成（今河南汝南縣）人。陳時任尚書右僕射、祭酒。著《周易講疏》《論語疏》等，並行於世。本書卷三四有附傳，《陳書》卷二四有傳。

[6]反：同“返”。

[7]冢宰：官名。全稱爲大冢宰卿。西魏恭帝三年（556）仿《周禮》建六官，置大冢宰卿一人，爲天官冢宰府最高長官。正七命。掌邦治，以建邦之六典佐皇帝治邦國。北周沿置，然其權力却因人而異，若有五府總於天官之命，則稱冢宰，能總攝百官，實爲大權在握之宰輔；若無此命，即稱太宰，與五卿並列，僅統本府官。　宇文護：字薩保，代郡武川（今内蒙古武川縣西）人。西魏權臣宇文泰之侄，迫使魏恭帝拓跋廓禪位於宇文泰之子宇文覺，建

立周朝，是爲北周。《周書》卷一一有傳，《北史》卷五七有附傳。

[8]柳皇后：陳宣帝皇后柳敬言。河東解（今山西臨猗縣）人。本書卷一二、《陳書》卷七有傳。

[9]驃騎將軍：官名。多加授重臣，無具體職掌。陳擬一品，比秩中二千石。加“大”爲驃騎大將軍，位進一階。

[10]諮議參軍：官名。王公軍府屬官，掌咨詢謀議軍事，位在諸參軍之上。陳自五品至七品，皆依府主地位而定。

[11]中記室：官名。中記室參軍的省稱。爲王公軍府屬官，負責文書事務。品秩高於記室參軍。陳六品至九品。皆依府主地位而定。常由他官兼領。

文帝嘗謂宣帝曰：“我諸子皆以‘伯’爲名，汝諸子宜用‘叔’爲稱。”宣帝以訪喜，喜即條自古名賢杜叔英、虞叔卿等二十餘人以啓之，[1]文帝稱善。

[1]杜叔英：所指不詳。東漢李恂，字叔英，爲治邊能臣，《後漢書》卷五一有傳。“杜叔英”或爲“李叔英”之誤。　虞叔卿：當指東漢中期名臣虞詡。官至尚書令，以剛直不阿、不畏權貴聞名。《後漢書》卷五八《虞詡傳》記“虞詡字升卿，陳國武平人”。《太平御覽》卷六四二引《續漢書》則云“虞詡字叔卿，陳留圉人”。

文帝崩，廢帝沖昧，[1]宣帝録尚書輔政，[2]僕射到仲舉等矯太后令，[3]遣宣帝還東府，[4]當時疑懼，無敢厝言。喜即馳入，謂宣帝曰：“今日之言，必非太后之意，宗社至重，[5]願加三思。”竟如其策。

[1]沖昧：年幼愚昧。

[2]録尚書：官名。“録尚書事”的省稱。總領尚書省事務，多由公卿重臣擔任，位在三公之上。梁、陳以其威權過重，不常置。

[3]太后：此指陳文帝皇后、陳廢帝之母沈妙容。

[4]東府：又稱東城。揚州刺史治所。在今江蘇南京市通濟門附近，南臨秦淮，西阻青溪，地據衝要。因在臺城之東，故名。孫吴以建業爲都，東府爲丞相所居。宋人張敦頤《六朝事迹編類》卷一引《吴實録》有云：“有曰臺城，蓋宫省之所寓也；有曰東府，蓋宰相之所居也；有曰西州，蓋諸王之所宅也。”東晋時，東府爲揚州刺史治所。南朝時，揚州刺史治所或在臺城西之西州城，或在東府。宋孝武帝孝建三年（456）之前，宗室諸王以宰相録尚書事而兼揚州刺史者居東府，其他任揚州刺史者（包括異姓宰相録尚書事兼揚州刺史）則居西州。宋孝武帝孝建三年之後，在通常情況下，不管是否是宰相録尚書事，揚州刺史皆居東府（參見熊清元《南朝之揚州刺史及其治所考析》，《黄岡師專學報》1994年第2期）。

[5]宗社：宗廟與社稷。此處借指國家。

右衛將軍韓子高始與仲舉通謀，其事未發。喜謂宣帝曰：“宜簡人馬配與子高，并賜鐵炭，使脩器甲。”宣帝曰：“子高即欲收執，[1]何更如是？”喜曰：“山陵始畢，邊寇尚多，而子高受委前朝，名爲杖順，[2]宜推心安誘，使不自疑。圖之一壯士之力耳。”宣帝卒行其計。

[1]子高即欲收執：《陳書》卷二九《毛喜傳》作“子高謀反，即欲收執”。馬宗霍《南史校證》以爲，《南史》删去“謀反”二字，於意未允（第1055頁）。

[2]杖順：依從，順從。

及帝即位，除給事黄門侍郎，兼中書舍人，典軍國機密。宣帝議北侵，[1]敕喜撰軍制十三條，[2]詔頒天下，文多不載。論定策功，封東昌縣侯，[3]以太子右衛率、右將軍行江夏、武陵、桂陽三王府國事。[4]母憂去職，詔封喜母庾氏東昌國太夫人，[5]遣員外散騎常侍杜緬圖其墓田，上親與緬案圖指畫。其見重如此。歷位御史中丞、五兵尚書，[6]參掌選事。

[1]北侵：《陳書》卷二九《毛喜傳》作“北伐”。李延壽以北爲正，以南爲僞，故改“北伐”爲“北侵”。

[2]軍制：軍隊組織、訓練、作戰等制度。

[3]東昌縣侯：封爵名。東昌，縣名。治所在今江西吉安市永和鎮。據《陳書·毛喜傳》，東昌縣侯食邑五百户。

[4]太子右衛率：官名。與太子左衛率宿衛東宫，亦任征伐，地位頗重。陳四品，秩二千石。　右將軍：《陳書·毛喜傳》作“右衛將軍”。按，南朝陳無右將軍，當以《陳書》爲是。　江夏、武陵、桂陽三王：江夏王陳伯義，字堅之，陳文帝第九子。武陵王陳伯禮，字用之，陳文帝第十子。桂陽王陳伯謀，字深之，陳文帝第十二子。本書卷六五、《陳書》卷二八均有傳。

[5]詔封喜母庾氏東昌國太夫人：封，《陳書·毛喜傳》作“追贈”。時其母已經去世，當以作“追贈”爲是（參見馬宗霍《南史校證》，第1055頁）。

[6]五兵尚書：官名。尚書省列曹尚書之一。三國時曹魏置，領中兵、外兵、騎兵、别兵、都兵五郎曹。南朝梁、陳領中兵、外兵、騎兵三曹。陳三品，秩中二千石。

及得淮南之地，[1]喜陳安邊之術，宣帝納之，即日施行。帝又欲進兵彭、汴,[2]以問喜,喜以爲“淮左新平,[3]邊人未輯,周氏始吞齊國,[4]難與争鋒,未若安人保境,斯久長之術也”。上不從。吴明徹卒俘于周。

[1]淮南:地域名。泛指淮水以南之地,大致爲今江蘇、安徽二省淮河以南、長江以北的地方。

[2]彭、汴:春秋時地名。此指今江蘇、安徽、河南三省交界地區。

[3]淮左:今安徽淮河以南、長江以北地區的俗稱。

[4]齊國:北齊。

喜後歷丹陽尹、吏部尚書。[1]及宣帝崩,叔陵構逆,[2]敕中庶子陸瓊宣旨,[3]令南北諸軍皆取喜處分。賊平,加侍中。

[1]丹陽尹:官名。丹陽郡行政長官。南朝京師建康在丹楊郡境内,故其長官稱尹,以區别於列郡太守。陳五品,秩中二千石,高於郡太守,相當於豫、益、廣、衡等州刺史。

[2]叔陵:陳叔陵。字子嵩,陳宣帝第二子,封始興郡王。本書卷六五、《陳書》卷三六有傳。

[3]中庶子:官名。太子中庶子的省稱。爲東宫門下坊長官,掌侍從太子左右,儐相威儀,盡規獻納,典綜奏事文書等。員四人。陳四品,秩二千石。　陸瓊:字伯玉,吴郡吴(今江蘇蘇州市)人。博學善著述,仕陳官歷太子中庶子、吏部尚書等職,曾領大著作,撰修國史。《隋書·經籍志二》史部紀傳類録有陳吏部尚書陸瓊撰《陳書》四十二卷(訖宣帝)。本書卷四八、《陳書》卷三〇有傳。

初，宣帝委政於喜，喜數有諫争，事並見從。自明徹敗後，帝深悔不用其言，謂袁憲曰：[1]“一不用喜計，遂今至此。”[2]由是益見親重，喜乃言無回避。時皇太子好酒德，[3]每共親幸人爲長夜之宴，喜嘗言之宣帝，太子遂銜之，即位後稍見疏遠。及被始興王傷，[4]割愈置酒，[5]引江總以下，展樂賦詩，醉酣而命喜。于時山陵初畢，未及踰年，喜見之不懌，欲諫而後主已醉。喜言心疾，仆于階下，移出省中。後主醒，乃謂江總曰：“我悔召毛喜，知其無病，但欲阻我懽宴，非我所爲耳。”乃與司馬申謀曰：[6]“此人負氣，吾欲將乞鄱陽兄弟，[7]聽其報讎，可乎？”對曰：“終不爲官用，願如聖旨。”傅縡争之曰：[8]“若許報讎，欲置先皇何地？”後主曰：“當與一小郡，勿令見人事耳。”

[1]袁憲：字德章，陳郡陽夏（今河南太康縣）人。本書卷二六有附傳，《陳書》卷二四有傳。

[2]今：大德本、汲古閣本、殿本作“令”。底本誤。

[3]皇太子：即後主陳叔寶。　好酒德：以酗酒爲有德。

[4]始興王：始興王陳叔陵。

[5]割：大德本、汲古閣本、殿本作“創”。底本誤。

[6]司馬申：字季和，河内温（今河南温縣）人。本書卷七七、《陳書》卷二九有傳。

[7]鄱陽兄弟：此指鄱陽王陳伯山等文帝諸子。陳宣帝剷除劉師知、韓子高、始興王伯茂等文帝親近勢力而篡位，皆出自毛喜建策，故後主欲行借刀殺人之計。

[8]傅縡：字宜事，北地靈州（今寧夏吴忠市北武市）人。博學多才，尤善詩賦。陳後主時任秘書監、右衛將軍兼中書通事舍

人。本書卷六九、《陳書》卷三〇有傳。

至德元年，授永嘉内史。[1]喜至郡，不受奉秩，政弘清静，人吏安之。遇豐州刺史章大寶舉兵反，[2]郡與豐州接，而素無備，喜乃脩城隍器械，[3]又遣兵援建安。[4]賊平，授南安内史。[5]禎明元年，徵爲光禄大夫，[6]領左驍騎將軍，[7]道卒。[8]有集十卷。子處沖嗣。

[1]永嘉：郡名。治永寧縣，在今浙江温州市。

[2]豐州：州名。治東候官縣，在今福建福州市。　章大寶：章昭達子，吴興武康（今浙江德清縣）人。本書卷六六、《陳書》卷一一有附傳。

[3]城隍：城壕。有水爲池，無水爲隍。

[4]建安：郡名。治建安縣，在今福建建甌市。

[5]南安：郡名。治晋安縣，在今福建南安市豐州鎮。

[6]光禄大夫：官名。爲在朝顯職的加官，以示優待，或授予年老有病者爲致仕之官，亦常用作卒後贈官。無職掌。陳二品，秩中二千石。

[7]左驍騎將軍：官名。掌管宿衛事務，領朱衣直閤。多由侍中、散騎常侍等職兼領。陳四品，秩二千石。

[8]道卒：據《陳書》卷二九《毛喜傳》，卒時年七十二。

沈君理字仲倫，吴興人也。祖僧旻，梁左户尚書。父巡，元帝時位少府卿。[1]魏平荆州，[2]梁宣帝署金紫光禄大夫。[3]

[1]少府卿：官名。本爲少府長官之尊稱，梁武帝天監七年

（508）官班改革，建置十二卿，改少府爲少府卿，遂爲正式官名。職掌宫廷手工業及冶鑄、磚木、庫藏等事務，領材官將軍、左中右尚方、甄官、平水署、南塘、邸税庫、東西冶、中黄、細作、炭庫、紙官、梁署等令丞。梁十一班，位視尚書左丞。陳三品，秩中二千石。

［2］荆州：州名。治江陵縣，在今湖北荆州市荆州區。

［3］梁宣帝：蕭詧。字理孫，梁武帝之孫，昭明太子蕭統第三子。後附西魏。西魏立爲梁主，史稱西梁、後梁。《周書》卷四八、《北史》卷九三有傳。　金紫光禄大夫：官名。漢有光禄大夫，銀印青綬。晋宋時加其重者金章紫綬，謂金紫光禄大夫。本掌論議，後漸爲加官、贈官及致仕大臣之榮銜，無職事。梁十四班。陳三品，秩中二千石。

君理美風儀，博涉有識鑒。陳武帝鎮南徐州，巡遣君理致謁，［1］深見器重，命尚會稽長公主。［2］及帝受禪，拜駙馬都尉，［3］封永安亭侯，［4］爲吴郡太守。時兵革未寧，百姓荒弊，君理總集士卒，脩飾器械，深以幹理見稱。

［1］謁：名謁，相當於名片。1984 年，馬鞍山三國東吴名將朱然墓發掘出土了 14 枚名謁，均爲木質長條形，長 24.8 釐米，寬 3.4 釐米，厚 0.6 釐米，正面直行墨書，包括“弟子朱然再拜問起居”“故鄣朱然再拜問起居”“丹楊朱然再拜問起居”等等。

［2］會稽長公主：陳霸先之女。亦爲陳後主皇后沈婺華生母。以會稽君爲湯沐邑。

［3］駙馬都尉：官名。南朝隸集書省，無定員，無實職，尚公主者多加此號。至梁、陳專加尚公主者。陳七品，秩六百石。

［4］亭侯：陳九等爵之第八等，八品，秩視千石。

文帝嗣位，累遷左户尚書。天嘉六年，爲東陽太守。天康元年，以父憂去職，自請往荆州迎柩。朝議以在位重臣，難令出境，乃遣長兄君嚴往焉。及還，將葬，詔贈巡侍中、領軍將軍，[1]謚曰敬子。

[1]領軍將軍：官名。南朝禁衛軍將領，與護軍並爲中軍統帥，合稱“領護”。總領駐扎在建康臺城之内的中軍諸部（即内軍，又稱臺軍），宿衛宫闕。職位顯要，梁時有“領軍管天下兵要”“總一六軍，非才勿授”（《梁書》卷四二《臧盾傳》）之説。資輕者稱中領軍，資重者稱領軍將軍。陳三品，秩中二千石。按，南朝宿衛京師諸軍總稱中軍，分爲六軍，首領分别是領軍、護軍、左衛、右衛、驍騎、游擊六將軍。此外還有左軍、右軍、前軍、後軍四將軍；虎賁中郎將、冗從僕射、羽林監三將；屯騎、步兵（梁時改爲步騎）、越騎、長水、射聲五校尉；積射、强弩二將軍等所統軍隊。梁武帝曾改驍騎爲雲騎，游擊爲游騎，另設左、右驍騎將軍，左、右游擊將軍，位在雲騎、游騎將軍之上，也屬中軍系統。另有稱作禁防、左右御刀、左右夾轂等的近侍，分别由閹人和特别募選的武吏組成。中軍中的左、右二衛宿衛宫闕，其餘諸軍宿衛京師（參見汪奎《南朝中外軍研究》，博士學位論文，華東師範大學，2008年，第20頁）。

太建中，歷位太子詹事、吏部尚書。[1]宣帝以君理女爲皇太子妃，賜爵望蔡縣侯，[2]位侍中、尚書右僕射。[3]卒，[4]贈翊左將軍、開府儀同三司，[5]謚曰貞憲。君理弟君高、君公。

[1]太子詹事：官名。總管東宫内外事務，職權甚重。陳三品，

秩中二千石。

[2]望蔡縣侯：封爵名。望蔡，縣名。治所在今江西上高縣。據《陳書》卷二三《沈君理傳》，望蔡縣侯食邑五百户。

[3]尚書右僕射：官名。尚書僕射爲尚書省次官，輔佐尚書令執行政務，參議大政，諫諍得失。南朝尚書令位尊權重，不親庶務，梁、陳時尚書令常缺，左、右僕射實爲尚書省主官。陳二品，秩中二千石。右僕射位在左僕射下。

[4]卒：據《陳書·沈君理傳》，卒時年四十九。

[5]翊左將軍：官名。與翊右、翊前、翊後將軍合爲四翊將軍。爲重號將軍，是内官專用之軍號。陳擬三品，比秩中二千石。　開府儀同三司：官名。大臣加號，意謂與三司（即太尉、司徒、司空）禮制、待遇相同，許開設府署，自辟僚屬。陳制，開府儀同三司一品，秩萬石。

君高字季高，少知名，性剛直，有吏能。位衛尉卿、平越中郎將、都督、廣州刺史，[1]甚得人和。卒，謚祁子。

[1]衛尉卿：官名。南朝梁武帝天監七年（508）置，爲十二卿之一，掌宫門宿衛屯兵，巡行宫外，糾察不法，管理武庫，領武庫、公車司馬令。多由宗室、外戚及皇帝親信擔任。梁十二班。陳三品，秩中二千石。　平越中郎將：官名。主管南越事務。治所設在廣州，多兼任廣州刺史。陳擬六品，比秩千石。

君公自梁元帝敗後，常在江陵。禎明中，與蕭瓛、蕭巖叛隋歸陳，[1]後主擢爲太子詹事。君公博學有才辯，善談論，後主深器之。陳亡入隋，文帝以其叛亡，命斬于建康。

[1]蕭瓛：字欽文，後梁宣帝蕭詧之孫，明帝蕭巋第三子。封晉熙王，位至荆州刺史。後梁將亡，與叔父蕭巖奔陳，授侍中、安東將軍、吴州刺史，抗隋身死。《周書》卷四八、《北史》卷九三有附傳。　蕭巖：字義遠，後梁宣帝蕭詧第五子。封安平王，歷侍中、荆州刺史、尚書令、太尉、太傅。後梁將亡，率衆歸陳，授平東將軍、東揚州刺史。陳亡，率軍抗隋，兵敗被殺。《周書》卷四八、《北史》卷九三有附傳。

君理弟叔邁，[1]亦方正有幹局，位通直散騎常侍，侍東宫。

[1]君理弟叔邁：《陳書》卷二三《沈君理傳》作“君理第五叔邁”。中華本據改。其校勘記云：“按君理兄君嚴，弟君高、君公，並以君字爲名。君理父名巡，叔名邁，字並從辵。”

陸山才字孔章，吴郡吴人也。[1]祖翁寶，梁尚書水部郎。[2]父況，[3]中散大夫。[4]

[1]吴：縣名。治所在今江蘇蘇州市。

[2]尚書水部郎：官名。尚書水部曹長官。郎中五班。資深者稱比部侍郎，六班。水部爲尚書省諸曹之一，掌水道工程舟船橋梁漕運等事務，屬都官尚書。

[3]況：大德本、汲古閣本、殿本作“汎”。

[4]中散大夫：官名。南朝梁、陳屬光禄卿。無職事，多以養老疾，或者授予失意甚至有罪官員。梁十班。陳四品，秩千石。

山才倜儻，好尚文史，[1]范陽張纘、纘弟綰並欽重之。[2]

[1]好尚文史：本書卷六四《張彪傳》記載，陸山才爲張彪友人，曾於吴縣昌門刻詩一絶曰："田横感義士，韓王報主臣。若爲留意氣，持寄禹川人。"

[2]張纘：字伯緒，范陽方城（今河北固安縣）人。仕梁歷尚書僕射、湘州刺史、雍州刺史等職，博聞多識。本書卷五六、《梁書》卷三四有附傳。　綰：張綰。字孝卿，少與其兄張纘齊名。仕梁歷員外散騎常侍、御史中丞、尚書右僕射等職。本書卷五六、《梁書》卷三四有附傳。

紹泰中，都督周文育出鎮南豫州，[1]不知書疏，以山才爲長史，[2]政事悉以委之。文育南討，尅蕭勃，[3]禽歐陽頠，[4]計畫多出山才。後文育重鎮豫章金口，[5]山才復爲鎮南長史、豫章太守。[6]

[1]南豫州：州名。治姑孰，在今安徽當塗縣。

[2]長史：官名。魏晋南北朝時王府、公府、將軍府皆置，掌府内庶政，爲僚佐之首。府置一員，品秩依府主身份級别而定（參見嚴耕望《中國地方行政制度史·魏晋南北朝地方行政制度（上）》，第184—189頁）。

[3]蕭勃：南朝梁宗室，吴平侯蕭景之子。歷任定州刺史、廣州刺史、司徒、太尉、鎮南將軍、太保等職，封曲江縣侯。陳禪代梁，舉兵抗拒，事敗被殺。本書卷五一有附傳。

[4]歐陽頠：字靖世，長沙臨湘（今湖南長沙市）人。本書卷六六、《陳書》卷九有傳。

[5]金口：即金溪口。在今江西南昌市新建區西南。

[6]鎮南：官名。即鎮南將軍。梁、陳時鎮前、鎮後、鎮左、鎮右將軍與鎮東、鎮西、鎮南、鎮北將軍合稱八鎮將軍，爲重號將軍，是内官專用之軍號。梁二十二班。陳擬二品，比秩中二千石。周文育時爲鎮南將軍。

文育爲熊曇朗所害，[1]曇朗囚山才等，送于王琳。未至，而侯安都敗琳將常衆愛，[2]由是山才獲反。累遷度支尚書。[3]坐侍宴與蔡景歷言語過差，[4]爲有司所奏，免官。尋授散騎常侍，遷西陽、武昌二郡太守。[5]卒，[6]謚曰簡子。

[1]熊曇朗：豫章南昌（今江西南昌市）人。本書卷八〇、《陳書》卷三五有傳。

[2]常衆愛：王琳部將。後爲陳將侯安都所敗，逃奔廬山，爲村人所殺。

[3]度支尚書：官名。南朝尚書省六尚書之一，領度支、金部、倉部、起部四曹，掌管全國貢税租賦的統計、調撥等事務。陳三品，秩中二千石。

[4]過差：過失，差錯。

[5]西陽：郡名。治西陽縣，在今湖北黄石市東南。　武昌：郡名。治武昌縣，在今湖北鄂州市。

[6]卒：據《陳書》卷一八《陸山才傳》，卒於陳文帝天康元年（566），時年五十八。

論曰：趙知禮、蔡景歷屬陳武經綸之日，居文房書記之任，此乃宋、齊之初傅亮、王儉之職。[1]若乃校其才用，理不同年，而卒能膺務濟時，蓋其遇也。希祥勞臣之子，才名自致，迹涉便佞，貞介所羞。元饒始終任遇，無虧公道，名位自卒，其殆優乎！子高權重爲戮，亦其宜也。華晈經綸云始，既蹈元功，殷憂之辰，[2]自同勁草，[3]雖致奔敗，未足爲非。師知送往多闕，[4]見忌新主，謀人之義，[5]可無慎哉！然晚遇誅夷，非其過也。毛喜逢時遇主，好謀而成，見廢昏朝，不致公輔，惜矣！沈、陸所以見重，固亦雅望之所致焉。

[1]傅亮：字季友，北地靈州（今寧夏吴忠市北武市）人。南朝宋開國功臣。仕宋歷中書令、尚書令、領護軍將軍、加左光禄大夫、開府儀同三司等職。博涉經史，尤善文辭。《隋書·經籍志二》史部雜傳類著録傅亮撰《應驗記》一卷，簿録類著録《續文章志》二卷；集部别集類著録宋尚書令《傅亮集》三十一卷。本書卷一五、《宋書》卷四三有傳。　王儉：字仲寶，琅邪臨沂（今山東臨沂市）人。南朝宋任秘書丞，入齊，累遷侍中、中書令、太子太傅、國子祭酒、開府儀同三司等職。卒後追贈太尉。博通禮學。《隋書·經籍志》經、史、集部著録王儉九部著述。本書卷二二有附傳，《南齊書》卷二三有傳。

[2]殷憂：即“隱憂”，意即深憂。《詩·邶風·柏舟》：“耿耿不寐，如有隱憂。”

[3]勁草：典出《後漢書》卷二〇《王霸傳》。兩漢之際，潁川人王霸追隨光武帝劉秀經略河北，事初不順，舊部漸散，劉秀對王霸説：“潁川從我者皆逝，而子獨留。努力！疾風知勁草。”後世遂以“勁草”喻品性堅韌，不畏艱險。

[4]送往多闕：意謂手弑舊主，德行有闕。

[5]謀人之義：即曾子所謂“爲人謀而不忠乎”，語出《論語·學而》。

南史　卷六九

列傳第五十九

沈炯　虞荔 弟寄　傅縡 章華　顧野王 蕭濟　姚察

沈炯字初明，[1]吴興武康人也。[2]祖瑀，[3]梁尋陽太守。[4]父續，[5]王府記室參軍。[6]

[1]初明：《陳書》卷一九《沈炯傳》、《册府元龜》卷四一三、《册府元龜》卷七二七、《通志》卷一四五作“禮明”。

[2]吴興：郡名。治烏程縣，在今浙江湖州市。　武康：縣名。治所在今浙江德清縣西。

[3]瑀：即沈瑀，字伯瑜。本書卷七〇、《梁書》卷五三有傳。

[4]尋陽：郡名。治柴桑縣，在今江西九江市西南。

[5]續：即沈續。《梁書·沈瑀傳》記載，沈瑀任江州長史時，在路上被害，時人懷疑是刺史蕭穎達所爲，沈續累訟無果，遂布衣蔬食終其身。

[6]記室參軍：官名。王、公、軍府記室曹長官。掌文書章奏。常以他職兼任。梁時皇弟皇子府記室參軍爲六班。

炯少有儁才，[1]爲當時所重。仕梁爲尚書左户侍郎、吴令。[2]侯景之難，[3]吴郡太守袁君正入援建鄴，[4]以炯監郡。[5]臺城陷，[6]景將宋子仙據吴興，[7]使召炯，方委以書記，[8]炯辭以疾，子仙怒，命斬之。炯解衣將就戮，礙於路間桑樹，乃更牽往他所，或救之，僅而獲免。[9]子仙愛其才，終逼之令掌書記。及子仙敗，王僧辯素聞其名，[10]軍中購得之，[11]酬所獲者錢十萬，[12]自是羽檄軍書皆出於炯。[13]及簡文遇害，[14]四方岳牧上表勸進，[15]僧辯令炯制表，[16]當時莫有逮者。陳武帝南下，[17]與僧辯會白茅灣，[18]登壇設盟，炯爲其文。[19]及景東奔至吴郡，獲炯妻虞氏及子行簡，並殺之，炯弟攜其母逃免。侯景平，梁元帝愍其妻子嬰戮，[20]特封原鄉侯。[21]僧辯爲司徒，[22]以炯爲從事中郎。[23]梁元帝徵爲給事黄門侍郎，[24]領尚書左丞。[25]

[1]儁才：出衆的才智。

[2]尚書左户侍郎：官名。尚書省左民曹長官。掌户籍。尚書郎資深勤能者可轉爲侍郎。梁六班。《陳書》卷一九《沈炯傳》作“尚書左民侍郎”。本書避唐太宗李世民諱改。按，《陳書》卷二一《孔奂傳》有沈炯任左民郎時爲飛書所謗事，有學者據此推算，沈炯爲左民侍郎乃大同中事，其被謗在梁武帝大同三年（537）至五年間（參見曹道衡、沈玉成《中古文學史料叢考》，中華書局 2003 年版，第 644—645 頁）。　吴：縣名。治所在今江蘇蘇州市。

[3]侯景：字萬景，懷朔鎮（今内蒙古固陽縣）人。原爲東魏大將，後叛至梁，又在梁發動叛亂，史稱“侯景之亂”。本書卷八〇、《梁書》卷五六有傳。

[4]吴郡：郡名。治吴縣，在今江蘇蘇州市。　袁君正：字世

忠，陳郡陽夏（今河南太康縣）人。袁昂之子。侯景之亂時，率數百人隨邵陵王蕭綸赴援臺城。臺城陷落後，回到吴郡，病卒。本書卷二六、《梁書》卷三一有附傳。　建鄴：指建康，在今江蘇南京市，是南朝梁國都。“建鄴”是建康古稱。西晋滅吴後，先將吴都建業更名爲秣陵，又於武帝太康三年（282）將秣陵以秦淮河爲界分爲建鄴和秣陵。後爲避晋愍帝司馬鄴諱，改“建鄴”爲“建康”。

[5]監郡：代行郡守職權。監，官制術語。以他官監理某地政事。

[6]臺城：即東晋、南朝的建康宫城。“臺”在當時是中央政府的代稱。按，侯景軍隊於梁武帝太清三年（549）三月丁卯攻破臺城。

[7]宋子仙：侯景部將。臺城陷落後，爲侯景攻略三吴，先後被封爲司徒、太保。梁簡文帝大寶二年（551）六月，侯景戰敗於巴陵後，撤回建康，留宋子仙戍守郢城，被王僧辯率軍擒獲，送至江陵處死。按，《資治通鑑》卷一六二《梁紀十八》記載，武帝太清三年九月癸丑，侯子鑒兵至吴興，生擒太守張嵊，吴興遂落入侯景之手。

[8]方：將。

[9]僅而：纔。按，沈炯《歸魂賦》中亦叙及宋子仙逼令其掌書記之事："嗟五十之踰年，忽流離於凶忒。值中軍之失權，而大盜之移國。何赤疹之四起，豈黄霧之云塞。祈瘦弟於赤眉，乞老親於劇賊。免伏質以解衣，遂窘身而就勒。"

[10]王僧辯：字君才，太原祁（今山西祁縣）人。蕭繹大將。總率諸軍討滅侯景。梁貞陽侯天成元年（555）九月，被陳霸先襲殺。本書卷六三有附傳，《梁書》卷四五有傳。

[11]購：懸重賞徵求。

[12]錢十萬：《陳書·沈炯傳》作“鐵錢十萬”。按，梁武帝於普通四年（523）十二月開始發行鐵錢以取代銅錢，引發梁後期嚴重的通貨膨脹。至梁末陳初，鐵錢被廢除。

［13］羽檄：軍事文書，插羽毛以示緊急，故名。

［14］簡文：即梁簡文帝蕭綱。梁簡文帝大寶二年八月，被侯景廢爲晋安王，幽禁於永福省，至十月被侯景派王偉所殺。本書卷八、《梁書》卷四有紀。

［15］岳牧：相傳堯舜時有四岳、十二牧，後以"岳牧"泛指封疆大吏。　勸進：勸即帝位。按，梁簡文帝遇害時，王僧辯正駐軍江州，得知消息，分别於大寶二年十月和十一月兩次上表勸進蕭繹。所上表文及蕭繹的回復俱見《梁書》卷五《元帝紀》。此外，南平王蕭恪、領軍將軍胡僧祐、江州别駕張佚等亦率衆人勸進。此時，蕭繹尚未欲即位，而各地勸表紛至沓來，遂下令斷表。

［16］制：撰寫。

［17］陳武帝：陳霸先。本書卷九，《陳書》卷一、卷二有紀。　南下：從南順江而下。按，陳霸先本在嶺南，沿贛江北上討伐侯景。梁簡文帝大寶三年正月，陳霸先率軍發自豫章，於二月軍次桑落洲，與王僧辯會師。

［18］白茅灣：又作"白茅洲""白茅津"。東近桑落洲，在今江西九江市東北。

［19］炯爲其文：《梁書·王僧辯傳》具載此盟文，云"霸先爲其文"，然從本卷可知，其文實是王僧辯幕下的沈炯所作。

［20］梁元帝：蕭繹。本書卷八、《梁書》卷五有紀。　嬰：遭受。

［21］原鄉侯：《陳書·沈炯傳》作"原鄉縣侯"，下云"邑五百户"。梁爵制，分王、五等爵、列侯共三等十三級。縣侯屬五等爵，在縣公下、縣伯上。位視孤卿、重號將軍、光禄大夫，班次之。屬官置相、典祠、典書令、典衛長一人。原鄉，縣名。治所在今浙江長興縣南。按，沈炯《歸魂賦》曾自述此事云："余拔逆而效從，遂妻誅而子害。雖分珪而祚土，迄長河之如帶。肌膚之痛何泯，潛翳之悲無伏。"可與史文互參。

［22］司徒：官名。與太尉、司空並爲三司。無論有無司徒，皆

置司徒府，負責選黜全國州、郡中正，並審核州、郡中正評定的人才品第。梁十八班。按，王僧辯於太清六年五月甲申任司徒，元帝承聖三年（554）三月，改任太尉。

[23]從事中郎：官名。公府僚佐。梁時庶姓公府從事中郎爲八班。按，《陳書》卷三四《許亨傳》記載，許亨"遷太尉從事中郎，與吴興沈炯對掌書記"。疑沈炯被徵至江陵，在梁元帝承聖三年三月王僧辯任太尉之後。又，《陳書·孔奂傳》記載，梁元帝徵沈炯、孔奂，王僧辯累表請留之，梁元帝手敕報僧辯曰："孔、沈二士，今且借公。"

[24]給事黄門侍郎：官名。門下省次官。與侍中俱掌門下衆事，侍從左右，顧問應對。有審署詔書和平省尚書奏事之權。梁時員四人，十班。

[25]領：官制術語。於本官之外以高官兼卑職。　尚書左丞：官名。尚書省佐官。與尚書右丞共佐令、僕射總理省内衆事。可糾彈尚書省諸官。亦可通過審閲文書，監察包括御史中丞在内的省外官員，其所糾彈偏重於官吏失職等觸犯行政法的情形。梁九班（參見祝總斌《魏晋南北朝尚書左丞糾彈職掌考——兼論左丞與御史中丞的分工》，《文史》第三十二輯，中華書局1990年版，第57—66頁）。按，《十七史策要》、《資治通鑑》卷一六五《梁紀二十一》梁元帝承聖三年作"尚書右丞"。

魏剋荆州，[1]被虜，甚見禮遇，授儀同三司。[2]以世在東，[3]恒思歸國，恐以文才被留，閉門却掃，[4]無所交葉。[5]時有文章，[6]隨即棄毁，不令流布。

[1]魏剋荆州：梁元帝承聖三年（554）九月，西魏遣柱國大將軍于謹等率五萬軍隊進犯荆州。十一月，攻破江陵城，元帝身死。荆州，州名。治江陵縣，在今湖北荆州市荆州區。

[2]儀同三司：府兵軍號。省稱“儀同”。本爲軍職，後漸成散秩。位在開府儀同三司之下。北周武帝建德四年（575）改爲“儀同大將軍”。常與散騎常侍、車騎大將軍連授。

[3]世：大德本、南監本、北監本、汲古閣本、殿本、《册府元龜》卷七五四、《通志》卷一四五作“母”，《陳書》卷一九《沈炯傳》作“母老”。

[4]却掃：不再掃徑迎客，意謂閉門謝客。

[5]交葉：大德本、南監本、北監本、汲古閣本、殿本、《通志》卷一四五作“交接”，《陳書·沈炯傳》、《册府元龜》卷七五四作“交遊”。

[6]時：偶爾。

嘗獨行經漢武通天臺，[1]爲表奏之，陳己思鄉之意。曰："臣聞橋山雖掩，[2]鼎湖之竈可祠；[3]有魯遂荒，[4]大庭之迹無泯。[5]伏惟陛下降德猗蘭，[6]纂靈豐谷，[7]漢道既登，[8]神仙可望。射之罘於海浦，[9]禮日觀而稱功，[10]横中流於汾河，[11]指柏梁而高宴，[12]何其甚樂，[13]豈不然歟！既而運屬上僊，[14]道窮晏駕，[15]甲帳珠簾，[16]一朝零落，茂陵玉盌，[17]遂出人間。[18]陵雲故基，[19]與原田而膴膴，[20]别風餘迹，[21]帶陵阜而芒芒，[22]羈旅縲臣，[23]豈不落淚。[24]昔承明見厭，[25]嚴助東歸，[26]駟馬可乘，長卿西反，[27]恭聞故實，[28]竊有愚心。[29]黍稷非馨，[30]敢望徼福。[31]但雀臺之弟，[32]空愴魏君，雍丘之祠，[33]未光夏后，[34]瞻仰煙霞，[35]伏增悽戀。"[36]奏訖，其夜夢有宫禁之所，兵衛甚嚴，炯便以情事陳訴。聞有人言："甚不惜放卿還，幾時可至。"[37]少日，[38]便與王克等並獲東歸。[39]歷司農卿，[40]御史中丞。[41]

［1］通天臺：漢武帝爲候望神仙，於元封二年（前 109）令王温舒在甘泉宫造通天臺。關於其高度，有“三十丈”“三十五丈”“五十丈”“百餘丈”諸説，《三輔黄圖》引《漢武故事》稱“望雲雨悉在其下，望見長安城”。昭帝元鳳年間毁於風雨。今陝西淳化縣涼武帝村現存兩個高十五六米的圓錐形夯土臺基，有學者認爲即通天臺遺址。

［2］橋山：相傳爲黄帝葬地。《陳書》卷一九《沈炯傳》、《初學記》卷九作“喬山”。

［3］鼎湖：相傳爲黄帝鑄鼎處。《史記・封禪書》載申公云，黄帝采首山銅，鑄鼎荆山下。鼎既成，黄帝乘龍升天，故後世因名其處曰鼎湖。　竈：竈神。《陳書・沈炯傳》、《初學記》卷九、《太平御覽》卷八八、《沈侍中集》作“靈”。《史記・封禪書》云：“少君言上曰：‘祠竈則致物，致物而丹沙可化爲黄金，黄金成以爲飲食器則益壽，益壽而海中蓬萊僊者乃可見，見之以封禪則不死，黄帝是也。’……於是天子始親祠竈。”林礽乾《陳書異文考證》認爲，《史記・封禪書》之文乃沈炯所本，當以“竈”爲是（文史哲出版社 1979 年版，第 163 頁）。

［4］有魯：周時之魯國。“有”乃詞綴。　遂：《陳書・沈炯傳》作“既”。

［5］大庭：傳説中的遠古帝王。魯城中有大庭氏庫。　無：《初學記》卷九、《太平御覽》卷八八作“不”。

［6］猗蘭：相傳，漢武帝誕生前，景帝夢赤彘從雲中下，入崇蘭閣，因改閣名爲猗蘭殿。後王夫人於此生漢武帝。

［7］豐谷：即沛縣豐邑，漢高祖劉邦故里，在今江蘇豐縣。

［8］登：成。

［9］射之罘（fú）於海浦：“之罘”即今山東煙臺市芝罘山，三面臨海。秦漢時人們在此祭祀齊地八神之一的陽主。《史記》卷六《秦始皇本紀》記載，秦始皇曾於之罘海面以連弩射殺巨魚，司馬相如《子虚賦》有“射乎之罘”語。《漢書》卷六《武帝紀》記

載，太始三年（前94），武帝“幸琅邪，禮日成山，登之罘，浮大海”。《漢書·武帝紀》亦載漢武帝射蛟事，衹不過地點在長江中。

[10]日觀：即泰山日觀峰。因能觀日出而得名。

[11]横中流於汾河：《漢書·武帝紀》及《郊祀志》記載，元鼎四年（前113）十一月，漢武帝於汾陰立后土祠。《太平御覽》卷五七〇引《漢書》及《北堂書鈔》卷一〇六、《太平御覽》卷八八引《漢武故事》云，漢武帝嘗幸河東，祠后土，忻然中流，與群臣宴飲，作《秋風辭》，其中有“泛樓船兮濟汾河，横中流兮揚素波”句。

[12]指：大德本、南監本、北監本、殿本同，汲古閣本作“恉”。恉，通“指”。　柏梁：長安未央宫中的柏梁臺。建於漢武帝元鼎二年，太初元年（前104）毁於火災。相傳此臺高二十丈，以香柏爲梁，香聞數十里，采用銅柱支撑。武帝曾與群臣在此飲酒賦詩。有學者認爲，其遺址可能在今陝西西安市未央區盧家口附近。

[13]甚樂：即“湛樂”，快樂。《陳書·沈炯傳》作“樂也”。

[14]上僊：升天，去世的婉辭。大德本、南監本、北監本、殿本同，汲古閣本作“上倦”。

[15]晏駕：宫車晚出，帝王去世的婉辭。

[16]甲帳珠簾：相傳漢武帝曾建造華美的神屋，“甲帳”“珠簾”皆是神屋中的飾品。《漢書》卷九六下《西域傳》云，漢武帝“興造甲乙之帳”。顏師古注曰：“其數非一，以甲乙次第名之也。”《藝文類聚》卷六一引《漢武故事》云：“上起神屋……以白珠爲簾箔，玳瑁壓之。以象牙爲牀，以琉璃、珠玉、明月、夜光雜錯天下珍寶爲甲帳，其次爲乙帳。甲以居神，乙上自御之。”甲帳，《初學記》卷九作“翠幕”。

[17]茂陵玉盌：茂陵是漢武帝陵墓，在今陝西興平市茂陵村。相傳，武帝死後，其墓中陪葬品曾莫名重現於世。《太平御覽》卷八八引《漢武故事》曰：“始元二年，吏告民盗用乘輿御服者，案

其題，乃茂陵中明器也，民别買得。光疑葬日監官不謹，容致盜竊，乃收將作以下繫長安獄考訊。居歲餘，鄴縣又有一人於市貨玉杯，吏疑其御物，欲捕之，因忽不見。縣送其器推問，又茂陵中物也。光自呼吏問之，説市人形貌如先帝，光於是嘿然，乃赦前所繫者。"

[18]遂：《陳書・沈炯傳》《沈侍中集》作"宛"。

[19]陵雲：高步瀛《南北朝文舉要》云："此文指漢之宫殿。凌雲者，言其高耳。"（中華書局1998年版，第648頁）

[20]與：《陳書・沈炯傳》、《沈侍中集》作"共"。"與""共"義同。　膴膴：土地肥美的樣子。《詩・大雅・緜》云："周原膴膴，堇荼如飴。"

[21]别風：漢武帝時所造别風闕，又稱折風闕。在建章宫閶闔門内東側，與井幹樓對峙。今本《三輔黄圖》注云："以其出宫垣識風從何處來，以爲闕名也。"後世流傳之"折風闕當"，即此闕遺物。《初學記》卷九作"扶風"。　餘迹：《陳書・沈炯傳》、《太平御覽》卷八八、《沈侍中集》作"餘趾"。

[22]帶：連同。《陳書・沈炯傳》作"對"。

[23]縲臣：被囚繫於異國之臣。

[24]豈不：《陳書・沈炯傳》《沈侍中集》作"能不"。

[25]昔：《初學記》卷九、《太平御覽》卷八八作"昔者"。　承明見厭：《漢書》卷六四《嚴助傳》記載，嚴助初爲中大夫，後求任家鄉會稽郡守，因無突出政績，遭漢武帝寫信責備，遂重回京城侍從武帝。武帝給嚴助的信中説："君厭承明之廬，勞侍從之事，懷故土，出爲郡吏。"爲此處所本。承明，即承明廬。西漢未央宫有承明殿，在宣室殿以北、掖庭以南，靠近温室殿，是皇帝日常理政的地方。嚴助爲中大夫時，在承明殿侍從武帝，其值宿之所稱"承明廬"（參見陳蘇鎮《未央宫四殿考》，《歷史研究》2016年第5期）。見厭，《陳書・沈炯傳》《沈侍中集》作"既厭"，《初學記》卷九作"見罷"。

［26］嚴助：本名莊助。避漢明帝劉莊諱，改爲嚴助。會稽吴（今江蘇蘇州市）人。漢武帝時大臣。《漢書》卷六四有傳。

［27］長卿：即司馬相如。字長卿，蜀郡成都（今四川成都市）人。《史記》卷一一七、《漢書》五七有傳。成都城北有升仙橋，《華陽國志》記載，司馬相如初入長安時，於此處題曰："不乘赤車駟馬，不過汝下。"後司馬相如持節出使西南，路經蜀地，受到當地官民隆重歡迎。　西反：《陳書·沈炯傳》、《初學記》卷九、《太平御覽》卷八八作"西返"。反，同"返"。

［28］故實：可堪效法的舊事。

［29］愚心：《初學記》卷九、《太平御覽》卷八八作"愚衷"。

［30］黍稷非馨：語本《左傳》僖公五年引《周書》曰："黍稷非馨，明德惟馨。"古人認爲，相比祭祀的穀物，光明的德行纔真正香氣遠播，感動神明。沈炯此處意謂自己一片至誠。

［31］望：《陳書·沈炯傳》作"忘"。忘，通"望"。　徼：求取。按，此文自"徼福"以下，《陳書·沈炯傳》未録。

［32］但：《初學記》卷九、《太平御覽》卷八八無此字。　雀臺：即銅雀臺。曹操於建安十五年（210）冬在鄴城（今河北臨漳縣西南）西北興建銅雀臺，於建安十七年春竣工。後又在其南、北分別建"金虎臺"和"冰井臺"，合稱"三臺"。銅雀臺高十丈，以城墻爲基，臺上築臺，上有屋室樓觀。曹魏後，銅雀臺屢遭兵灾，又幾經重修，至北齊文宣帝天保九年（558），一度更名爲金鳳臺，是當時君臣宴飲、迎賓之所。其遺址在今河北臨漳縣三臺村西。《初學記》卷九、《太平御覽》卷八八作"爵臺"，爵，通"雀"。　弟：大德本、南監本、北監本、汲古閣本、殿本、《沈侍中集》作"弔"，《初學記》卷九作"心"，《太平御覽》卷八八作"薦"。

［33］雍丘：縣名。治所在今河南杞縣。爲杞國故地，商周時曾封夏人後裔於此。後世亦在此祭祀夏代先王，《北堂書鈔》卷一五二引《陳留風俗傳》云："雍丘有夏后祠，有神井，能興霧雹，古

來享祠，至今不輟。”《續漢書·郡國志》“雍丘縣”劉昭注引曹植《禹廟讚》曰：“有禹祠，植移于其城，城本名杞城。”按，《初學記》卷九、《沈侍中集》作“雍邱”。邱，通“丘”。

［34］夏后：夏朝的君王。

［35］煙霞：《初學記》卷九、《太平御覽》卷八八作“徽猷”。

［36］悽戀：《初學記》卷九、《太平御覽》卷八八作“悽懼”。

［37］甚不惜放卿還，幾時可至：《太平御覽》卷三九九引《三國典略》作：“甚不惜放卿，幾日可至。一月内見關出，此恐不復由我。”不惜，不辭，甘願。

［38］少日：不多日。《太平御覽》卷三九九引《三國典略》作“十餘日”。

［39］王克：琅邪臨沂（今山東臨沂市）人。侯景之亂前，任尚書僕射。侯景攻陷臺城後，先後任尚書左僕射、太師。西魏攻陷江陵後，被俘至長安，頗受禮遇。　並獲東歸：《資治通鑑》卷一六六《梁紀二十二》敬帝紹泰元年三月條云：“魏太師泰遣王克、沈炯等還江南。”沈炯《歸魂賦》記其啓程東歸時的風物云：“於時和風四起，具物初榮。草極野而舒翠，花分叢而落英。”知沈炯獲准東歸當在承聖四年（555，梁敬帝即位後改元紹泰）春。《陳書·沈炯傳》云，沈炯東歸，於“紹泰二年至都”。

［40］司農卿：官名。梁武帝天監七年（508）以大司農爲司農卿，爲十二卿之一。掌農功倉廩。十一班。

［41］御史中丞：官名。御史臺長官，掌督察百官，糾彈不法。有風聞奏事之權。員一人。梁初四品。梁武帝天監七年定爲十一班。

陳武帝受禪，[1]加通直散騎常侍。[2]表求歸養，[3]詔不許。文帝嗣位，[4]又表求去，詔答曰：“當敕所由，[5]相迎尊累，[6]使卿公私無廢也。”

[1]陳武帝受禪：太平二年（557）十月，梁敬帝蕭方智禪位於陳霸先。

[2]通直散騎常侍：官名。晋武帝泰始十年（274）置。本是員外散騎常侍與散騎常侍通員當值者。東晋、南朝逐漸成爲獨立官職。梁時屬集書省，位在散騎常侍下、員外散騎常侍上，員四人。梁武帝天監六年（507）革選，以其視御史中丞。十一班。陳四品，秩二千石。

[3]歸養：回家奉養父母。

[4]文帝：南朝陳文帝陳蒨。本書卷九、《陳書》卷三有傳。

[5]所由："所由州縣"之省，指地方官吏（參見吕樹湘《"所由"本義》，《中國語文》1984年第1期）。按，南監本《陳書》卷一九《沈炯傳》及明本《册府元龜》卷七五四作"所司"。

[6]相迎：迎。"相"是虚化的動詞前綴，無義。　尊累：對他人父母長輩的敬稱。

初，武帝嘗稱炯宜居王佐，軍國大政，多預謀謨。[1]文帝又重其才，欲寵貴之。會王琳入寇大雷，[2]留異擁據東境，[3]帝欲使炯因是立功，乃解中丞，[4]加明威將軍，[5]遣還鄉里，收徒衆。[6]以疾卒于吴中，[7]贈侍中，[8]謚恭子。有集二十卷行於世。[9]

[1]謀謨（mó）：謀劃，謀略。

[2]王琳：字子珩，會稽山陰（今浙江紹興市）人。永定三年（559）十月，他奉梁元帝之孫蕭莊出濡須口，於十一月進兵大雷，在次年二月的蕪湖之戰中敗於陳軍，逃奔北齊。本書卷六四、《北齊書》卷三二有傳。　大雷：戍名。東晋時置。因東有雷水而得名。晋安帝義熙元年（405），在此設新治縣，屬晋熙郡。在今安徽望江縣。

［3］留異：東陽長山（今浙江金華市）人。爲當地土豪，割據東陽。陳文帝天嘉二年（561）詔侯安都等討伐留異，留異兵敗逃至陳寶應處，後被送京師斬殺。本書卷八〇、《陳書》卷三五有傳。

［4］解：免除。

［5］明威將軍：官名。梁以寧遠、明威、振遠、電耀、威耀將軍代舊寧朔將軍。爲雜號將軍。梁武帝天監七年（508）定爲武職二十四班中的十三班，大通三年（529）移入輕車將軍班，爲武職三十四班中的二十四班。陳擬五品，比秩千石。另梁普通六年（525）所置十明將軍中亦有此號，大通三年定爲武職三十四班中的十五班。陳擬六品，比秩千石。

［6］遣還鄉里，收徒衆：按，沈氏爲吴姓豪族，自東漢沈戎起便遷居吴興地區，以好勇善戰、世傳武節著稱。至梁、陳時，儘管吴興沈氏已逐漸士族化，門風由武入文，但憑其深厚的地方勢力，仍能在當地迅速招募部曲、故義，如史書中沈衆、沈文阿、沈恪等人皆有回鄉招募軍隊的記載。

［7］吴中：指吴郡，在今江蘇蘇州市一帶。按，《陳書》卷一九《沈炯傳》云，沈炯時年五十九。沈炯《歸魂賦》曰“昔休明之云始，余播棄于天地”，有學者據此認爲，沈炯生於天監元年南朝梁開國之時。（參見唐燮軍《南朝文士沈炯生平及其詩文三題》，《許昌學院學報》2010年第1期）曹道衡、沈玉成推斷，沈炯卒年當在永定三年十二月之後或天嘉元年（參見曹道衡、沈玉成《中古文學史料叢考》，第645—646頁）。

［8］侍中：官名。門下省長官。掌侍從左右，應對顧問，審署並下達詔令，平省尚書奏事。陳三品，秩中二千石。

［9］有集二十卷行於世：《隋書·經籍志四》集部别集類著録陳侍中沈炯《前集》七卷及陳沈炯《後集》十三卷。《中古文學史料叢考》云:“《陳書·沈炯傳》謂炯有集二十卷。然據《隋志》有《前集》七卷，《後集》十三卷，是《陳書》所言卷數，蓋合前後集而言。據《類聚》卷五五劉師知《侍中沈府君集序》云：‘今乃

撰西還所著文章，名爲後集。’可知《前集》乃江陵陷前作，《後集》則自周南返後作。以劉序觀之，似《後集》即炯卒後劉師知所編。”（參見曹道衡、沈玉成《中古文學史料叢考》，第644頁）集，大德本、南監本、汲古閣本同，北監本、殿本作“書”。

虞荔字山披，會稽餘姚人也。[1]祖權，梁廷尉卿、永嘉太守。[2]父檢，[3]平北始興王諮議參軍。[4]

［1］會稽：郡名。治山陰縣，在今浙江紹興市。　餘姚：縣名。治所在今浙江餘姚市。

［2］廷尉卿：官名。梁武帝天監七年（508）改廷尉爲廷尉卿。爲中央司法審判機構長官。十一班。　永嘉：郡名。治永寧縣，在今浙江温州市。

［3］檢：《建康實録》卷一九作“儉”。

［4］平北：官名。即平北將軍。與平東、平西、平南將軍合爲四平將軍。爲重號將軍，是外官專用之軍號。梁武帝天監七年定爲武職二十四班中的二十班，大通三年（529）改爲武職三十四班中的三十班。按，《梁書》卷二《武帝紀中》記載，天監七年十月“詔大舉北伐，以護軍將軍始興王憺爲平北將軍，率衆入清”，然當月丁丑，便以平北將軍改授歸降的北魏豫州刺史胡遜。是則蕭憺任平北將軍時間極短。　始興王：即蕭憺。蕭順之第十一子，梁武帝異母弟。天監元年封始興郡王，食邑二千户。本書卷五二、《梁書》卷二二有傳。始興，郡名。治曲江縣，在今廣東韶關市南武水西岸。　諮議參軍：官名。軍府僚佐，地位僅次於長史、司馬。常兼大郡太守，或越次行府州事。梁時皇弟皇子府諮議參軍爲九班。

荔幼聰敏，有志操。年九歲，隨從伯闡候太常陸倕，[1]倕問《五經》十事，[2]荔對無遺失，[3]倕甚異之。[4]又嘗詣徵士何胤，[5]時太守衡陽王亦造之，[6]胤言於王，王欲見荔，荔辭曰："未有板刺，[7]無容拜謁。"王以荔有高尚之志，雅相欽重，[8]還郡，即辟爲主簿，[9]荔又辭以年小，不就。及長，美風儀，博覽墳籍，善屬文。仕梁爲西中郎法曹外兵參軍，[10]兼丹楊詔獄正。

[1]從伯：父親的堂兄。　闡：即虞闡。《金樓子·聚書篇》云"又寫得虞太中闡家書"，又據《廣弘明集》卷一五沈約《佛記序》，虞闡曾任中書侍郎，受命預修《佛記》。　候：拜訪。　太常：官名。梁武帝天監七年（508）改名太常卿。掌禮樂、祭祀、學校、陵園等事。領明堂、二廟、太史、太祝、廩犧、太樂、鼓吹、乘黄、北館、典客館等令、丞，陵監、國學及協律校尉、總章校尉監、掌故、樂正等。十四班。按，虞荔年九歲，當梁武帝天監十年，此時陸倕還未擔任太常卿。　陸倕：字佐公，吴郡吴（今江蘇蘇州市）人。本書卷四八有附傳，《梁書》卷二七有傳。

[2]《五經》十事：《陳書》卷一九《虞荔傳》作"《五經》凡有十事"，《建康實録》卷一九作"《五經》凡十條"。有學者指出，南朝士人以策試爲樂，又常使幼童謁見名流策試經史，所試之策數大多爲十條，此種風氣是受考試入仕制度的影響。當時經學生策試與孝廉策試策數皆爲十條。（參見閻步克《察舉制度變遷史稿》，遼寧大學出版社 1991 年版，第 231—232 頁；楊恩玉《蕭梁政治制度考論稿》，中華書局 2014 年版，第 333—337 頁）

[3]遺失：失誤，犯錯。

[4]異：器重。

[5]徵士：經官府徵召而不仕者。　何胤：字子季，廬江灊（今安徽霍山縣）人。仕齊爲國子祭酒，明帝建武四年（497）後辭官退隱，聚徒授學。本書卷三〇、《梁書》卷五一有附傳。

[6]太守：蕭元簡時爲會稽郡守。　衡陽王：即蕭元簡，字熙

遠。梁武帝四弟蕭暢之子。梁武帝天監元年追封蕭暢爲衡陽郡王，蕭元簡於天監三年襲封。史載蕭元簡任會稽郡守期間，對何胤深加禮敬，“月中常命駕式閭，談論終日”。《梁書》卷二三有傳。衡陽，郡名。治湘西縣，在今湖南株州市西南。按，蕭元簡於天監十三年離任會稽太守，此事當在天監十三年前。　造：前去見某人。

[7]板刺：即名刺，作用類似於今天的名片。早期名刺以板牘爲材，故稱。一式多份，一般直書一行，寫本人姓名、籍貫及問候套語。虞荔自稱“未有板刺”，意味他不熱衷於投刺、拜謁之事，無心結交權貴，故蕭元簡以其有高尚之志。

[8]雅：甚。

[9]主簿：官名。郡府佐吏。掌文書簿籍，經辦事務。與太守關係親近。例用本郡人士，由太守自辟，一般未釋褐。然亦有學者頗懷疑此事的真實性：蕭元簡於天監十三年由會稽太守入爲給事黄門侍郎，“縱使虞荔之遇元簡，在元簡徵還之年，亦不過十二歲，元簡何以知其有‘高尚之志’，且斷無以十二歲童子爲主簿理。疑好事者以元簡、虞荔俱與何胤有故，臆爲之説。”（參見曹道衡、沈玉成《中古文學史料叢考》，第679頁）

[10]西中郎：官名。即西中郎將。與東、南、北中郎將合爲四中郎將。爲宗王專用之將軍號。梁武帝天監七年置鎮兵、翊師、宣惠、宣毅代舊四中郎將，後又重置四中郎將。普通六年（525）移四中郎將入鎮兵將軍班。大通三年（529）定爲武職三十四班中的二十七班。按，《陳書·虞荔傳》云虞荔“釋褐梁西中郎行參軍，尋署法曹、外兵參軍，兼丹陽詔獄正”。史書記載，天監十年後任西中郎將而駐京師者有豫章王蕭綜和晉安王蕭綱。　法曹外兵參軍：官名。即法曹參軍和外兵參軍。法曹參軍，軍府法曹長官。梁皇弟、皇子府法曹參軍，三班。外兵參軍，軍府外兵曹長官。梁皇弟、皇子府外兵參軍，四班。

梁武帝於城西置士林館，[1]荔乃制碑，[2]奏上，帝命勒之于館，[3]仍用荔爲士林學士。尋爲司文郎，[4]遷通直散騎侍郎，[5]兼中書舍人。[6]時左右之任，多參權軸，[7]内外機務，互有帶掌，[8]唯荔與顧協泊然静退，[9]居于西省，[10]但以文史見知。尋領大著作。[11]

[1]士林館：梁武帝大同七年（541）十二月於臺城西立士林館，招攬才學之士於此講學。館内常設學士，負責修撰典籍。亦常有其他部門的官員前來講授。

[2]制碑：撰寫碑文。

[3]命：南監本、北監本、汲古閣本、殿本、《陳書》卷一九《虞荔傳》同，大德本作“令”。　勒：刻。

[4]司文郎：官名。《陳書》卷二四《周弘正傳》記載，梁武帝普通中，置司文郎與司義郎，直壽光省。

[5]通直散騎侍郎：官名。晋武帝時置。本爲員外散騎侍郎與散騎侍郎通員當直者。東晋、南朝逐漸成爲獨立官職。梁時屬集書省，位在散騎侍郎下、員外散騎侍郎上。梁時員四人，六班。

[6]中書舍人：官名。即中書通事舍人。中書省屬官。最初負責收納、轉呈文書章奏，後漸奪中書侍郎草擬詔誥之權。梁、陳去“通事”二字，徑稱“中書舍人”。出任者多爲寒族和低級士族。南齊至陳，自成舍人省，名義上隸屬中書省，實際直接聽命於皇帝。梁時員四人，四班。

[7]權軸：中樞之權。

[8]互有：並有。

[9]顧協：字正禮，吴郡吴（今江蘇蘇州市）人。本書卷六二、《梁書》卷三〇有傳。

[10]西省：祝總斌認爲，西省本是東晋孝武帝讀書的處所，南朝宋、齊時改名永福省，是皇太子出居東宫前在禁中的住地。因齊

無年幼的皇太子，故西省成爲左右衛將軍以下禁衛諸職值宿之地。至梁，西省變爲學士修撰之所，與永福省並置（參見祝總斌《兩漢魏晋南北朝宰相制度研究》，中國社會科學出版社 1990 年版，第 351—356 頁）。陳蘇鎮認爲，西省即秘書省，在皇帝内殿西側，亦爲舍人省所在（參見陳蘇鎮《西省考》，《周一良先生八十生日紀念論文集》，中國社會科學出版社 1993 年版，第 67—75 頁）。梁武帝時置西省學士，召才學之士入直西省，負責修撰。

[11]領：官制術語。於本官之外以高官兼卑職。　大著作：官名。即著作郎。隸秘書省，員一人。下有佐郎八人，掌修撰國史及起居注。梁六班。

及侯景之亂，荔率親屬入臺，除鎮西諮議參軍，[1]如故。[2]臺城陷，逃歸鄉里。侯景平，元帝徵爲中書侍郎，[3]貞陽侯僭位，[4]授揚州别駕，[5]並不就。

[1]鎮西：官名。即鎮西將軍。梁時鎮東、鎮西、鎮南、鎮北將軍與鎮前、鎮後、鎮左、鎮右將軍合稱八鎮將軍。爲重號將軍，是外官專用之軍號。梁武帝天監七年（508）定爲武職二十四班中的二十二班，大通三年（529）改爲武職三十四班中的三十二班。按，侯景進攻臺城時，鎮西將軍爲出鎮荆州的湘東王蕭繹。

[2]如故：《陳書》卷一九《虞荔傳》作“舍人如故”。

[3]中書侍郎：官名。中書省屬官，掌起草詔令。南朝時中書通事舍人漸奪其事權，中書侍郎職閑官清。梁時員四人，以一功高者主持中書省事務。九班。

[4]貞陽侯：蕭淵明。字靖通。梁武帝長兄蕭懿之子。太清元年（547）十一月，在寒山之戰中爲東魏所俘。江陵陷落後，北齊立其爲梁主，派兵護送其歸國即位。本書卷五一有附傳，《北齊書》卷三三有傳。貞陽，縣名。治所在今廣東英德市東南滃江北。

［5］揚州：州名。治建康縣，在今江蘇南京市。　別駕：官名。亦稱別駕從事。位居州吏之右，總理衆務。揚州別駕，十班。

張彪之據會稽，[1]荔時在焉。及文帝平彪，武帝及文帝並書招之，迫切不得已，[2]乃應命至都，而武帝崩，文帝嗣位，除太子中庶子，[3]仍侍太子讀。尋領大著作。[4]

［1］張彪：自云襄陽（今湖北襄陽市）人。起於會稽若邪山，侯景之亂後依附王僧辯。蕭淵明即位，任其爲東揚州刺史，鎮會稽。梁敬帝太平元年（556）初，張彪圍臨海太守王懷振於剡巖，被陳蒨、周文育討滅。本書卷六四有傳。

［2］迫切：逼迫。

［3］太子中庶子：官名。東宫門下坊長官，掌侍從太子左右，儐相威儀，盡規獻納，典綜奏事文書等。陳四品，秩二千石。按，陳文帝即位後，立嫡長子陳伯宗爲太子。

［4］大著作：官名。陳六品，秩六百石。

初，荔母隨荔入臺，卒於臺内，尋而城陷，情禮不申，[1]由是終身蔬食布衣，不聽音樂。雖任遇隆重，而居止儉素，淡然無營。文帝深器之，常引左右，[2]朝夕顧訪。[3]荔性沈密，少言論，凡所獻替，[4]萬有見其際者。[5]

［1］情禮不申：喪禮未辦妥。

［2］常引左右：大德本、汲古閣本同，南監本、北監本、殿本“引”後有“在”字。

［3］顧訪：咨詢，顧問。

［4］獻替：語本《左傳》昭公二十年："君所謂可而有否焉，臣獻其否以成其可。君所謂否而有可焉，臣獻其可以去其否。"意謂向君主進言，勸善規過。

［5］萬：大德本、南監本、北監本、汲古閣本、殿本、《陳書》卷一九《虞荔傳》作"莫"。當以"莫"爲是。　際：形際。

第二弟寄寓于閩中，［1］依陳寶應，［2］荔每言之輒流涕。文帝哀而謂曰："我亦有弟在遠，［3］此情甚切，他人豈知。"乃敕寶應求寄，寶應終不遣。荔因以感疾，［4］帝欲數往臨視，［5］令將家口入省。［6］荔以禁中非私居之所，［7］乞停城外，帝不許，乃令住蘭臺。［8］乘輿再三臨問，［9］手敕中使，［10］相望於道。又以蔬食積久，［11］非羸疾所堪，乃敕曰："卿年事已多，氣力稍減，［12］方欲仗委，［13］良須克壯。［14］今給卿魚肉，不得固從所執。"荔終不從。卒，［15］贈侍中，謚曰德子。及喪柩還鄉里，上親出臨送，當時榮之。子世基、世南，［16］並少知名。

［1］閩中：秦置閩中郡，其範圍約當今浙江南部及福建大部，後世因以"閩中"指稱這一地區。

［2］陳寶應：晋安候官（今福建福州市）人。時爲閩州刺史。因聯結留異、周迪，被章昭達、余孝頃率陳軍討滅，斬於建康。本書卷八〇、《陳書》卷三五有傳。

［3］我亦有弟在遠：指陳頊，陳霸先之兄陳道譚第二子，陳蒨親弟。梁元帝時，徵陳頊與陳霸先之子陳昌赴江陵。江陵陷落後，陳頊被西魏俘虜。直到陳文帝天嘉三年（562），纔由北周歸國。

［4］感疾：染疾，得病。

[5]欲：《陳書》卷一九《虞荔傳》無"欲"字。　臨視：謂尊者看望卑者。

[6]家口：家屬。

[7]禁中：廣義的"禁中"指整個宫城，南朝時狹義的"禁中"僅指宫城中的後宫、王宫和内省地區。

[8]蘭臺：指秘書省。

[9]乘輿：皇帝乘坐的車子，代指皇帝。

[10]中使：宫中使者，多由宦官充任。

[11]積久：久。

[12]稍：漸漸。

[13]方欲：將欲。

[14]克壯：語本《詩・小雅・采芑》："方叔元老，克壯其猶。"

[15]卒：《陳書・虞荔傳》云其卒於天嘉二年，時年五十九。

[16]世基：即虞世基。字茂世（《北史》作"懋世"）。《隋書》卷六七、《北史》卷八三有傳。　世南：即虞世南。字伯施。《舊唐書》卷七二、《新唐書》卷一〇二有傳。

寄字次安，少聰敏。年數歲，客有造其父，遇寄於門，嘲曰："郎子姓虞，[1]必當無智。"[2]寄應聲曰："文字不辨，豈得非愚！"客大慙，入謂其父："此子非常人，文舉之對不是過也。"[3]

[1]郎子：《陳書》卷一九《虞寄傳》、《建康實録》卷一九作"郎君"。

[2]必當：必定。《建康實録》卷一九作"必定"。

[3]文舉：即東漢末孔融。字文舉，魯國人。幼而聰敏。《後漢書》卷七〇有傳。《後漢書》記載，他曾造訪李膺，太中大夫陳煒戲之曰："夫人小而聰了，大未必奇。"融應聲曰："觀君所言，將

不早惠乎？”時人稱奇。事又見《世説新語·言語》。

及長，好學，善屬文。性沖静，[1]有栖遁志。[2]弱冠舉秀才，[3]對策高第。[4]起家梁宣城王國左常侍。[5]大同中，[6]嘗驟雨，殿前往往有雜色寶珠，[7]梁武觀之甚有喜色，寄因上《瑞雨頌》。帝謂寄兄荔曰："此頌典裁清拔，卿之士龍也，[8]將如何擢用？”寄聞之歎曰："美盛德之形容，[9]以申擊壤之情耳，[10]吾豈買名求仕者乎？”乃閉門稱疾，唯以書籍自娱。岳陽王詧爲會稽太守，[11]寄爲中記室，[12]領郡五官掾。[13]在職簡略煩苛，[14]務存大體，曹局之内，[15]終日寂然。

[1]沖静：淡泊寧静。

[2]栖遁：歸隱。

[3]弱冠：古時男子二十成人，行冠禮，體還未壯，故稱弱。舉秀才：州舉秀才、郡舉孝廉皆屬於察舉策試的選官方式。在梁代，察舉策試是除憑九品官人法直接入仕和經學生策試入仕之外最重要的入仕途徑。其中秀才祇納士族，尤爲顯耀，不少高門子弟由此起家，而孝廉多屬寒庶子弟，地位不高。南朝無論秀才還是孝廉均需參加策試，梁代的秀才策試多在建康城儀賢堂舉行，時間在每年春節之後（參見羅新本《兩晋南朝的秀才、孝廉察舉》，《歷史研究》1987 年第 3 期；楊恩玉《蕭梁政治制度考論稿》，第 216—224 頁）。

[4]對策：參加策試。漢代策試最初是將問題寫在編簡上，稱爲“策”，應試者針對“策”上的問題作答，故稱“對策”。梁代秀才策試看重文才。有學者認爲，當時的秀才策試共出五個問題，策試的方式是逐個面試口答，並由人作筆録（參見楊恩玉《蕭梁政

治制度考論稿》，第 323—341 頁）。　高第：策試成績分高第、中第、下第三等，高第是第一等。

［5］宣城王：即蕭大器。蕭綱嫡長子。梁武帝中大通四年（532）正月封宣城郡王，食邑二千户。蕭綱即位後，被立爲皇太子。簡文帝大寶二年（551）八月爲侯景所殺。追謚爲“哀太子”。本書卷五四、《梁書》卷八有傳。宣城，郡名。治宛陵縣，在今安徽宣城市宣州區。　國左常侍：官名。掌侍從諸王。左常侍位高於右常侍。此官在宋、齊時位望不高，然由於梁武帝優容宗室，梁代多有以此官起家者。梁皇弟皇子國常侍二班。

［6］大同：南朝梁武帝蕭衍年號（535—546）。

［7］往往：處處，到處。

［8］卿：《陳書》卷一九《虞寄傳》、《册府元龜》卷八一三作“卿家”。　士龍：即西晋時陸雲。字士龍，吴郡吴（今江蘇蘇州市）人。與兄陸機俱有文才，號曰“二陸”。《晋書》卷五四有傳。

［9］美盛德之形容：語本《毛詩序》：“頌者，美盛德之形容，以其成功告於神明者也。”

［10］擊壤：相傳堯時，有老人擊壤而歌曰：“日出而作，日入而息，鑿井而飲，耕田而食，帝力何有於我哉？”因以“擊壤”喻聖王在位、天下太平。

［11］岳陽王詧：即蕭詧。字理孫，蕭統第三子。梁武帝中大通三年，封岳陽郡王。大同四年七月，以其爲東揚州刺史，鎮會稽。《周書》卷四八、《北史》卷九三有傳。岳陽，郡名。治岳陽縣，在今湖南汨羅市長樂鎮。

［12］中記室：官名。即中記室參軍。軍府記室曹長官。掌文書章奏。位在記室參軍上。梁時皇弟皇子府中記室參軍爲七班。

［13］郡五官掾：官名。郡府僚佐。主諸曹事，位崇而職不重。常由較高之職兼領。

［14］煩苛：《册府元龜》卷七二二作“去煩苛”。

［15］曹局：官署。

侯景之亂，寄隨兄荔入臺，及城陷，遁還鄉里。張彪往臨川，[1]强寄俱行。寄與彪將鄭瑋同舟而載，[2]瑋嘗忤彪意，乃劫寄奔晋安。[3]時陳寶應據有閩中，得寄甚喜。陳武帝平侯景，寄勸令自結，[4]寶應從之，乃遣使歸誠。[5]承聖元年，[6]除中書侍郎，寶應愛其才，託以道阻不遣。每欲引寄爲僚屬，委以文翰，寄固辭，獲免。

[1]臨川：郡名。治南城縣，在今江西南城縣東南。曹道衡、沈玉成《中古文學史料叢考》云："考《梁書》無張彪傳，《南史》有，但不載往臨川事。以《陳書》《南史》考之，彪爲侯將趙伯超所敗，逃往剡，無西至臨川事。《通鑑》卷一六四《考異》引《典略》，謂彪與趙伯超戰於臨平。疑'臨川'是'臨平'之誤。臨平即今餘杭，彪擬取錢塘，故戰於此。"（第679—680頁）

[2]鄭瑋：明本《册府元龜》卷七八一作"鄭璋"。

[3]晋安：郡名。治候官縣，在今福建福州市。陳寶應時爲晋安太守。

[4]自結：主動結交。

[5]遣使歸誠：《陳書》卷三五《陳寶應傳》記載："時東西嶺路，寇賊擁隔，寶應自海道趨于會稽貢獻。"

[6]承聖：南朝梁元帝蕭繹年號（552—555）。

及寶應結昏留異，[1]潛有逆謀，寄微知其意，言説之際，每陳逆順之理，微以諷諫，寶應輒引説他事以拒之。又嘗令左右讀《漢書》，卧而聽之，至蒯通説韓信曰"相君之背，貴不可言"，[2]寶應蹶然起曰：[3]"可謂智士。"寄正色曰："覆酈驕韓，[4]未足稱智，豈若班彪《王命》，[5]識所歸乎？"

[1]寶應結昏留異：《陳書》卷三五《陳寶應傳》記載，陳寶應娶留異女爲妻。

[2]蒯通：本名徹，避漢武帝劉徹諱改爲通。范陽（今河北定興縣）人。秦漢之際辯士。《漢書》卷四五有傳。　韓信：淮陰（今江蘇淮安市淮陰區）人。《史記》卷九二、《漢書》卷三四有傳。　相君之背，貴不可言：見《漢書·蒯通傳》。韓信攻下齊地，手握重兵，劉邦、項羽皆欲與之連和。蒯通乃以此言勸韓信背漢自立，争衡天下。

[3]蹶然：疾起貌。

[4]酈：即酈食其。陳留高陽（今河南杞縣）人。劉邦謀士。漢三年（前204）九月，劉邦派他説服齊王田廣罷兵，與漢和解。結果，韓信采用蒯通計策，乘機攻齊，致使酈食其被齊王烹殺。《漢書》卷四三有傳。

[5]班彪：字叔皮，扶風安陵（今陝西咸陽市東北）人。他曾投奔割據隴右的隗囂，與其論天下大勢，因作《王命論》，宣揚劉氏乃天命所歸。《漢書》卷一〇〇、《後漢書》卷四〇有傳。　《王命》：文見《漢書》卷一〇〇《叙傳》。

寄知寶應不可諫，慮禍及己，乃爲居士服以拒絶之。[1]常居東山寺，僞稱脚疾，不復起。寶應以爲假託，遣人燒寄所卧屋，寄安卧不動。親近將扶寄出，寄曰："吾命有所懸，避欲安往？"[2]所縱火者，旋自救之。[3]寶應自此方信之。

[1]居士：梵文Gṛihapati的意譯，音譯迦羅越，義爲在家奉佛之人，著白衣。

[2]避欲安往：《資治通鑑》卷一六八《陳紀二》陳文帝天嘉三年作"避將安往"。胡三省注云："言託迹閩中，生死之命，懸於

人手，無所避之也。”

[3]旋：隨即，立即。

及留異稱兵，寶應資其部曲，寄乃因書極諫曰：

東山居士虞寄致書於明將軍使君節下：[1]寄流離艱故，[2]飄寓貴鄉，將軍待以上賓之禮，申以國士之眷，[3]意氣所感，[4]何日忘之。而寄沈痼彌留，[5]愒陰將盡，[6]常恐卒填溝壑，[7]涓塵莫報，[8]是以敢布腹心，[9]冒陳丹款，[10]願將軍留須臾之慮，[11]少思察之，[12]則瞑目之日，[13]所懷畢矣。

[1]東山居士：《陳書》卷一九《虞寄傳》、《册府元龜》卷八三二無“居士”二字。　明將軍使君：漢魏六朝時，常在對方頭銜前加“明”字以示尊重，如“明公”“明府”“明將軍”“明使君”“明太子”之類。“使君”是對刺史、州牧的敬稱。陳寶應時爲宣毅將軍、閩州刺史，故稱。　節下：統兵的將領或出鎮的刺史往往被授予節仗，故當時以“節下”作爲對將領或刺史的敬稱。

[2]艱故：《陳書·虞寄傳》、《册府元龜》卷八三二、《文苑英華》卷六八五並作“世故”。“世故”意謂世亂，《文苑英華》注曰：“《南史》作‘艱’，蓋避唐世民諱，並易以他字。”

[3]申：結交。　眷：恩寵，恩遇。

[4]意氣：情誼，恩義。

[5]沈（chén）痼彌留：久病不愈。

[6]愒（kài）陰：對光陰習而厭足，意謂時日無多。語本《左傳》昭公元年，秦后子見趙孟，出告人曰：“趙孟將死矣。主民，翫歲而愒日，其與幾何？”《國語·晋語八》亦載此事。

[7]卒：突然。　填溝壑：棄尸山溝，意謂死去。

[8]涓塵：細流與輕塵，意喻微不足道的報答。　莫報：《文苑英華》卷六八五作"莫效"。

[9]敢：自言冒昧。

[10]丹款：赤誠之辭。

[11]慮：《册府元龜》卷八三二作"意"。

[12]思察：《文苑英華》卷六八五作"思審"。

[13]冥目：《陳書·虞寄傳》、《册府元龜》卷八三二、《文苑英華》卷六八五作"瞑目"。冥，同"瞑"。

夫安危之兆，禍福之機，[1]匪獨天時，亦由人事。失之毫釐，差以千里。是以明智之士，據重位而不傾，執大節而不失，豈惑於浮辭哉。將軍文武兼資，[2]英威動俗，[3]往因多難，杖劍興師，援旗誓衆，抗威千里。[4]豈不以四郊多壘，[5]共謀王室，匡時報主，[6]寧國庇人乎。[7]此所以五尺童子，皆願荷戟而隨將軍者也。及高祖武皇帝肇基草昧，[8]初濟艱難，于時天下沸騰，人無定主，[9]豺狼當道，鯨鯢横擊，[10]海内業業，[11]未知所從。將軍運動微之鑒，[12]從折衝之辯，[13]策名委質，[14]自託宗盟，[15]此將軍妙筭遠圖，發於衷誠者也。及主上繼業，[16]欽明睿聖，[17]選賢與能，群臣輯睦，[18]結將軍以維城之重，[19]崇將軍以裂土之封，豈非宏謨廟略，[20]推赤心於物者也。[21]屢申明詔，款篤殷勤，君臣之分定矣，骨肉之恩深矣。不意將軍惑於邪説，翻然異計，[22]寄所以疾首痛心，泣盡繼之以血，[23]萬全之策，竊爲將軍惜之。寄雖疾侵耄及，[24]言無足采，千慮一得，請陳愚筭。[25]願將軍少戢雷霆，[26]賖其晷刻，[27]使得盡狂瞽之説，[28]披肝膽之誠，則雖死之日，猶生之年也。[29]

[1]機：徵兆。

[2]文武：《册府元龜》卷八三二作“文質”。　資：具備。

[3]動俗：《陳書》卷一九《虞寄傳》、《册府元龜》卷八三二、《文苑英華》卷六八五作“不世”。

[4]抗威：樹威。

[5]四郊多壘：意謂戰事頻仍。語本《禮記·曲禮上》：“四郊多壘，此卿大夫之辱也。”四郊，指國都四郊。壘，軍隊駐扎時土築的簡易工事。

[6]匡時：《册府元龜》卷八三二作“佐時”。

[7]庇人：《陳書·虞寄傳》、《册府元龜》卷八三二、《文苑英華》卷六八五作“庇民”。本書避唐太宗李世民諱改。

[8]高祖：陳武帝陳霸先的廟號。　武皇帝：《陳書·虞寄傳》、《册府元龜》卷八三二作“武皇”。　肇基、草昧：皆開創之義。

[9]人無定主：《陳書·虞寄傳》、《册府元龜》卷八三二、《文苑英華》卷六八作“民無定主”。本書避唐太宗李世民諱改。

[10]鯨鯢：鯨魚，雄曰鯨，雌曰鯢，喻巨惡。

[11]業業：危懼。

[12]動微：《册府元龜》卷八三二、《文苑英華》卷六八作“洞微”。林礽乾《陳書異文考證》云：“疑作‘洞微’是。‘洞微’，謂洞察細微也。又‘洞鑒’爲當時常用詞。顔延年《五君詠》：‘識密鑒亦洞。’梁簡文帝詩：‘洞鑒資我皇’可證。”（文史哲出版社1959年版，第165頁）按，“動”通“洞”。

[13]從折衝之辯：折衝，使來犯的戰車返回，此處意謂以和平

手段不戰而屈人之兵。大德本、汲古閣本同，南監本、北監本、殿本作“折從衡之辨”，《陳書·虞寄傳》《册府元龜》卷八三二作“折從衡之辯”，《文苑英華》卷六八作“屢折從衡之辯”。

［14］策名委質：策名、委質是古代締結君臣關係的儀式。此處意謂陳寶應臣服於陳。策名，即書名於主上之策。委質，向主上獻禮，以示獻身。委，置。質，通“贄”，禮物。臣向主上獻禮，不敢親授，而是置之於庭，故曰委質。

［15］宗盟：同姓。

［16］主上：指陳文帝陳蒨。

［17］欽明：莊敬明達。《尚書·堯典》云帝堯“欽明文思安安”，後世遂以“欽明”作爲對君的主頌詞。

［18］輯睦：和睦。

［19］結將軍以維城之重：語本《詩·大雅·板》：“懷德維寧，宗子維城。”宗子，宗族子弟。維，繫詞，是。此處指陳文帝將陳寶應家族編入宗室事。《陳書》卷三五《陳寶應傳》記載，陳文帝爲籠絡陳寶應，“命宗正録其本系，編爲宗室，并遣使條其子女，無大小並加封爵”。

［20］宏謨：宏謀。　廟略：朝廷的謀略。《册府元龜》卷八三二作“妙略”。

［21］推赤心於物者也：《陳書·虞寄傳》、《册府元龜》卷八三二無“者”字。“推赤心於物”意謂以誠待人。

［22］翻然：反倒，反而。《陳書·虞寄傳》、《册府元龜》卷八三二作“遽生”。

［23］泣盡繼之以血：“泣盡”下，《陳書·虞寄傳》一本有“而”字。

［24］疾侵：久病。　耄及：意謂自己年老昏亂。語本《左傳》昭公元年載劉夏語周王曰：“諺所謂老將知而耄及之者，其趙孟之謂乎？”意思是人老了本該更明智，但昏亂也隨之來到。

［25］愚筭：《文苑英華》卷六八五作“愚管”，謂愚陋管見，

亦成義。

[26]少：稍。　戢：止息。

[27]晷刻：少頃，片刻。

[28]狂瞽：狂悖不明。

[29]猶：《陳書·虞寄傳》一本作“由”。由，通“猶”。

自天厭梁德，多難荐臻，[1]寰宇分崩，[2]英雄互起，[3]不可勝紀，人人自以爲得之。然夷凶翦亂，[4]拯溺扶危，四海樂推，三靈眷命，[5]揖讓而居南面者，[6]陳氏也。豈非歷數有在，[7]惟天所授，當璧應運，[8]其事甚明，一也。主上承基，[9]明德遠被，天綱再張，地維重紐。夫以王琳之强，侯瑱之力，[10]進足以摇蕩中原，争衡天下，[11]退足以屈强江外，[12]雄張偏隅。[13]然或命一旅之師，或資一士之説，琳即瓦解冰泮，[14]投身異域，[15]瑱則厥角稽顙，[16]委命闕庭。[17]斯又天假之威，而除其患，其事甚明，二也。今將軍以藩戚之重，擁東南之衆，[18]盡忠奉上，戮力勤王，[19]豈不勳高竇融，[20]寵過吴芮，[21]析珪判野，[22]南面稱孤，其事甚明，三也。且聖朝棄瑕忘過，[23]寬厚得人，[24]改過自新，咸加叙擢。[25]至如余孝頃、潘純陀、李孝欽、歐陽頠等，[26]悉委以心腹，任以爪牙，[27]胷中豁然，曾無纖芥。[28]况將軍釁非張繡，[29]罪異畢諶，[30]當何慮於危亡，何失於富貴？此又其事甚明，四也。方今周、齊鄰睦，境外無虞，并兵一向，[31]匪朝伊夕。[32]非有劉、項競逐之機，[33]楚、趙連從之事，[34]可得雍容高拱，[35]坐論西伯，[36]其事甚明，五也。且留將軍狼狽一隅，[37]亟經摧衄，[38]聲實虧喪，[39]膽氣衰沮。高瓌、向文政、留瑜、黄子玉，[40]此數人者，將軍所知，[41]首鼠兩端，[42]唯利是視，其餘將帥，亦可見矣。孰能被堅執鋭，長驅深入，擊馬埋輪，[43]奮不顧命，以先士卒者乎？此又其事甚明，六也。且將軍之强，[44]孰如侯景？將軍之衆，孰如王琳？武皇滅侯景於前，今上摧王琳於後，此乃天時，非復人力。且兵革已後，[45]人皆厭亂，[46]其孰能棄墳墓，捐妻子，出萬死不顧之計，[47]從將軍於白刃之間乎？此又其事甚明，七也。歷觀前古，鑒之往事，子陽、季孟，[48]傾覆相尋，[49]餘善、右渠，[50]危亡繼及，天命可畏，山川難恃。況將軍欲以數郡之地，當天下之兵，以諸侯之資，拒天子之命，强弱逆順，可得侔乎？[51]此又其事甚明，八也。且非我族類，其心必異，[52]不愛其親，豈能及物？[53]留將軍身縻國爵，[54]子尚王姬，[55]猶其棄天屬而弗顧，[56]背明君而孤立，[57]危急之日，[58]豈能同憂共患，不背將軍者乎？至於師老力屈，[59]懼誅利賞，必有韓、智晋陽之謀，[60]張、陳井陘之事。[61]此又其事甚明，九也。且北軍萬里遠鬬，[62]鋒不可當，將軍自戰其地，人多顧後，梁安背向爲心，[63]修咋匹夫之力，[64]衆寡不敵，將帥不侔，師以無名而出，事以無機而動，以此稱兵，[65]未知其利。[66]以漢朝吴、楚，[67]晋室穎、顒，[68]連城數十，長戟百萬，拔本塞源，自圖家國，[69]其有成功者乎？又其事甚明，[70]十也。

[1]荐臻：屢至，頻仍。荐，屢次，一再。

[2]分崩：《册府元龜》卷八三二作“分離”。

[3]互起：並起。按，“互起”下，《文苑英華》卷六八五有“龍戰虎争，竊號假名，鋭精持鋒”十二字。

[4]翦：消滅。

[5]三靈：日、月、星，指上天。　眷命：眷顧而授命。

[6]居南面：面朝南方，意謂君臨天下。

[7]有在：《文苑英華》卷六八五作“有歸”。

[8]當璧：《左傳》昭公十三年記載，楚共王曾遍祭名山大川的神靈，將一塊玉璧埋在祖廟的院子裏，令五個兒子入拜，曰：“當璧而拜者，神所立也，誰敢違之？”意思是，當着玉璧下拜的，便是神靈選定的繼位者。楚平王尚幼，兩拜都壓在璧紐上，後果登上王位。虞寄用此典，意謂陳政權乃天所立。

[9]承基：《陳書》卷一九《虞寄傳》一本作“入基”。

[10]侯瑱：字伯玉，巴西充國（今四川閬中市）人。梁元帝承聖四年（555）二月，被任爲江州刺史。陳霸先襲殺王僧辯後，侯瑱擁兵中流，“雖外示臣節，未有入朝意”。後征討余孝頃，部將侯方兒反叛，侯瑱軍潰勢窮，遂於敬帝紹泰二年（556）七月詣闕請罪，歸附陳霸先。本書卷六六、《陳書》卷九有傳。

[11]争衡：角其輕重，一較高下。

[12]屈强（jiàng）：不順從。　江外：指長江以南。從中原看，地在長江之外，故稱。

[13]雄張：雄居一方，氣勢張揚。《陳書·虞寄傳》一本、《册府元龜》卷八三二、《文苑英華》卷六八五作“雄長”。長，通“張”。

［14］即：《文苑英華》卷六八五、《資治通鑑》卷一六九《陳紀三》陳文帝天嘉四年作“則”。　冰泮：冰裂開，意謂崩潰。

［15］異域：《陳書·虞寄傳》一本作“異城”。

［16］厥角：叩首。厥，同“蹶”，以首觸地。角，額角。　稽顙（sǎng）：叩首。顙，額頭。

［17］委命：託付性命，意謂投降。　闕庭：宫廷，指朝廷。

［18］擁東南之衆：《陳書·虞寄傳》一本、《册府元龜》卷八三二、《資治通鑑·陳紀三》天嘉四年無“擁”字。

［19］戮力：通“勠力”，合力、併力。

［20］竇融：字周公，扶風平陵（今陝西咸陽市）人。王莽敗亡後，他被更始帝任爲張掖屬國都尉，割據河西五郡。後主動歸順劉秀，助其討滅隗囂。極受劉秀賞賜恩寵，一門顯貴，“於親戚、功臣中莫與爲比”。《後漢書》卷二三有傳。

［21］吴芮：秦時爲番陽令，後舉兵反秦。項羽分封諸侯，封其爲衡山王。其部將梅鋗曾助劉邦討秦，其婿英布在滅秦、滅楚時皆立下大功。漢高祖五年（前202），徙爲長沙王，同年卒。長沙國傳五世，是漢初唯一未被鏟除的異姓王。《漢書》卷三四有傳。

［22］析珪：古代分封諸侯，要分頒瑞玉，以爲身份憑證。故以“析珪”指封侯。　判野：《資治通鑑·陳紀三》陳文帝天嘉四年胡三省注云：“判，亦分也。判野，謂畫野分土，君國子民而傳之後世也。”

［23］聖朝：《册府元龜》卷八三二作“聖明”。

［24］得人：得人心。宋本《册府元龜》卷八三二作“德人”，明本《册府元龜》卷八三二作“待人”。

［25］敘擢：按次第擢授官職。擢，大德本作“櫂”，誤。

［26］至如：《陳書·虞寄傳》、《册府元龜》卷八三二、《資治通鑑·陳紀三》陳文帝天嘉四年作“至於”。　余孝頃：本爲新吴（今江西奉新縣）洞主。曾隨蕭勃、王琳反陳。陳武帝永定二年（558），他引王琳進攻周迪，兵敗就擒，被送於建康。討滅陳寶應

時，余孝頃爲陳益州刺史領信義太守。　潘純陀：本爲王琳部將，後降陳，曾任陳巴州刺史。　李孝欽：侯景之亂時，曾爲宣猛將軍入援臺城，後成爲王琳部將。陳武帝永定二年，王琳遣其隨余孝頃進攻周迪，兵敗就擒，被送於建康。　歐陽頠：字靖世，長沙臨湘（今湖南長沙市）人。曾長期任職嶺南。侯景之亂後，被梁元帝任爲衡州刺史。蕭勃反陳時，以其爲前軍都督，被周文育所擒。陳霸先釋之，又使其返回嶺南，任廣州刺史。本書卷六六、《陳書》卷九有傳。

［27］爪牙：爪和牙是禽獸捕食、防衛的武器，喻武臣。

［28］纖芥：細微的嫌隙。

［29］釁：罪過。　張繡：武威祖厲（今甘肅靖遠縣）人。張濟族子。東漢末將領。曾在宛城投降曹操，後反叛，致曹操二子死於軍中。官渡之戰前，張繡再次降曹，極受曹操優待。《三國志》卷八有傳。

［30］畢諶：曹操任兖州刺史時，畢諶爲兖州別駕。張邈叛曹，劫持畢諶母弟妻子，曹操准許其回家，諶頓首表示決無二心，然却一去不歸。後畢諶爲曹操所擒，曹操説："夫人孝於其親者，豈不亦忠於君乎！吾所求也。"釋之爲魯相。《文苑英華》卷六八五作"盧諶"，從文意看，當以"畢諶"爲是。

［31］并兵一向：合兵向一處。

［32］匪朝伊夕：非朝即夕，言其迅速，用不了多久。

［33］非有：《陳書·虞寄傳》、《册府元龜》卷八三二、《資治通鑑·陳紀三》陳文帝天嘉四年作"非"。

［34］連從：連横、合縱。戰國時，弱國聯合進攻强國，稱爲合縱。隨强國去進攻其他弱國，稱爲連横。戰國後期，秦最强大，合縱就指六國聯合抗秦，連横就指六國中的某幾國隨從秦國進攻其他國家。　事：《陳書·虞寄傳》、《册府元龜》卷八三二、《文苑英華》卷六八五、《資治通鑑·陳紀三》陳文帝天嘉四年作"勢"。

［35］可得：《陳書·虞寄傳》、《册府元龜》卷八三二、《資治

通鑑·陳紀三》陳文帝天嘉四年作“何得”。　雍容：從容不迫。　高拱：兩手高拱於胸前，安坐的姿態。

［36］坐論西伯：語本《後漢書》卷一三《隗囂傳》論曰：“若囂命會符運，敵非天力，雖坐論西伯，豈多嗤乎？”西伯，西方諸侯之長，指周文王姬昌。《史記》卷三《殷本紀》記載，商紂王以姬昌爲西伯，賜弓矢斧鉞，使得征伐。姬昌在位期間，周人勢力迅速壯大，爲翦商奠定基礎。《後漢書》記載，兩漢之際的隗囂割據隴右，常以“西伯”自居，欲效仿文王之迹，然其摇擺於劉秀與公孫述之間，終被漢軍討滅。

［37］狼狽：大德本、汲古閣本、殿本同。《陳書·虞寄傳》、《册府元龜》卷八三二、《資治通鑑·陳紀三》陳文帝天嘉四年、《文苑英華》卷六八五作“狼顧”。

［38］亟：屢次。　摧衂：挫敗。

［39］聲實虧喪：《文苑英華》卷六八五作“聲虧魄喪”。聲，聲勢。

［40］向文玫：大德本、南監本、北監本、汲古閣本、殿本作“向文政”。按，底本誤。向文政，新安（今浙江淳安縣）人。曾連結留異，占據新安郡。陳文帝天嘉二年（561），陳軍征討留異，程文季率精甲三百，大破向文政兄子瓚，文政遂降。

［41］所知：《文苑英華》卷六八五作“所親信”。

［42］首鼠兩端：即“持兩端”，懷有二心，騎墻觀望。“首鼠”是“持”的緩讀。

［43］擊馬埋輪：《陳書·虞寄傳》、《册府元龜》卷八三二、《資治通鑑·陳紀三》陳文帝天嘉四年作“繫馬”，《文苑英華》卷六八五作“縶馬”。擊，通“繫”。周一良《魏晋南北朝史札記》“埋輪”條以爲，“繫馬埋輪”乃用《孫子·九地篇》“是故方馬埋輪”語。又《楚辭·國殤》有“霾兩輪兮縶四馬，援玉枹兮擊鳴鼓”句，《魏晋南北朝史札記》引祝總斌説云：“霾即埋之借字，縶與繫同意。意爲車輪陷埋，四馬縶絆，仍援枹擊鼓督戰，奮不顧

身，以至戰死，似與虞寄原意較近。”（中華書局 1985 年版，第 297—298 頁）

[44]强：《文苑英華》卷六八五作“勢”。

[45]已後：《册府元龜》卷八三二作“之後”。

[46]人：《陳書·虞寄傳》、《册府元龜》卷八三二、《文苑英華》卷六八五作“民”。本書避唐太宗李世民諱改。

[47]出萬死不顧之計：語本《史記》卷八九《張耳陳餘列傳》："將軍瞋目張膽，出萬死不顧一生之計，爲天下除殘也。"意謂置生死於度外。

[48]子陽：即公孫述。字子陽，扶風茂陵（今陝西興平市）人。他於兩漢之際割據蜀地，並於建武元年（25）在成都稱帝。建元十二年被漢軍討滅。《後漢書》卷一三有傳。　季孟：即隗囂。字季孟，天水成紀（今甘肅静寧縣）人。他於兩漢之際割據隴右，起先交結劉秀，後倒向公孫述。在公孫述的支持下進攻漢軍，被討滅。《後漢書》卷一三有傳。

[49]傾覆：《文苑英華》卷六八五作“傾没”。　相尋：相繼。

[50]餘善：漢武帝時閩越王郢的弟弟。後殺郢自立，被封爲東越王，與繇王並處。元鼎六年（前 111）叛漢，遭漢軍討伐，爲繇王居股等所殺，東越隨之滅亡。事見《史記》卷一一四《東越列傳》、《漢書》卷九五《閩粤傳》。　右渠：漢武帝時衛滿朝鮮國王。元封二年（前 109）因攻殺涉何遭漢軍討伐，於次年爲部下所殺，衛氏朝鮮也爲西漢所滅。事見《史記》卷一一五《朝鮮列傳》、《漢書》卷九五《朝鮮傳》。

[51]侔：相當，匹敵。

[52]非我族類，其心必異：語本《左傳》成公四年季文子引史佚之言。

[53]物：他人。

[54]身縻國爵：《陳書》卷三五《留異傳》記載，留異於梁敬帝紹泰二年（556）封永興（本書作“永嘉”）縣侯，邑五百户，

後增邑三百户。縻，分享。

[55]子尚王姬：《陳書·留異傳》記載，留異第三子貞臣娶陳文帝長女豐安公主。尚，“當”的假借字，匹配。後成爲娶公主爲妻的專稱。王姬，初指周王之女，周爲姬姓，故稱。後泛指帝王之女。

[56]天屬：在血統上同出一源的親屬，如父子、兄弟、姊妹等。

[57]明君：《册府元龜》卷八三二、《文苑英華》卷六八五作“明帝”。

[58]日：《文苑英華》卷六八五作“下”。

[59]老：疲憊。

[60]韓、智晋陽之謀：公元前455年，晋國四卿中的智伯聯合韓、魏兩家進攻趙氏。趙襄子據晋陽城頑强抵抗，被圍困達三年之久。後趙襄子趁機説服韓、魏與其反攻智氏。最終夷滅智氏，盡分其地。晋陽，城名。在今山西太原市西南。

[61]張、陳井陘之事：張耳、陳餘，皆大梁（今河南開封市西北）人。本爲至交，後反目成仇。陳餘擊走張耳，迎立趙王歇，張耳則轉投劉邦。漢王三年（前204），張耳與韓信攻趙，在井陘大破趙軍，斬陳餘於泜水（今槐河）上。事詳《史記·張耳陳餘列傳》。井陘，縣名。治所在今河北井陘縣西北。事，《陳書·虞寄傳》、《册府元龜》卷八三二、《資治通鑑·陳紀三》陳文帝天嘉四年、《文苑英華》卷六八五作“勢”。《文苑英華》注云：“《陳書》《南史》作‘事’。”

[62]北軍：《資治通鑑·陳紀三》陳文帝天嘉四年胡三省注云：“兵自建康來，建康於晋安爲北，故曰北軍。”

[63]梁安：從文意看，梁安與下文的修旿似皆陳寶應手下將領。　背向爲心：懷有二心，反復不定。

[64]修旿（wǔ）：大德本、南監本、北監本、汲古閣本作“宵”。

[65]稱兵：舉兵。《文苑英華》卷六八五作“移兵”。

[66]末：殿本、《陳書·虞寄傳》、《册府元龜》卷八三二、《文苑英華》卷六八五作“未”。當以“未”字爲是。

[67]以漢朝吴、楚：《陳書·虞寄傳》、《文苑英華》卷六八五“以”前有“夫”字。吴、楚，即漢景帝時的吴國和楚國。漢景帝前元三年（前154），吴王劉濞和楚王劉戊聯合趙王劉遂、膠西王劉卬、濟南王劉辟光、菑川王劉賢、膠東王劉雄渠發動叛亂，史稱“七國之亂”。僅三個月便被漢廷平定，吴王、楚王皆身死。

[68]晋室穎、顒：穎，西晋時的成都王司馬穎。字章度，晋武帝第十六子。顒，河間王司馬顒。字文載，司馬懿次弟司馬孚之孫。八王之亂時，司馬穎鎮鄴城，司馬顒鎮關中。二人曾聯手攻殺長沙王司馬乂，並一度劫持晋惠帝，把持朝局，後皆死於亂中。《晋書》卷五九皆有傳。

[69]自圖家國：《文苑英華》卷六八五作“自家圖國”。

[70]又其事甚明：《陳書·虞寄傳》、《册府元龜》卷八三二、《文苑英華》卷六八五“以”前有“此”字。

爲將軍計者，莫若不遠而復，[1]絶親留氏，秦郎、快郎，[2]隨遣入質，釋甲偃兵，一遵詔旨。且朝廷許以鐵券之要，[3]申以白馬之盟，[4]朕不食言，[5]誓之宗社。寄聞明者覽未形，[6]智者不再計，此成敗之效，將軍勿疑，吉凶之幾，間不容髮。方今蕃維尚少，皇子幼沖，凡預宗枝，皆蒙寵樹。况以將軍之地，將軍之才，將軍之名，將軍之勢，而能克修蕃服，北面稱臣者，寧與劉澤同年而語其功業哉？[7]豈不身與山河等安，名與金石相弊？[8]願加三思，慮之無忽。[9]

[1]莫若：《文苑英華》卷六八五作“豈若”。　不遠而復：没走多遠就返回，意謂及時改正錯誤。語本《易・復卦》：“不遠復，无祇悔，元吉。”

[2]秦郎：或即下文陳寶應之子扞秦。

[3]鐵券：古代皇帝頒賜給臣下，使其世代享有特權的信物。上用丹砂書寫誓詞（後改爲嵌金），朝廷和受賜者各持一半。漢初賜功臣鐵券是爲了論功定封，至南北朝時亦有免罪免死的功能。要：誓約。

[4]白馬之盟：殺白馬訂立盟約。相傳漢高祖晚年曾與功臣、諸侯王刑白馬盟誓。

[5]不：《陳書》卷一九《虞寄傳》、《册府元龜》卷八三二作“弗”。

[6]覽：《陳書・虞寄傳》、《册府元龜》卷八三二、《文苑英華》卷六八五作“鑒”。

[7]劉澤：劉邦遠房兄弟。初封爲營陵侯。後封琅邪王。誅滅諸吕時，他擁立漢文帝即位。於文帝元年（前179），徙爲燕王。事詳《史記》卷五一《荆燕世家》、《漢書》卷三五《荆燕吴傳》。

[8]弊：止息，終止。《陳書・虞寄傳》作“敝”。

[9]忽：忘。

寄氣力緜微，餘陰無幾，感恩懷德，不覺狂言，鈇鉞之誅，甘之如齊。[1]

[1]甘之：《文苑英華》卷六八五、《資治通鑑》卷一六九《陳紀三》陳文帝天嘉四年作“其甘”。　齊：《陳書》卷一九《虞寄傳》、《册府元龜》卷八三二、《資治通鑑・陳紀三》陳文帝天嘉四年作“薺”。

寶應覽書大怒。或謂寶應曰："虞公病篤，言多錯謬。"寶應乃小釋。[1]亦以寄人望，[2]且容之。及寶應敗走，夜至蒲田，[3]顧謂其子扞秦曰："早從虞公計，不至今日。"扞秦但泣而已。寶應既禽，凡諸賓客微有交涉者皆誅，唯寄以先識免禍。

[1]乃小釋：《陳書》卷一九《虞寄傳》作"意乃小釋"。怒氣稍微平息。

[2]亦以寄人望：《陳書·虞寄傳》作"亦爲寄有民望"，本書避唐太宗李世民諱改。

[3]蒲田：縣名。治所在今福建莆田市東南。

初，沙門慧摽涉獵有才思，[1]及寶應起兵，作五言詩以送之曰："送馬猶臨水，離旗稍引風。好看今夜月，當照紫微宮。"[2]寶應得之甚悦。慧摽以示寄，寄一覽便止，正色無言。慧摽退，寄謂所親曰："摽公既以此始，必以此終。"後竟坐是誅。[3]

[1]沙門：吐火羅文 ṣāmaṃ 的音譯。梵文作 śramaṇa，又譯桑門、沙門那等。意譯"息心"或"勤息"。在古代印度本指非婆羅門教的各種教派的出家修行者，後佛教專指依照戒律出家修行之人。中國用來指出家的佛教僧人。

[2]好看：留意。　照：《陳書》卷一九《虞寄傳》、《册府元龜》卷七九六作"入"。　紫微宮：即紫微垣。古人將北天中央分爲三個星區，北極星周邊爲紫微垣，其東北爲太微垣，東南爲天市垣。紫微垣共有十五顆星，古人認爲這裏是天帝的居所，常用來代指皇宫、皇帝。

[3]竟：果然。　坐是：因此。

文帝尋敕都督章昭達發遣寄還朝，[1]及至，謂曰："管寧無恙。"[2]甚慰勞懷。[3]頃之，[4]帝謂到仲舉曰：[5]"衡陽王既出閤，[6]須得一人旦夕游處，[7]兼掌書記，宜求用士有行業者。"[8]仲舉未知所對，帝曰："吾自得之。"乃手敕用寄。寄入謝，帝曰："所以暫屈卿游蕃，非止以文翰相煩，乃令以師表相事也。"[9]後除東中郎建安王諮議，[10]加或昭將軍。[11]寄乃辭以疾，不堪旦夕陪列。[12]王於是令長停公事，[13]其有疑議，就以决之，但朔旦牋修而已。[14]太建八年，[15]加太中大夫，[16]後卒。[17]

[1]章昭達：字伯通，吴興武康（今浙江德清縣）人。時被任爲都督征討諸軍事，率軍與東路的余孝頃合力平定陳寶應。本書卷六六、《陳書》卷一一有傳。　發遣：遣送，有强迫使行之意。

[2]管寧：字幼安，北海朱虚（今山東臨朐縣）人。漢末公孫氏割據遼東，管寧流寓遼東三十餘年，後回到中土。一生屢辭辟命，却能自全於亂世，頗受各位統治者禮敬。《三國志》卷一一有傳。

[3]甚慰勞懷：《陳書》卷一九《虞寄傳》作"其慰勞之懷若此"。

[4]頃之：不久。

[5]到仲舉：字德言，彭城武原（今江蘇邳州市）人。本書卷二五有附傳，《陳書》卷二〇有傳。

[6]衡陽王：即陳伯信。陳文帝第七子。天嘉元年（560）四月立爲衡陽王，奉衡陽獻王陳昌祀。本書卷六五、《陳書》卷二七

有傳。衡陽，郡名。治湘西縣，在今湖南株洲市西南。　出閤：皇子離開朝廷到自己的封地做藩王。

[7]游處：交往，交游。

[8]用士：大德本、汲古閣本、殿本、《陳書·虞寄傳》作“宿士”。　行業：操行事業。

[9]相事：《册府元龜》卷七〇八作“相助”。

[10]東中郎：官名。即東中郎將。陳擬四品，比秩中二千石。　建安王：即陳叔卿。陳宣帝第五子。太建四年（572）二月封爲建安王。本書卷六五、《陳書》卷二八有傳。建安，郡名。治建安縣，在今福建建甌市。

[11]或昭將軍：大德本、南監本、北監本、汲古閣本、殿本、《陳書·虞寄傳》作“戎昭將軍”，當以“戎昭將軍”爲是。陳擬八品，比秩六百石。

[12]不堪：《陳書·虞寄傳》作“不任”。

[13]令長停公事：《陳書·虞寄傳》作“特令停王府公事”。

[14]朔旦：《陳書·虞寄傳》作“朔望”。　牋修：修文書致意。

[15]太建：南朝陳宣帝陳頊年號（569—582）。

[16]太中大夫：官名。屬光禄卿。爲崇禮、優老、安置閑冗的散官。陳四品，秩千石。

[17]後卒：《陳書·虞寄傳》云其陳宣帝太建十一年卒，時年七十。

寄少篤行，造次必於仁厚，[1]雖僮豎未嘗加以聲色。[2]至臨危執節，則辭氣凜然，白刃不憚也。自流寓南上，[3]與兄荔隔絶，因感氣病。[4]每得荔書，氣輒奔劇，[5]危殆者數矣。前後所居官，未嘗至秩滿，裁朞月，[6]便自求解退。[7]常曰：“知足不辱，[8]吾知足矣。”

及謝病私庭，每諸王爲則將，[9]下車必造門致禮，[10]命釋鞭板，[11]以几杖侍坐。[12]嘗出游近寺，閭里傳相告語，老幼羅列，望拜道左。[13]或言誓爲約者，但指寄便不欺，其至行所感如此。所制文筆，[14]遭亂並多散失。

[1]造次必於仁厚：語本《論語·里仁》："君子無終食之間違仁，造次必於是，顛沛必於是。"造次，倉促、匆忙。

[2]僮豎：奴僕。　聲色：謂疾言厲色。

[3]南上：大德本、南監本、北監本、汲古閣本、殿本、《陳書》卷一九《虞寄傳》作"南土"。當以"南土"爲是。

[4]感：染疾，得……病。　氣病：即中醫所説的喘症，也即現代醫學所説的呼吸困難（不包括肺結核、矽肺）（參見張維慎《唐人"氣疾"小考——以出土墓誌爲主的考察》，西安碑林博物館編《碑林集刊》第二十二輯，三秦出版社2016年版）。

[5]奔劇：急促。

[6]裁朞月：《陳書·虞寄傳》作"纔朞年數月"。

[7]便自：就。

[8]知足不辱：語本《老子》："知足不辱，知止不殆，可以長久。"

[9]則將：大德本、南監本、北監本、汲古閣本、殿本作"州將"。按，作"州將"是。州將，刺史，因其兼掌軍事，故稱。

[10]下車：指官員到任。

[11]鞭板：鞭子和記事的手板。見上官之禮，武將須執鞭清道，文官須執板而揖。

[12]几杖：老者所用的坐几和手杖，示敬老之意。

[13]望拜道左："道左"指乘車者的左邊。右尊左卑，故迎謁尊客，主人拜於道左，自處卑位。

[14]文筆：文章。

傅縡字宜事，北地靈州人也。[1]父彝，梁臨沂令。[2]縡幼聰敏，七歲誦古詩賦至十餘萬言。長好學，能屬文。太清末，丁母憂，[3]在兵亂中，居喪盡禮，哀毁骨立，士友以此稱之。後依湘州刺史蕭循。[4]循頗好士，廣集墳籍，縡肆志尋閲，因博通群書。王琳聞其名，引爲府記室。[5]琳敗，隨琳將孫瑒還都。[6]時陳文帝使顔晃賜瑒雜物，[7]瑒託縡啓謝，詞理周洽，[8]文無加點。[9]晃還，言之文帝，召爲撰史學士。[10]再遷驃騎安成王中記室，[11]撰史如故。

[1]北地：郡名。東漢末置，寄治馮翊郡界。三國魏割馮翊之祋祤（今陜西銅川市耀州區東）爲實土，相當今陜西銅川市耀州區、富平縣。　靈州：縣名。西漢惠帝時置。治所在今寧夏吴忠市黄河中沙洲上。東漢後廢。西晉武帝太康三年（282）重置，治所確址未詳。

[2]臨沂：縣名。僑置於江乘縣西，治所在今江蘇南京市棲霞山西麓。

[3]丁母憂：遭逢母喪。丁，當。

[4]湘州：州名。治臨湘縣，在今湖南長沙市。　蕭循：字世和。梁武帝十弟、鄱陽忠烈王蕭恢第十七子。承聖元年（552）十一月梁元帝登基後，任其爲湘州刺史。本書卷五二有附傳。

[5]記室：官名。梁時庶姓公府記室參軍五班。

[6]孫瑒：字德璉，吴郡吴（今江蘇蘇州市）人。王琳引兵東下與陳軍交戰，以孫瑒爲郢州刺史，總留府之任。王琳蕪湖之戰敗逃後，孫瑒擊退北周的進攻，於陳文帝天嘉元年（560）三月率部降陳。本書卷六七、《陳書》卷二五有傳。

[7]顔晃：字元明，琅邪臨沂（今山東臨沂市）人。陳文帝天

嘉初，遷員外散騎常侍，兼中書舍人，掌詔誥。本書卷七二、《陳書》卷三四有傳。

[8]周洽：《陳書》卷三〇《傅縡傳》作“優洽”。

[9]文無加點：“點”是塗在原字上的墨點，“文無加點”意謂寫文章一氣呵成，無須修改。

[10]撰史學士：官名。屬秘書省，掌修撰史書。

[11]驃騎：官名。即驃騎將軍。在鎮衛將軍下、車騎將軍上。爲内外通用之重號將軍。陳擬一品，比秩中二千石。　安成王：即陳頊。陳武帝永定三年（559）八月徙封安成王。文帝天嘉三年六月被任爲驃騎將軍。安成，郡名。治平都縣，在今江西安福縣東南。

縡篤信佛教，從興皇寺慧朗法師受《三論》，[1]盡通其學。尋以本官兼通直散騎侍郎使齊，[2]還，累遷太子庶子。[3]

[1]興皇寺：宋明帝泰始元年（465）建，在建康城建陽門外。爲南朝皇家寺廟。侯景之亂時遭毀壞，陳武帝時重修。隋滅陳後被焚。　慧朗法師：即釋法朗。沛郡沛（今江蘇沛縣）人。梁沛郡太守周神歸之子。梁武帝大通二年（528）出家。曾於攝山從僧詮受《三論》之學，爲“詮公四友”之一，號稱“伏虎”。陳武帝永定二年（558）奉敕住持興皇寺，講經二十五載，聽者如雲。陳宣帝太建十三年（581）圓寂。《續高僧傳》卷七有傳。　《三論》：指古印度龍樹的《中論》《十二門論》和提婆的《百論》，是印度大乘佛教中觀學派的重要著作。後秦時由鳩摩羅什譯成漢語。南齊時僧朗來到江南，倡三論之學。經僧詮及其弟子法朗等傳揚，至陳代，《三論》學已壓倒成實學，成爲當時顯學。

[2]兼：意謂假職未真授。南北朝時，使臣常以兼散騎類官銜

出使别國。按，《北史》卷三六《薛道衡傳》記載："陳使傅縡聘齊，以道衡兼主客郎接對之。"

[3]太子庶子：官名。晋時爲東宫中書、散騎機構長官，掌文書、規諫。南朝宋、齊後其職權漸被内典書通事舍人侵奪。僅侍從左右，獻納得失。梁、陳時太子庶子下轄食官局、錫賜庫局、東宫衛庫。陳五品，秩六百石。按，《陳書》卷三〇《傅縡傳》"太子庶子"下有"僕"字。

後主即位，[1]遷秘書監、右衛將軍，[2]兼中書通事舍人，掌詔誥。縡爲文典麗，性又敏速，雖軍國大事，下筆輒成，未嘗起草，沈思者亦無以加，甚爲後主所重。然性木强，不持檢操，負才使氣，[3]陵侮人物，朝士多銜之。會施文慶、沈客卿以佞見幸，[4]專制衡軸，[5]而縡益疏。文慶等因共譖之，[6]後主收縡下獄。縡素剛，因憤恚，[7]於獄中上書曰："夫人君者，[8]恭事上帝，子愛黔黎，[9]省嗜慾，遠諂佞，[10]未明求衣，日旰忘食，[11]是以澤被區宇，慶流子孫。陛下頃來酒色過度，[12]不虔郊廟大神，[13]專媚淫昏之鬼。[14]小人在側，宦豎弄權，[15]惡忠直若仇讎，[16]視百姓如草芥。[17]後宫曳綺繡，厩馬餘菽粟，兆庶流離，[18]轉尸蔽野，[19]貨賄公行，帑藏損耗，神怒人怨，[20]衆叛親離。恐東南王氣，自斯而盡。"書奏，後主大怒。頃之，稍解，[21]使謂曰："我欲赦卿，卿能改過不？"縡對曰："臣心如面，臣面可改，則臣心可改。"後主於是益怒，令宦者李善度窮其事，[22]賜死獄中。[23]有集十卷。

[1]後主：即陳後主陳叔寶。本書卷一〇、《陳書》卷六有紀。

[2]秘書監：官名。秘書省長官。掌典籍圖書。陳四品，秩中二千石。　右衛將軍：官名。三國魏末分中衛將軍爲左、右衛將軍，爲禁衛軍重要統帥。有軍府，領營兵，負責殿内宿衛及皇帝出行時的隨從保護。陳三品，秩二千石。

[3]使氣：恣逞意氣。

[4]施文慶：吴興烏程（今浙江湖州市）人。陳後主即位後擢其爲中書舍人，内外衆事，無不任委。本書卷七七、《陳書》卷三一有傳。　沈客卿：吴興武康（今浙江德清縣）人。與施文慶少相親昵，陳後主即位後，亦任中書舍人，典掌機密。本書卷七七、《陳書》卷三一有傳。

[5]衡軸：比喻中樞要職。

[6]譖之：《陳書》卷三〇《傅縡傳》作“譖縡受高驪使金”。

[7]憤恚：憤怒。

[8]人君：《陳書·傅縡傳》作“君人”。

[9]黔黎：《陳書·傅縡傳》作“下民”，《隋書·五行志上》、《建康實録》卷二〇作“下人”。

[10]諂佞：《隋書·五行志上》作“邪佞”。

[11]日旰（gàn）：天色晚。

[12]頃來：近來。

[13]大：北監本、殿本、《陳書·傅縡傳》作“之”。

[14]專媚淫昏之鬼：《資治通鑑》卷一七六《陳紀十》陳後主至德三年胡三省注云：“謂寵張貴妃，使女巫鼓舞於宫中而淫祀也。”

[15]弄權：《隋書·五行志上》作“擅權”。

[16]忠直：《隋書·五行志上》作“誠直”。

[17]百姓：《陳書·傅縡傳》作“生民”，《隋書·五行志上》作“時人”。本書避唐太宗李世民諱改。

[18]兆庶：《陳書·傅縡傳》、《隋書·五行志上》作“百姓”。

[19]轉尸：棄尸。《陳書·傅縡傳》作“殭尸”。

［20］人：《陳書·傅縡傳》作"民"。本書避唐太宗李世民諱改。

［21］稍解：《陳書·傅縡傳》作"意稍解"。怒氣漸消。

［22］李善度：《陳書·傅縡傳》作"李善慶"。《陳書》卷七《後主沈皇后傳》附魏徵史論、卷二一《蕭引傳》有宦者名"李善度"。　窮：查究。

［23］賜死獄中：《陳書·傅縡傳》云傅縡時年五十五，《資治通鑑》繫於陳後主至德三年（585）。

縡雖强直有才，而毒惡傲慢，爲當世所疾。[1]及死，有惡蛇屈尾來上靈牀，[2]當前受祭酹，[3]去而復來者百餘日。時時有彈指聲。[4]

［1］當世：世俗。

［2］靈牀：人死後虛設的坐具，供死者魂魄所依。置於堂中，上施枕几、屏風、坐褥等，設奠於前。

［3］祭酹：以酒澆地表示祭奠，亦泛指祭奠。

［4］時時：有時，頻率未必高。

時有吴興章華，字仲宗，家本農夫，[1]至華獨好學，與士君子游處，頗通經史，善屬文。侯景之亂，游嶺南，[2]居羅浮山寺，[3]專精習業。歐陽頠爲廣州刺史，[4]署爲南海太守。[5]頠子紇敗，[6]乃還都。後主時，除大市令，[7]非其所好，乃辭以疾。禎明初，[8]上書極諫，其大略曰："陛下即位，于今五年，不思先帝之艱難，不知天命之可畏。溺於嬖寵，惑於酒色。祠七廟而不出，[9]拜妃嬪而臨軒。[10]老臣宿將，棄之草莽，諂佞讒邪，升之朝廷。今疆埸日蹙，隋軍壓境，陛下如不改絃易張，臣見麋鹿復游於姑蘇矣。"[11]書奏，後主大怒，即日斬之。

[1]本：《陳書》卷三〇《章華傳》作"世"。

[2]嶺南：五嶺以南，約當今廣東、廣西及越南北部地區。

[3]羅浮山：在今廣東博羅縣長寧鎮境内。據《高僧傳》卷一一，南朝宋時，羅浮山已建有天宫寺。又據《景泰禪師傳》，梁武帝大同年間，廣州刺史蕭譽曾爲景泰禪師在羅浮山建南樓寺。

[4]廣州：州名。治番禺縣，在今廣東廣州市。

[5]南海：郡名。治番禺縣，在今廣東廣州市。

[6]紇：即歐陽紇。字奉聖，長沙臨湘（今湖南長沙市）人。歐陽頠之子。歐陽頠死後，繼任廣州刺史。因在嶺南勢力深厚，引起陳宣帝猜忌，下詔徵其入朝爲左衛將軍，歐陽紇疑懼，於太建元年（569）十月舉兵反叛，兵敗被殺。本書卷六六、《陳書》卷九有附傳。

[7]大市令：官名。即太市令。屬太府卿。負責徵税、管理市場交易。下有市丞。案，在京官中，太市令身份卑微。《陳書·章華傳》記載，"朝臣以華素無伐閲，競排詆之"，故任其爲太市令。《隋書·五行志上》云章華爲建寧令。

[8]禎明：南朝陳後主陳叔寶年號（587—589）。

[9]七廟：指天子宗廟。《禮記·王制》云："天子七廟，三昭三穆，與太祖之廟而七。"南朝政權皆實行"七廟"制度，但采用的是一廟異室的格局，而非别起七廟。

[10]臨軒：殿前堂陛之間，近檐之處兩邊有欄杆，稱爲"軒"。皇帝不坐正殿而至殿前，稱爲"臨軒"。在當時，"臨軒拜授"是最高規格的拜官儀式，多在太極殿舉行，一般拜皇后、公、太子、藩王纔用此殊禮。

[11]姑蘇：《陳書·章華傳》作"姑蘇臺"。姑蘇臺是吴王闔

閭所築，在今江蘇蘇州市姑蘇山上。章華此語本乎《史記》卷一一八《淮南衡山列傳》，載伍被諫淮南王曰："臣聞子胥諫吳王，吳王不用，乃曰'臣今見麋鹿游姑蘇之臺也'。"麋鹿本養在園林中，"游姑蘇之臺"意謂國家滅亡。

顧野王字希馮，[1]吴郡吴人也。祖子喬，梁東中武陵王府參軍事。[2]父恒，[3]信威臨賀王記室，[4]兼本郡五官掾，以儒術知名。

[1]希馮：陸廣微《吴地記》作"休倫"。

[2]東中：《陳書》卷三〇《顧野王傳》作"東中郎"。當以《陳書》爲是。東中郎，即東中郎將。　武陵王：梁武帝第八子蕭紀。葛脩容所生。天監十三年（514）七月，封武陵郡王，邑二千户。本書卷五三、《梁書》卷五五有傳。武陵，郡名。治臨沅縣，在今湖南常德市。

[3]恒：大德本、南監本、北監本、汲古閣本、殿本作"烜"。

[4]信威：官名。即信威將軍。梁以仁威、智威、勇威、信威、嚴威將軍代舊征虜將軍。爲雜號將軍。梁武帝天監七年定爲武職二十四班中的十六班，大通三年（529）改爲武職三十四班中的二十六班。陳擬四品，比秩中二千石。　臨賀王：即蕭正德。字公和。蕭宏第三子。中大通四年（532）正月，封臨賀郡王，邑二千户。本書卷五一、《梁書》卷五五有傳。臨賀，郡名。治臨賀縣，在今廣西賀州市東南。

野王幼好學，七歲讀《五經》，略知大指。九歲能屬文，嘗制《日賦》，領軍朱异見而奇之。[1]十二，[2]隨父之建安，[3]撰《建安地記》二篇。長而偏觀經史，精記嘿識，天文地理，蓍龜占候，[4]蟲篆奇字，[5]無所不通。爲臨賀王府記室。宣城王爲揚州刺史，[6]野王及琅邪王褒並爲賓客，[7]王甚愛其才。野王又善丹青，王於東府起齋，[8]令野王畫古賢，命王褒書贊，時人稱爲二絶。

[1]領軍：官名。即中領軍。禁衛軍最高統帥，資輕者爲中領軍，資重者爲領軍將軍。不單獨領營兵。梁代領軍將軍“管天下兵要”，不僅負責宫城禁衛，亦統領制局監行使器仗、兵役徵發等職責。設有領軍府，在臺城闕下附近。梁十四班。　朱异：字彦和，吴郡錢唐（今浙江杭州市）人。梁武帝太清二年（548），遷中領軍。本書卷六二、《梁書》卷三八有傳。案，顧野王九歲時爲梁武帝普通七年（526），此時朱异還未擔任中領軍。

[2]十二：范成大《吴郡志》作“十歲”。

[3]建安：郡名。治建安縣，在今福建建甌市。

[4]蓍龜：卜筮。筮用蓍草，卜用龜甲。　占候：視天象變化以測吉凶。

[5]蟲篆：秦書八體中有蟲書，新莽六書中有鳥蟲書，乃富有裝飾性的篆書字體。　奇字：新莽六書之一，指古文而異者。

[6]宣城王：即蕭大器。蕭綱嫡長子。梁武帝中大通四年（532）正月封宣城郡王，大同四年（538）正月任揚州刺史。蕭綱即位後，被立爲皇太子。簡文帝大寶二年（551）八月爲侯景所殺。追謚爲“哀太子”。本書卷五四、《梁書》卷八有傳。宣城，郡名。治宛陵縣，在今安徽宣城市宣州區。　揚州：州名。治建康縣，在今江蘇南京市。

[7]王褒：字子淵，琅邪臨沂（今山東臨沂市）人。《周書》卷四一、《北史》卷八三有傳，《梁書》卷四一有附傳。

[8]東府：即東府城。原爲東晋司馬昱、司馬道子府宅所在。

晋安帝義熙十年（414）冬，劉裕於此築城，遂成爲拱衛建康的軍事重鎮，亦是梁代揚州刺史治所。城墻爲土築，有雉堞、城壕，開東、南、西三門，無北門。位於青溪以東、秦淮河以北，西對青溪大橋，南對小航，約在今通濟門——大中橋以東一帶。

及侯景之亂，野王丁父憂，歸本郡，乃召募鄉黨，隨義軍援都。[1]野王體素清羸，裁長六尺，又居喪過毁，殆不勝哀。及杖戈被甲，陳君臣之義，逆順之理，抗辭作色，[2]見者莫不壯之。城陷，逃會稽。[3]

[1]隨義軍援都：《資治通鑑》卷一六二《梁紀十八》記載，顧野王起兵討侯景，於梁武帝太清三年（549）“二月己丑，引兵來至”。

[2]抗辭：嚴辭。　作色：變色，呈現怒容。

[3]逃：大德本、殿本同，汲古閣本作“逃歸”。

陳天嘉中，[1]敕補撰史學士。太建中，爲太子率更令，[2]尋領大著作，掌國史，知梁史事。後爲黄門侍郎，光禄卿，[3]知五禮事。[4]卒，[5]贈秘書監，右衛將軍。[6]

[1]天嘉：南朝陳文帝陳蒨年號（560—566）。

[2]太子率更令：官名。與太子家令、太子僕合爲東宫三卿。掌宫殿門户及賞罰事。齊、梁後亦多掌文教。梁武帝天監六年（507）革選，以太子率更令視黄門侍郎。陳四品，秩千石。

[3]光禄卿：官名。梁武帝天監七年改光禄勳置。掌宫殿門户並統守宫、黄門、華林園、暴室等令及諸大夫。陳三品，秩中二千石。

[4]五禮：《周禮》中將大宗伯所掌之禮分爲嘉禮、賓禮、軍禮、吉禮、凶禮五類，漢代經師以此訓釋《尚書》《周禮》中“五禮”一詞。三國魏咸熙元年（264），荀顗受司馬昭之命，依“五禮”體例撰成《新禮》，此後，五禮漸成兩晋南北朝官方禮典的基本架構。

[5]卒：《陳書》卷三〇《顧野王傳》云顧野王卒於陳宣帝太建十三年（581），時年六十三。《建康實録》卷二〇云其卒於太建十二年庚子六月，時年六十二。

[6]右衛將軍：《隋書·經籍志一》《經籍志四》作“左衛將軍”。《陳書·顧野王傳》云："至德二年，又贈右衛將軍。"

野王少以篤學至性知名，在物無過辭失色。[1]觀其容貌，似不能言，其厲精力行，皆人所莫及。所撰《玉篇》三十卷，[2]《輿地志》三十卷，[3]《符瑞圖》十卷，[4]《顧氏譜傳》十卷，[5]《分野樞要》一卷，[6]《續洞冥記》一卷，[7]《玄象表》一卷，並行於時。又撰《通史要略》一百卷，《國史紀傳》二百卷，[8]未就而卒。有文集二十卷。[9]

[1]在物：《陳書》卷三〇《顧野王傳》一本作“在朝”。

[2]《玉篇》三十卷：《隋書·經籍志一》經部小學類著録陳左將軍顧野王撰《玉篇》三十一卷。“左將軍”疑爲“左衛將軍”之訛。《建康實録》卷二〇作“《玉篇》二十卷”。《玉篇》是顧野王所作的楷書字書，成書於梁武帝大同九年（543）。此書曾經多次重修，今本《玉篇》乃宋代陳彭年等在唐代孫强增删本的基礎上重修，與顧野王原本已大爲不同。

[3]《輿地志》三十卷：《隋書·經籍志二》史部地理類著録

陳顧野王撰《輿地志》三十卷。

［4］《符瑞圖》十卷：《舊唐書・經籍志下》《新唐書・藝文志三》子部雜家類著録顧野王撰《符瑞圖》十卷。

［5］《顧氏譜傳》：《建康實録》卷二〇作"顧氏譜"。

［6］《分野樞要》一卷：《建康實録》卷二〇作"《分野樞要》一百卷"。

［7］《續洞冥記》：舊説漢代郭憲撰《洞冥記》，有觀點認爲，係六朝人假託。顧野王《續洞冥記》或續此書。

［8］《通史要略》一百卷，《國史紀傳》二百卷：此二書不見於《隋書・經籍志》，《舊唐書・經籍志上》《新唐書・藝文志二》史部正史類著録顧野王撰《陳書》三卷。馬宗霍《南史校證》云："《隋書・經籍志》無著録，疑因未就之故。新、舊《唐志》史部正史類有顧野王撰《陳書》三卷，或即《國史》未就之殘本，清《四庫全書總目陳書提要》，乃以顧氏所撰三卷繫之《隋志》，且謂：'本傳稱其撰《國史紀傳》二百卷，與《隋志》卷帙不符，疑《隋志》舛訛，思廉所記得其真也。'此既誤以《唐志》爲《隋志》，且於《陳書》本傳有'未就而卒'一語，亦忽而不察，可謂疏謬矣。"（湖南教育出版社 2008 年版，第 1064—1065 頁）

［9］有文集二十卷：《隋書・經籍志四》集部别集類著録陳左衛將軍《顧野王集》十九卷。

時有蕭濟字孝康，東海蘭陵人也。[1]好學，博通經史。仕梁爲太子舍人。[2]預平侯景功，封松陽縣侯。[3]陳文帝爲會稽太守，[4]以濟爲宣毅府長史。[5]及即位，授侍中。太建中，歷位五兵、度支、祠部三尚書，[6]卒。[7]

［1］東海：郡名。治郯縣，在今山東郯城縣。　蘭陵：縣名。治所在今山東蘭陵縣蘭陵鎮。

［2］太子舍人：官名。晋時爲東宮中書、散騎機構副長官，掌文書。南朝沿置。梁時員十六人。三班。

［3］松陽：縣名。治所在今浙江松陽縣西北。

［4］陳文帝爲會稽太守：據《陳書》卷三《世祖紀》，陳蒨平定張彪後，因功授宣毅將軍、會稽太守。

［5］宣毅：官名。即宣毅將軍。南朝梁置。與鎮兵、翊師、宣惠將軍代舊四中郎將。爲重號將軍，内外通用。梁武帝天監七年（508）定爲武職二十四班中的十七班，大通三年（529）改爲武職三十四班中的二十七班，與四中郎將並置。陳擬四品，比秩中二千石。　長史：官名。軍府僚佐之首。常貼領首郡太守。梁時庶姓持節府長史爲八班。陳時皇弟皇子府長史，五品，秩千石。

［6］五兵：官名。即五兵尚書。尚書省列曹尚書之一。陳時領中兵、外兵、騎兵三曹，掌軍事行政。三品，秩中二千石。　度支：官名。即度支尚書。尚書省列曹尚書之一。陳時領度支、金部、倉部、起部四曹，掌財政。三品，秩中二千石。　祠部：官名。即祠部尚書。尚書省列曹尚書之一，領祠部、儀曹二曹，掌宗廟禮儀。與尚書右僕射通職，不並置。陳三品，秩中二千石。

［7］卒：《陳書》卷三〇《蕭濟傳》云其時年六十六。

姚察字伯審，吴興武康人，吴太常卿信之九世孫也。[1]父僧坦，[2]梁太醫正。[3]及元帝在荆州，爲晋安王諮議參軍。[4]後入周，位遇甚重。

［1］太常卿：官名。即太常。掌禮儀祭祀。　信：即姚信。字元直（一作“德祐”）。三國吴孫皓時任太常。曾注《周易》，並著有《士緯》《昕天論》等。

［2］僧坦：即姚僧坦。《周書》卷四七、《北史》卷九〇、《舊唐書·經籍志下》、《新唐書·藝文志三》作“姚僧垣”。字法衛。

以醫術知名。西魏攻陷江陵後被送至長安。仕周位至上開府儀同大將軍，封長壽縣公。入隋，進爵北絳郡公。《周書》卷四七、《北史》卷九〇有傳。

[3]太醫正：官名。太醫令屬官。《周書·姚僧垣傳》記載，姚僧垣於梁武帝大同十一年（545）領太醫正。

[4]晉安王：即南朝梁敬帝蕭方智。字慧相。梁元帝第九子，夏貴妃所生。梁元帝登基後封爲晉安郡王。本書卷八、《梁書》卷六有紀。晉安，郡名。治候官縣，在今福建福州市。

察幼有至性。[1]六歲，誦書萬餘言。不好戲弄，勵精學業。十二，能屬文。僧坦精醫術，知名梁代，二宫所得供賜，[2]皆回給察兄弟，爲游學之資。察並用聚蓄圖書，由是聞見日博。年十三，梁簡文帝時在東宫，盛修文義，[3]郎引於宣猷堂聽講論難，[4]爲儒者所稱。及簡文嗣位，尤加禮接。[5]起家南海王國左常侍，[6]兼司文侍郎。後兼尚書駕部郎。[7]遇梁室喪亂，隨二親還鄉里。[8]在亂離間，篤學不廢。元帝於荆州即位，授察原鄉令。[9]後爲佐著作，[10]撰史。

[1]至性：純孝的天性。

[2]二宫：指皇帝與太子。

[3]文義：文指文辭，如詩賦文章等。義指經義、義理。

[4]郎：大德本、南監本、北監本、汲古閣本、殿本作“即”。按，底本誤。　宣猷堂：在東宫玄圃内。

[5]禮接：禮遇。

[6]南海王：即蕭大臨。字仁宣。蕭綱第四子。蕭綱即位後封南海郡王，邑二千户。本書卷五四、《梁書》卷四四有傳。南海，

郡名。治番禺縣，在今廣東廣州市。

[7]尚書駕部郎：官名。尚書省駕部曹長官。梁時屬左民尚書。尚書郎資深勤能者可轉爲侍郎。尚書郎五班，尚書侍郎六班。

[8]二親：父母。

[9]原鄉：縣名。治所在今浙江長興縣南。

[10]佐著作：官名。即著作佐郎。掌協助著作郎修撰國史及起居注。梁二班。

陳永定中，[1]吏部尚書徐陵領大著作，[2]復引爲史佐。[3]太建初，補宣明殿學士。尋爲通直散騎常侍，[4]報聘于周。[5]江左耆舊先在關右者，[6]咸相傾慕。沛國劉臻竊於公館訪《漢書》疑事十餘條，[7]並爲剖析，皆有經據。[8]臻謂所親曰："名下定無虚士。"[9]著《西聘道里記》。使還，補東宫學士，遷尚書祠部侍郎。[10]

[1]永定：南朝陳武帝陳霸先年號（557—559）。按，據《陳書》卷四《廢帝紀》、卷二六《徐陵傳》，徐陵領大著作在陳文帝天嘉四年（563），遷吏部尚書在天康元年（566）五月，皆不在永定年間。

[2]吏部尚書：官名。尚書省列曹尚書之首。掌官吏銓選、任免等，職任隆重。陳三品，秩中二千石。　徐陵：字孝穆，東海郯（今山東郯城縣）人。本書卷六二、《陳書》卷二六有傳。

[3]史佐：官名。即著作佐郎。

[4]通直散騎常侍：《陳書》卷二七《姚察傳》、《太平御覽》卷六一二引《三國典略》作"兼通直散騎常侍"。"兼"意謂假職未真授。南北朝時，使臣常以"兼散騎常侍""兼通直散騎常侍"之類的職銜出使别國。

[5]報聘：使臣回訪他國。

[6]江左：古人在地理上習慣以東爲"左"。長江經過今安徽境内時斜向北流，其南岸實爲東南。故以"江左"指代南朝。　耆舊：故老。　關右：函谷關或潼關以西地區。此指北周。

[7]沛國：治相縣，在今安徽濉溪縣西北。此爲劉氏祖籍。　劉臻：字宣摯，沛國相（今安徽濉溪縣）人。精於兩《漢書》，被時人稱作"漢聖"。《隋書》卷七六、《北史》卷八三有傳。　公館：官方安排的館舍。　訪：咨詢。

[8]經據：載於經典的依據。

[9]名下：盛名之下。

[10]尚書祠部侍郎：官名。尚書省祠部曹長官。主管禮制。陳四品，秩六百石。

舊魏王肅奏祀天地，[1]設宫懸之樂，[2]八佾之儛，[3]爾後因循不革。至梁武以爲事人禮縟，[4]事神禮簡，古無宫懸之文。[5]陳初承用，莫有損益。宣帝欲設備樂，[6]付有司立議，以梁武爲非。時碩學名儒，朝端在位，[7]咸希旨注同。[8]察乃博引經籍，獨違群議，據梁樂爲是。當時驚駭，莫不慙服。僕射徐陵因改同察議。[9]其不順時隨俗，皆此類也。

[1]王肅：字子雍，東海郯（今山東郯城縣）人。王朗之子。三國魏經學家。《三國志》卷一三有傳。

[2]宫懸：四面懸挂鐘、磬，若宫室四面有墻。乃天子之禮。若諸侯則衹能懸挂三面，卿大夫懸挂兩面，士懸挂一面。

[3]八佾：古代舞蹈，八人一行，稱作一佾。八佾六十四人，乃天子之禮。諸侯用六佾，大夫用四佾。按，王肅此議見《宋書·樂志一》。

［4］梁武：大德本、南監本、北監本、汲古閣本、殿本作“梁武帝”。

［5］古無宮懸之文：梁武帝之説見《隋書·音樂志上》。

［6］宣帝：南朝陳宣帝陳頊。宣爲其謚號。本書卷一〇、《陳書》卷五有紀。　備樂：謂備六代之樂。

［7］朝端：朝中居高位者。常指尚書令或僕射。

［8］希旨：應合在上者的意旨。　注同：簽署認可。

［9］僕射：官名。即尚書僕射。尚書令副佐，並與尚書分領諸曹。或單置，或分左、右。左僕射位在右僕射上，可代尚書令主持尚書省政務。右僕射與祠部尚書通職。若單置，則以尚書僕射掌左僕射事，以祠部尚書掌右僕射事。陳二品，秩二千石。

後歷仁威淮南王、平南建安王二府諮議參軍。[1]丁内憂去職。[2]俄起爲戎昭將軍，知撰梁史。後主立，兼東宮通事舍人，[3]知撰史。至德元年，[4]除中書侍郎，[5]轉太子僕，[6]餘並如故。

［1］仁威：官名。即仁威將軍。南朝梁置，與智威、勇威、信威、嚴威將軍代舊征虜將軍。陳沿置，與智威、仁威、勇威、信威等合稱五威將軍。擬四品，比秩中二千石。　淮南王：即陳叔彪。字子華。陳宣帝第十三子。太建八年（576）九月被封爲淮南王。本書卷六五、《陳書》卷二八有傳。淮南，郡名。寄治姑孰，在今安徽當塗縣。　平南：官名。即平南將軍。陳擬三品，比秩中二千石。　建安王：即陳叔卿。字子弼。陳宣帝第五子。太建四年二月被封爲建安王。本書卷六五、《陳書》卷二八有傳。

［2］丁内憂：丁母憂。

［3］東宮通事舍人：官名。南朝梁置。太子中庶子、庶子屬官。掌宣傳令旨，内外啓奏。員二人，視南臺御史。多由他官兼任，出

任者往往是次門士族。陳九品。

[4]至德：南朝陳後主陳叔寶年號（583—586）。

[5]中書侍郎：官名。陳四品，秩千石。

[6]太子僕：官名。與太子家令、太子率更令合爲東宫三卿。掌東宫車馬親族，齊、梁後亦多掌文教之事。梁武帝天監六年（507）以太子僕視黄門。陳四品，秩千石。

初，梁室淪没，察父僧坦入長安，[1]察蔬食布衣，不聽音樂，至是凶問因聘使到江南。[2]時察母韋氏喪制適除，[3]後主以察羸瘠，[4]慮加毁頓，[5]乃密遣中書舍人司馬申就宅發哀，[6]仍敕申專加譬抑。[7]尋以忠毅將軍起，[8]兼東宫通事舍人，察頻讓不許。俄敕知著作郎事。服闋，[9]除給事黄門侍郎，[10]領著作。察既累居憂戚，齋素日久，因加氣疾。後主嘗别召見，爲之動容，命停長齋，[11]令從晚食。又詔授秘書監，領著作，奏撰《中書表集》。歷度支、吏部二尚書。

[1]長安：西魏、北周國都。在今陝西西安市長安區。按，西魏攻陷江陵後，姚僧垣先後被宇文護和于謹徵召，後隨于謹至長安。

[2]凶問：指姚僧垣死訊。按，姚僧垣卒於隋文帝開皇三年（583）。

[3]適：《册府元龜》卷二〇六、卷七五四作“始”。

[4]羸瘠：瘦弱。

[5]毁頓：因居喪過哀而毁敗其身。

[6]中書舍人：官名。陳八品。　司馬申：字季和，河内温（今河南温縣）人。本書卷七七、《陳書》卷二九有傳。　發哀：

舉行哀悼儀式。

[7]譬抑：勸止。

[8]忠毅將軍：官名。梁武帝時置，爲十忠將軍之一。陳擬六品，比秩千石。

[9]服闋：服喪期滿。

[10]給事黄門侍郎：官名。陳四品，秩二千石。

[11]長齋：佛教徒奉行“過午不食”的清規稱作“持齋”。魏晋以後，印度佛教“歲三月六齋”傳入中土，廣泛流行。佛教徒除每月有定期的持齋日外，每年正月、五月和九月的一日至十五日也要持齋，稱作“長齋”。長齋本不禁絶葷腥，至南北朝，則演變爲“過午不食”且堅持素食。

察自居顯要，一不交通。嘗有私門生不敢厚餉，[1]送南布一端，[2]花練一匹。[3]察謂曰：“吾所衣著，止是麻布蒲練，此物於吾無用。既欲相款接，[4]幸不煩爾。”此人遜請，察厲色驅出，自是莫敢饋遺。

[1]私門生：本指門下生徒，六朝時的門生演變爲爲主人提供力役者，或身爲庶族者投靠士族主人，擔當其隨從。後類門生多是富人子弟，須向主人繳納錢財、禮品。而門生可借主人身份躲避課役和關市之税，更重要的是，可由其主人推舉爲典軍、主書、令史等雜流官職，步入仕途（參見韓國磐《東晋南朝的門生義故》，《社會科學戰綫》1980年第2期；王鏗《六朝時期三吴地域非門閥士族人士的政治出路——商人、門生、恩倖之關係》，《中華文史論叢》2016年第2期）。

[2]南布：或以爲是來自嶺南的木棉布，在内地屬珍稀的奢侈品。 端：布帛的長度單位，布六丈爲一端。

[3]花練（shū）：一種帶花紋的輕薄麻布。宋代周去非《嶺外

代答》曰："邕州左、右江溪峒，地産苧麻，潔白細薄而長，土人擇其尤細長者爲綀子。暑衣之，輕凉離汗者也。漢高祖有天下，令賈人無得衣綀，則其可貴，自漢而然。有花紋者，爲花綀，一端長四丈餘，而重止數十錢，捲而入之小竹筒，尚有餘地。以染真紅，尤易著色。厥價不廉，稍細者，一端十餘緡也。"　匹：布帛的長度單位，四丈爲一匹。

[4]款接：結交。

陳亡入隋，詔授秘書丞，[1]别敕成梁、陳二史。又敕於朱華閣長參。文帝知察蔬菲，别日獨召入内殿，賜果菜，指謂朝臣曰："聞姚察學行當今無比，我平陳唯得此一人。"

[1]秘書丞：官名。秘書省次官。員一人。隋煬帝大業三年（607）增置秘書少監，位在其上，秘書丞遂降爲佐官。隋時爲正五品。

開皇十三年，[1]襲封北絳郡公。[2]察在陳時聘周，因得與父僧坦相見，將别之際，絶而復蘇。至是承襲，愈更悲感，[3]見者莫不爲之歔欷。丁後母杜氏喪，解職。在服制之中，有白鳩巢于户上。[4]

[1]開皇：隋文帝楊堅年號（581—600）。

[2]北絳郡公：隋爵制，分王、五等爵共二等九級（大業三年後廢除五等爵中的伯、子、男）。郡公屬五等爵，在國公下，爲第四級。從一品。北絳，郡名。治北絳縣，在今山西翼城縣東南。按，據《周書》卷四七《姚僧垣傳》記載，姚察父姚僧垣於開皇

初進爵北絳郡公，開皇三年卒。姚僧垣次子姚最襲爵北絳郡公，後姚僧垣長子姚察入隋，姚最自以非嫡，讓爵於姚察。

[3]悲感：悲哀。

[4]白鳩巢于户上：古人心目中，鳩鳥是慈孝之鳥，白鳩乃祥瑞之兆。魏晋以來有鳩鳥伴孝子居喪的傳説。當時人認爲，這是孝心感物通靈所致。

仁壽二年，[1]詔除員外散騎常侍、晋王侍讀。[2]煬帝即位，授太子内舍人。[3]及改易衣冠，删定朝式，[4]預參對問。大業二年，[5]終于東都。[6]遺命薄葬，以松板薄棺，纔可容身，[7]土周於棺而已。葬日，止鹿車即送厝舊塋北。[8]不須立靈，置一小牀，每日設清水，六齋日設齋食菜果，[9]任家有無，不須别經營也。

[1]仁壽：隋文帝楊堅年號（601—604）。

[2]員外散騎常侍：隋初屬門下省，與散騎常侍等並掌立朝當班、陪從顧問。員六人，正五品上。　晋王：即隋煬帝楊廣。隋文帝第二子。開皇元年（581），隋文帝即位後封爲晋王。《隋書》卷三、卷四有紀。

[3]太子内舍人：官名。隋避文帝之父楊忠諱改太子中舍人爲太子内舍人，佐太子左庶子領太子門下坊。初置四員。正五品上。煬帝大業三年（607）減爲二員。

[4]删定：《陳書》卷二七《姚察傳》作“删正”。　朝式：朝儀。

[5]大業：隋煬帝楊廣年號（605—618）。

[6]東都：即洛陽，在今河南洛陽市東北。隋煬帝即位初，營建洛陽爲東京，大業五年又改東京爲東都。按，據《陳書·姚察傳》，姚察時年七十四。

[7]容身:《陳書·姚察傳》作“周身”。

[8]鹿車:《陳書·姚察傳》作“轟車”。 厝:安葬。

[9]六齋日:佛教規定,在家弟子每月有六齋日,即每月的初八、十四、十五、二十三、二十九、三十日。

初,察欲讀一藏經,[1]並已究竟,[2]將終,曾無痛惱,怛西向坐正念云“一切空寂”。[3]其後身體柔軟,顏色如恒。兩宫悼惜,贈賵甚厚。[4]

[1]一藏經:“藏”是梵文 piṭaka 的意譯,指收藏物品的筐篋,古印度僧侣常以其存放貝葉經,故引申爲佛典的計數單位。

[2]究竟:結束,完畢。

[3]怛:大德本、南監本、北監本、汲古閣本、殿本、《陳書》卷二七《姚察傳》作“但”。當以“但”爲是。 坐正:《册府元龜》卷八二一作“正坐”。

[4]贈賵:即送給喪家助喪的財物。《陳書·姚察傳》作“賵賻”。

察至孝,有人倫鑒識,沖虚兼遜,[1]不以所長矜人。專志著書,白首不倦。所著《漢書訓纂》三十卷,[2]《説林》十卷,《西聘》《玉璽》《建康三鍾》等記各一卷,[3]文集二十卷。[4]所撰梁、陳史,雖未畢功,[5]隋開皇中,文帝遣中書舍人虞世基索本,[6]且進。[7]臨亡,戒子思廉撰續。[8]思廉在陳爲衡陽王府法曹參軍、會稽王主簿。[9]

[1]兼:大德本、汲古閣本、南監本、北監本、殿本作“謙”。

[2]《漢書訓纂》三十卷：《隋書·經籍志二》史部正史類著録陳吏部尚書姚察撰《漢書訓纂》三十卷，又有姚察撰《漢書集解》一卷、《定漢書疑》二卷。

[3]《西聘》《玉璽》《建康三鍾》等記各一卷：《舊唐書·經籍志上》《新唐書·藝文志二》史部儀注類著録姚察撰《傳國璽》十卷。

[4]文集二十卷：《舊唐書·經籍志下》《新唐書·藝文志四》集部别集類著録《姚察集》二十卷。

[5]所撰梁、陳史：《隋書·經籍志二》史部正史類著録姚察撰《梁書帝紀》七卷，疑即姚察所撰梁史中的帝紀部分。今本《梁書》帝紀六卷，或是姚思廉在其基礎上增删續撰而成。今本《梁書》有列傳五十卷四十九篇（《文學傳》分上、下兩卷），有二十六篇篇末論贊題“陳吏部尚書姚察”或“史官陳吏部尚書姚察”，當是姚察舊稿。

[6]中書舍人：中華本校勘記云:“據《陳書》及《隋書·虞世基傳》當作‘内史舍人’。隋文帝父名忠，故中書省稱内史省，中書舍人稱内史舍人。”可從。内史舍人，官名。爲内史省的屬官，掌參議表章，草擬詔敕。隋初置八人，正六品上，文帝開皇三年（583）升爲從五品。煬帝大業三年（607）減置四人，大業末改内史省爲内書省，内史舍人遂改稱内書舍人。

[7]且進：《陳書》卷二七《姚察傳》作“且進上”，下云“今在内殿”；明本《册府元龜》卷五五五作“具進”。林礽乾《陳書異文考證》云:“作‘具進’是。‘且進’爲將進呈而未進呈之辭，‘具進’則是將所完成者悉數進獻之辭。審其下句‘今在内殿’之意，是當時姚察已將所完成者，具已進上，故今存於内殿也。”（第212頁）

[8]思廉：即姚思廉。字簡之（一説其本名簡，以字行）。《舊唐書》卷七三、《新唐書》卷一〇二有傳。

[9]王府法曹參軍：官名。陳時皇弟皇子府法曹參軍爲八品。

會稽王：即陳莊。字承肅。陳後主第八子。陳後主至德四年(586)，立爲會稽王。本書卷六五、《陳書》卷二八有傳。會稽，郡名。治山陰縣，在今浙江紹興市。　主簿：官名。陳皇弟皇子府主簿爲七品。

論曰：沈炯才思之美，足以繼踵前良。[1]然仕於梁朝，年已知命，主非不文，而位裁邑宰。[2]及於運逢交喪，[3]驅馳戎馬，所在稱美，[4]用捨信有時焉。[5]虞荔弟兄，才行兼著，崎嶇喪亂，保兹貞一，並取貴時主，豈虚得乎。傅縡聰警特達，[6]才氣自負，行之平日，其猶殆諸；[7]處以危邦，死其宜矣。顧、姚栖託藝文，蹈履清直，文質彬彬，各踐通賢之域，美矣乎！

[1]繼踵：接踵，前後相接。

[2]邑宰：縣令。

[3]交喪：世與道互相喪失，指無道之世。《莊子·繕性》云："世喪道矣，道喪世矣，世與道交相喪也。"

[4]所在：處處，到處。

[5]用捨：被任用和不被任用。

[6]特達：出衆。

[7]殆：危險。

南史　卷七〇

列傳第六十

循吏

吉翰　杜驥　申恬　杜慧慶　阮長之　甄法崇 孫彬
傅琰 孫岐　虞愿　王洪軌 李珪之　沈瑀　范述曾
孫謙 從子廉　何遠　郭祖深

昔漢宣帝以爲:[1]"政平訟理，其惟良二千石乎!"[2]前史亦云:"今之郡守，古之諸侯也。"[3]故長吏之職，號曰親人。[4]至於道德齊禮,[5]移風易俗，未有不由之矣。[6]

[1]漢宣帝：劉詢。在位二十六年（前74—前49)，謚號孝宣皇帝。《漢書》卷八有紀。按，"昔漢宣帝以爲"以下至"未有不由之矣"，采自《梁書》卷五三《良吏傳》叙首段。

[2]政平訟理，其惟良二千石乎：語本《漢書》卷八九《循吏

傳》叙，有删節。顏師古注："訟理，言所訟見理而無冤滯也。"又注：二千石"謂郡守、諸侯相"。

[3]今之郡守，古之諸侯也：語本《宋書·五行志一》："太守，古之諸侯。"同書《百官志下》："郡守，秦官。秦滅諸侯，隨以其地爲郡，置守、丞、尉各一人。"

[4]號曰親人：按，《梁書·良吏傳》"人"作"民"，此避唐太宗李世民諱改。本卷下同，不再出注。

[5]至於道（dǎo）德齊禮：按，《梁書·良吏傳》"道"作"導"。道，通"導"。引導、開導。

[6]未有不由之矣：按，《梁書·良吏傳》"未有不"作"咸必"。

宋武起自匹庶，[1]知人事艱難，及登庸作宰，留心吏職。而王略外舉，未遑内務，奉師之費，日耗千金。播兹寬簡，雖所未暇，而黜己屏欲，以儉御身，[2]左右無幸謁之私，閨房無文綺之飾。故能戎車歲駕，邦甸不擾。文帝幼而寬仁，入纂大業，及難興陝服，[3]六戎薄伐，興師命將，動在濟時。[4]費由府實，事無外擾。自此方内晏安，[5]甿庶蕃息，[6]奉上供徭，止於歲賦，晨出暮歸，[7]自事而已。守宰之職，以六朞爲斷，[8]雖没世不徙，未及曩時，而人有所係，吏無苟得，家給人足，即事雖難，轉死溝渠，於時可免。凡百户之鄉，有市之邑，歌謡舞蹈，觸處成群，蓋宋世之極盛也。暨元嘉二十七年，[9]舉境外捍，[10]於是傾資掃蓄，猶有未供，深賦厚斂，天下騷動。自兹迄於孝建，[11]兵連不息。以區區江東，蕞爾迫隘，[12]荐之以師旅，因之以凶荒，向時之盛，自此衰矣。晋世諸帝多處内房，朝宴所臨，東、西二堂而已。[13]孝武末年，[14]清暑方搆。[15]及永初受命，[16]無所改作，所居唯稱西殿，不制嘉名，文帝因之，亦有合殿之稱。[17]及孝武承統，[18]制度滋長，[19]犬馬餘菽粟，土木衣綈繡。追陋前規，更造正光、玉燭、紫極諸殿。彫欒綺節，珠窻網户，嬖女幸臣，賜傾府藏，竭四海不供其欲，殫人命未快其心。[20]明皇繼祚，彌篤浮侈，恩不䘏下，以至横流。莅人之官，遷變歲屬，突不得黔，[21]竈未暇暖，[22]蒲、密之化，[23]事未易階。豈徒吏不及古，人乖於昔，[24]蓋由爲上所擾，致化莫從。[25]

[1]宋武：南朝宋開國皇帝劉裕。在位三年（420—422），謚號武皇帝。本書卷一、《宋書》卷一至卷三有紀。按，“宋武起自匹庶”以下至“致化莫從”，采自《宋書》卷九二《良吏傳》叙而稍加改動。

[2]黜己屏欲，以儉御身：按，《宋書・良吏傳》“黜己”“御身”作“絀華”“抑身”。

[3]難興陝服：謂宋文帝元嘉三年（426）荆州刺史謝晦起兵對抗朝廷。陝服，《宋書・良吏傳》作“陝方”，指荆州。東晋、南朝以荆、揚二州比擬西周分陝而治，荆州爲分陝之望，如同侯、甸之服，故稱。參《文選》卷六〇任彦昇《齊竟陵文宣王行狀》吕向注。

[4]興師命將，動在濟時：按，《宋書・良吏傳》作“命將動師，經略司兖”。

[5]自此方内晏安：按，《宋書・良吏傳》作“自此區宇宴安，方内無事”。

[6]甿庶蕃息：按，《宋書・良吏傳》“甿”上有“三十年間”

四字。

[7]晨出暮歸：按，《宋書·良吏傳》“暮”作“莫”。莫，古同“暮”。

[8]六朞（jī）：指一周年或一整月。

[9]元嘉：南朝宋文帝劉義隆年號（424—453）。

[10]舉境外捍：按，《宋書·良吏傳》作“北狄南侵，戎役大起”。

[11]孝建：南朝宋孝武帝劉駿年號（454—456）。

[12]蕞爾迫隘：按，《宋書·良吏傳》作“地方不至數千里，户不盈百萬”。

[13]東、西二堂：殿堂名。太極東堂和太極西堂，即建康宫正殿太極殿東、西兩旁的便殿。

[14]孝武：東晋孝武帝司馬曜。在位二十五年（372—396），謚號孝武皇帝。《晋書》卷九有紀。

[15]清暑：殿堂名。東晋孝武帝時建，位於建康宫城北隅華林園内。南朝宋孝武帝改名嘉禾殿。

[16]永初：南朝宋武帝劉裕年號（420—422）。

[17]合殿：殿堂名。又稱西殿。在建康宫城齋閣之後。

[18]孝武：此指南朝宋孝武帝劉駿。在位十二年（453—464），謚號孝武皇帝。本書卷二、《宋書》卷六有紀。

[19]制度滋長：按，《宋書·良吏傳》“滋長”作“奢廣”。

[20]殫人命未快其心：按，《宋書·良吏傳》“殫”作“單”。

[21]突不得黔：按，《宋書·良吏傳》“突”作“竈”。突，烟囱。黔，熏黑。

[22]竈未暇暖：汲古閣本、殿本、百衲本同，中華本據《宋書》改“竈”爲“席”。

[23]蒲、密之化：謂教化盛行。春秋時，子路治蒲（今河南長垣市），有政績，孔子以“恭敬以信”“忠信以寬”“明察以斷”三稱其善。西漢末，卓茂爲密令，舉善而教，“數年，教化大行，道

不拾遺”。事見《韓詩外傳》卷六、《後漢書》卷二五《卓茂傳》。

[24]人乖於昔：按，《宋書·良吏傳》“乖”作“僞”。

[25]致化莫從：按，《宋書·良吏傳》“化”作“治”，此避唐高宗李治諱改。

齊高帝承斯奢縱，[1]輔立幼主，思振人瘼，[2]風移百城。爲政未朞，擢山陰令傅琰爲益州刺史，[3]乃損華反樸，[4]恭己南面，導人以躬，意存勿擾。以山陰大邑，獄訟繁滋，建元三年，[5]别置獄丞，[6]與建康爲比。[7]永明繼運，[8]垂心政術，杖威善斷，猶多漏網，[9]長吏犯法，封刃行誅。[10]郡縣居職，以三周爲小滿。[11]水旱之災，輒加振邺。十許年中，百姓無犬吠之驚，[12]都邑之盛，士女昌逸，[13]歌聲舞節，袨服華粃。桃花渌水之間，[14]秋月春風之下，無往非適。[15]明帝自在布衣，達于吏事，[16]及居宸扆，[17]專務刀筆。未嘗枉法申恩，守宰由斯而震。[18]屬以魏軍入伐，壃埸大擾，兵車連歲，[19]不遑啓居，軍國糜耗，從此衰矣。繼以昏亂，政由群孽，[20]賦調雲起，傜役無度。守宰多倚附權門，互長貪虐，裒刻聚斂，[21]侵擾黎甿。[22]天下摇動，無所措其手足。

[1]齊高帝：蕭道成。南朝齊開國皇帝。在位四年（479—482），謚號高皇帝。本書卷四，《南齊書》卷一、卷二有紀。按，“齊高帝承斯奢縱”以下至“軍國糜耗，從此衰矣”，采自《南齊書》卷五三《良政傳》叙而稍加改動。　承斯奢縱：按，《南齊書·良政傳》“斯”作“宋氏”。

［2］人瘼：即民瘼。謂人民的疾苦。語本《詩·大雅·皇矣》："監觀四方，求民之莫。"

［3］山陰：縣名。治所在今浙江紹興市。　益州：州名。治成都縣，在今四川成都市。

［4］乃損華反樸：按，《南齊書·良政傳》"損"作"捐"。

［5］建元：南朝齊高帝蕭道成年號（479—482）。

［6］獄丞：官名。縣佐吏。典獄訟之事。南朝宋時唯建康縣置獄丞。

［7］建康：縣名。西晉末以建鄴縣改名。東晉、南朝皆都於此。治所在今江蘇南京市。

［8］永明：南朝齊武帝蕭賾年號（483—493）。

［9］漏網：謂僥幸逃脱法律的制裁。亦比喻法網寬疏。

［10］封刃：亦作封刀。謂授予使者誅殺大權。

［11］小滿：南朝宋、齊地方官吏的任期。宋孝武帝孝建中以郡縣居職六年過久，改以三周爲滿，謂之小滿。至齊武帝永明元年詔"蒞民之職，一以小滿爲限"，遂成定制。參本書卷二〇《謝莊傳》、《南齊書》卷三《武帝紀》。

［12］百姓無犬吠之警：按，《南齊書·良政傳》"犬吠"上有"雞鳴"二字。

［13］士女昌逸：按，《南齊書·良政傳》"昌"作"富"。

［14］桃花淥水之間：按，《南齊書·良政傳》"淥水"作"緑水"。

［15］無往非適：按，《南齊書·良政傳》作"蓋以百數"。

［16］達于吏事：按，《南齊書·良政傳》"達于"作"曉達"。

［17］及居扆扆：按，《南齊書·良政傳》作"君臨億兆"。

［18］守宰由斯而震：按，《南齊書·良政傳》"由斯""而"作"以之""肅"。

［19］屬以魏軍入伐，壃埸大擾，兵車連歲：按，《南齊書·良政傳》作"及建武之興，虜難猋急，征役連歲"。壃，同"疆"。

[20]繼以昏亂，政由群孽：按，《梁書·良吏傳》作“齊末昏亂，政移群小”。以下至“往往承風焉”，采自《梁書》卷五三《良吏傳》叙而稍加改動。

[21]裒（póu）刻：汲古閣本、百衲本、中華本同，殿本作“褒刻”。按，《梁書·良吏傳》作“掊克”。裒，通“掊”。

[22]侵擾黎甿：按，《梁書·良吏傳》“擾”“黎甿”作“愁”“細民”。

梁武在田，[1]知人疾苦，及定亂之始，仍下寬書。[2]東昏時雜調咸悉除省，[3]於是四海之内始得息肩。及踐皇極，躬覽庶事，日昃聽政，求瘼邺隱。[4]乃命輶軒以省方俗，[5]置肺石以達窮人。[6]勞己所先，事唯急病。[7]元年，[8]始去人貲，[9]計丁爲布。[10]在身服浣濯之衣，御府無文錦之飾。太官常膳，唯以菜蔬，圓案所陳，不過三盞，[11]蓋以儉先海内也。故每選長吏，務簡廉平，皆召見於前，[12]親勗政道。[13]始擢尚書殿中郎到溉爲建安内史、左户侍郎劉鬷爲晋安太守。[14]溉等居官，並以廉潔著。又著令：小縣有能，遷爲大縣令；大縣有能，遷爲二千石。[15]於是山陰令丘仲孚有異績，[16]以爲長沙内史，[17]武康令何遠清公，[18]以爲宣城太守。[19]剖符爲吏者，往往承風焉。斯亦近代獎勸之方也。

[1]梁武：南朝梁開國皇帝蕭衍。在位四十八年（502—549），謚號武皇帝。本書卷六、卷七，《梁書》卷一至卷三有紀。　在田：語出《易·乾》：“九二，見龍在田，利見大人。”後因指帝王即位之前。

[2]及定亂之始，仍下寬書：按，《梁書》卷五三《良吏傳》

作“及梁臺建，仍下寬大之書”。

［3］東昏：南朝齊廢帝蕭寶卷，在位三年（499—501），被殺，追封東昏侯。本書卷五、《南齊書》卷七有紀。按，《梁書·良吏傳》“東昏時”作“昏時”。　雜調：賦税名。常規户調之外各項加徵賦税的統稱。

［4］求瘼卹隱：按，《梁書·良吏傳》作“求民之瘼”。求瘼，謂訪求民間疾苦。

［5］輶軒：古代使臣乘坐的輕車。亦代指使臣。

［6］肺石：設在朝廷門外的赤石，石形如肺。民得擊石鳴冤，亦可站在石上控訴地方官吏。

［7］勞己所先，事唯急病：按，《梁書·良吏傳》作“務加隱卹，舒其急病”。

［8］元年：指梁武帝天監元年（502）。

［9］人貲：對未成年人徵收的人口税。

［10］計丁爲布：徵收成年男子布匹的丁口税。

［11］太官常膳，唯以菜蔬，圓案所陳，不過三盞：按，《梁書·良吏傳》作“太官撤牢饌，每日膳菜蔬，飲酒不過三醆”。太官，官署名。一作大官。掌宫廷膳食，由令、丞主之。南朝宋、齊屬侍中省，梁、陳隸門下省。

［12］皆召見於前：按，《梁書·良吏傳》“於”作“御”。

［13］政道：施政方略。按，《梁書·良吏傳》“政”作“治”，此避唐高宗李治諱改。

［14］到溉：字茂灌，彭城武原（今江蘇邳州市）人。本書卷二五有附傳，《梁書》卷四〇有傳。　建安：郡名。治建安縣，在今福建建甌市。　左户侍郎：按，《梁書·良吏傳》“户”作“民”，此避唐太宗李世民諱改。　劉鬷（zōng）：字仲翔，沛郡相（今安徽濉溪縣）人。仕齊，爲南海王主簿。梁武帝天監初，終於晋安内史。事見本書卷四四《南海王子罕傳》、卷五〇《劉顯傳》，《梁書》卷四〇《劉顯傳》。　晋安：郡名。治候官縣，在今福建

福州市。

[15]二千石：漢制，郡守俸禄爲二千石。後世因以作爲郡太守的代稱。

[16]丘仲孚：字公信，吴興烏程（今浙江湖州市）人。本書卷七二有附傳，《梁書》卷五三有傳。

[17]長沙：郡名。治臨湘縣，在今湖南長沙市。

[18]武康：縣名。治所在今浙江德清縣西。

[19]宣城：郡名。治宛陵縣，在今安徽宣城市宣州區。

案前史各立《循吏傳》，序其德美，今並掇采其事，以備此篇云。

吉翰字休文，[1]馮翊池陽人也。[2]初爲龍驤將軍劉道憐參軍，[3]隨府轉征虜左軍參軍，隨道憐北征廣固，[4]賜爵建城縣五等侯。[5]參宋武帝中軍軍事、臨淮太守。[6]復爲道憐驃騎中兵參軍，從事中郎。[7]爲將佐十餘年，清謹勤正，[8]甚爲武帝所知賞。

[1]吉翰：按，吉翰及其下杜驥、申恬事皆由《宋書》卷六五移入此卷。

[2]馮（píng）翊：郡名。治臨晋縣，在今陝西大荔縣。　池陽：縣名。治所在今陝西涇陽縣。

[3]劉道憐：宋武帝弟。本書卷一三、《宋書》卷五一有傳。　參軍：官名。參軍事的簡稱。南北朝王府、公府、將軍府、都水臺以及諸州多置爲僚屬。有的單稱參軍，也有的加職務名稱。品級隨府主地位高低不等。

[4]廣固：城名。在今山東青州市西北。南燕慕容德建都於此。

[5]建城縣五等侯：按，各本及《通志》卷一七〇同，《宋

書·吉翰傳》"侯"作"男"。建城，縣名。治所在今江西高安市。

[6]參宋武帝中軍軍事、臨淮太守：按，《宋書·吉翰傳》無此十二字。臨淮，郡名。治盱眙縣，在今江蘇盱眙縣東北。

[7]從事中郎：官名。魏晋南北朝皆置。其職掌依時依府而異，地位較高。南朝宋公府、將軍爲都督加儀同三司者置，六品。齊、梁公府置。梁九班至八班不等。陳制同，五品至六品不等，秩六百石。

[8]清謹勤正：按，《宋書·吉翰傳》"勤"作"剛"。

元嘉中，歷位梁、南秦二州刺史，[1]徙益州刺史，加督。[2]在任著美績，甚得方伯之體，論者稱之。累遷徐州刺史，[3]監徐兗二州、豫州梁郡諸軍事。[4]時有死罪囚，典籤意欲活之，[5]因翰八關齋呈事，[6]翰省訖，語令且去，明可更呈。[7]明旦，典籤不敢復入，呼之乃來。取昨所呈事視訖，謂曰："卿意當欲宥此囚死命。昨於齋坐見其事，亦有心活之。但此囚罪重，不可全貸，既欲加恩，卿便當代任其罪。"因命左右收典籤付獄殺之，原此囚生命。其刑政類如此。[8]自下畏服，莫敢犯禁。卒於官。[9]

[1]梁、南秦：並州名。梁州，治南鄭縣，在今陝西漢中市東。南秦，與梁州合治南鄭縣。　二州刺史：官名。即雙頭州刺史，謂二州合治一地，合設一刺史。爲東晋、南北朝時地方行政區劃及其機構設置的特殊現象。

[2]加督：加督諸軍事的省稱。兩晋南北朝時，以刺史加督某州諸軍事者爲該地區之軍政長官，位次都督或監某州諸軍事。按，據《宋書》卷六五《吉翰傳》，吉翰此次加督的範圍爲"益寧二州

梁州之巴西梓潼宕渠南漢中秦州之安固懷寧六郡諸軍事”。

[3]徐州：州名。南朝宋改北徐州置。治彭城縣，在今江蘇徐州市。

[4]監：加官名。即監諸軍事，簡稱監軍。魏晋南北朝時諸州或缺都督，則置監諸軍事，以爲該地區軍政長官，位在都督諸軍事下、督諸軍事上，職掌略同。　兖：州名。治瑕丘城，在今山東濟寧市兖州區。　豫州：州名。治壽陽縣，在今安徽壽縣。　梁郡：郡名。治下邑縣，在今安徽碭山縣。按，“豫州梁郡”，汲古閣本、殿本及《通志》卷一七〇同，中華本據《宋書·吉翰傳》補作“豫州之梁郡”。

[5]典籤：官名。本爲府州掌管文書的小吏。南朝宋初始用士人，協助年幼皇子處理方鎮政事，故品階雖不高，實權却在長史之上。自宋中葉，常由皇帝派親信出任此職，監視出任方鎮的宗室諸王和各州刺史，掌握州鎮全權。歷宋末及齊，其權益重，有主帥、籤帥、典籤帥之稱。梁以後權勢漸衰微。

[6]八關齋：又稱八關戒。佛教指在家信徒一晝夜受持的八條戒律。《資治通鑑》卷一三五《齊紀一》胡三省注：“釋氏之戒：一，不殺生；二，不偷盗；三，不邪淫；四，不妄語；五，不飲酒、食肉；六，不著花鬘瓔珞、香油塗身、歌舞倡伎故往觀聽；七，不得坐高廣大床；八，不得過齋後喫食。已上八戒，故爲八關。《雜録名義》云：八戒者，俗衆所受一日一夜戒也。”

[7]語令且去，明可更呈：按，《宋書·吉翰傳》“令”“更”作“今”“便”。

[8]其刑政類如此：按，《宋書·吉翰傳》作“其刑政如此”。

[9]卒於官：按，據《宋書·吉翰傳》，翰卒於宋文帝元嘉八年（431），時年六十。

杜驥字度世，京兆杜陵人也。[1]高祖預，[2]晋征南將軍。曾祖耽，避難河西，[3]因仕張氏。[4]符堅平凉州，[5]父祖始還關中。[6]

[1]京兆：郡名。治長安縣，在今陝西西安市西北。　杜陵：縣名。治所在今陝西西安市東南。

[2]預：杜預。字元凱。《晋書》卷三四有傳。

[3]河西：地區名。泛指黄河以西之地。漢、唐時指今甘肅、青海兩省黄河以西的河西走廊與湟水流域。

[4]張氏：即十六國之一的前凉。都姑臧（今甘肅武威市），爲西晋凉州刺史張軌後裔所建，故稱。

[5]符堅：略陽臨渭（今甘肅天水市）人，氐族。十六國時前秦國主，在位二十九年（357—385）。《晋書》卷一一三、卷一一四有載記。　凉州：州名。三國魏、西晋時治姑臧縣，在今甘肅武威市。十六國中的“五凉”政權（即前、後、南、北、西凉）皆建都於此州境。

[6]關中：地區名。指今陝西關中平原。

兄坦頗涉史傳，宋武帝平長安，隨從南還。元嘉中，位青、冀二州刺史。[1]晚度北入，[2]南朝常以傖荒遇之，[3]雖復人才可施，每爲清途所隔，坦恒以慨然。[4]嘗與文帝言及史籍，上曰："金日磾忠孝淳深，[5]漢朝莫及，恨今世無復此輩人。"[6]坦曰："日磾之美，誠如聖詔，假使出乎今世，[7]養馬不暇，豈辯見知。"[8]上變色曰："卿何量朝廷之薄也。"坦曰："請以臣言之。臣本中華高族，亡高祖因晋氏喪亂，播遷凉土，[9]直以南度不早，便以荒傖賜隔。日磾胡人，身爲牧圉，便超入内侍，齒列名賢。聖朝雖復拔才，臣恐未必能也。"上默然。

［1］青、冀二州：並州名。青州，治東陽城，在今山東青州市。冀州，南朝宋文帝元嘉中置，寄治歷城縣，在今山東濟南市，多由青州刺史兼領。後地入北魏，宋明帝泰始中遂合置二州於鬱洲，在今江蘇連雲港市東雲臺山一帶。

［2］晚度北入：汲古閣本、殿本、百衲本同。中華本作“晚度北人”。晚度北人，東晋、南朝謂北人渡江之後者。按，《通志》卷一七〇作“坦晚歲入南”。

［3］南朝：按,《宋書》卷六五《杜驥傳》及《通志》卷一七〇並作“朝廷”。 傖荒：兩晋南北朝時南人常用以譏詆北地荒遠、北人粗鄙之語。

［4］坦恒以慨然：按，各本同，中華本據《宋書·杜驥傳》《通志》卷一七〇於“以”下補一“此”字。

［5］金日（mì）磾（dī）：字翁叔，本爲匈奴休屠王太子。《漢書》卷六八有傳。

［6］此輩人：按，《宋書·杜驥傳》“此”上有一“如”字，《通志》卷一七〇與本書同。

［7］假使出乎今世：按,《宋書·杜驥傳》“出乎”作“生乎”,《通志》卷一七〇作“生於”。

［8］豈辯見知：汲古閣本、百衲本及《通志》卷一七〇同，殿本“辯”作“辨”，中華本及《宋書·杜驥傳》作“辦”。

［9］亡高祖因晋氏喪亂，播遷凉土：按，“高祖”，各本同，中華本據《宋書·杜驥傳》改作“曾祖”。中華本校勘記云:“按坦爲驥兄，上云‘曾祖耽避難河西’，此不得云‘亡高祖播遷凉土’,《宋書》是。”當從改。參錢大昕《廿二史考異》卷三七。

此土舊法,[1]問疾必遣子弟。驥年十三，父使候同郡韋華。[2]華子玄有高名，見而異之，以女妻焉。累遷長沙王義欣後軍録事參軍。[3]

［1］此土：汲古閣本、殿本、百衲本作“北土”。底本誤。

［2］韋華：京兆（今陝西西安市）人。初仕前秦，爲黄門侍郎。後關中戰亂，避地襄陽。晋安帝隆安中，率襄陽流人返回關中。仕後秦，歷官兼司徒、右僕射、兖州刺史。義熙十二年（416），劉裕北伐後秦，率衆舉倉垣城降之。見《晋書》卷一一三《苻堅載記上》，卷一一七、卷一一八《姚興載記》，《宋書》卷二《武帝紀中》。

［3］長沙王義欣：劉義欣。宋武帝中弟劉道憐子。本書卷一三、《宋書》卷五一有附傳。　録事參軍：官名。東晋、南朝公府、將軍府、州刺史開軍府者皆置。爲録事曹長官，掌總録衆曹文簿，舉彈善惡，位在列曹參軍上。宋七品。梁六班至二班。陳七品至九品。

元嘉七年，隨到彦之入河南，[1]加建武將軍。[2]魏撤河南戍悉歸河北，[3]彦之使驤守洛陽。洛陽城廢久，[4]又無糧食，及彦之敗退，驤欲棄城走，慮爲文帝誅。初，武帝平關、洛，致鍾虡舊器南還。一大鍾墜洛水中，[5]至是帝遣將姚聳夫領千五百人迎致之。[6]時聳夫政率所領牽鍾於洛水，驤乃遣使紿之曰：“虜既南度，洛城勢弱，今脩理城池，並已堅固，軍糧又足，所乏者人耳。君率衆見就，共守此城，大功既立，取鍾無晚。”聳夫信之，率所領就驤。及至，城不可守，[7]又無糧食，於是引衆去。驤亦委城南奔，白文帝：“本欲以死固守，姚聳夫入城便走，[8]人情沮敗，不可復禁。”上怒，使建威將軍鄭順之殺聳夫於壽陽。[9]聳夫，吴興武康人，[10]勇果有氣力，宋偏裨小將莫及。

[1]到彦之：字道豫，彭城武原（今江蘇邳州市）人。本書卷二五有傳。　河南：郡名。治洛陽縣，在今河南洛陽市東北。

[2]建武將軍：官名。東漢末置。南朝宋、齊沿置。宋爲五武將軍之一，四品。梁置期門將軍以代之。

[3]魏：北魏。按，《宋書》卷六五《杜驥傳》作“索虜”。河南、河北：並地區名。泛指今黄河以南、以北。

[4]洛陽城廢久：按，《宋書·杜驥傳》“廢久”作“不治既久”，此避唐高宗李治諱改省。

[5]洛水：水名。一作雒水。即今河南境内黄河支流洛河。

[6]姚聳夫：南朝宋將。宋少帝景平元年（523），魏軍南攻宋境，聳夫率軍助守項城。及奉命迎致大鍾，始隨到彦之北上，途中與魏軍相遇，聳夫手斬拓跋燾叔父英文特勤首，燾以馬百匹贖其叔首。事見《宋書·杜驥傳》及卷九五《索虜傳》。

[7]城不可守：按，“城”上,《宋書·杜驥傳》有“見”字，《通志》卷一七〇有“知”字。依文義,“見”或“知”，似不當省。

[8]姚聳夫入城便走：按,“姚聳夫”，《宋書·杜驥傳》同，《通志》卷一七〇作“緣聳夫”；“入城”，《通志》卷一七〇同，《宋書·杜驥傳》作“及城”。

[9]鄭順之：宋少帝時爲兗州刺史，戍湖陸，及魏軍掠至，以兵少不敢出。見《宋書·索虜傳》。　壽陽：縣名。東晋孝武帝改壽春縣置，南朝宋孝武帝時復改壽春縣。治所在今安徽壽縣。

[10]吴興：郡名。治烏程縣，在今浙江湖州市。　武康：縣名。治所在今浙江德清縣西。

十七年，驥爲青、冀二州刺史，在任八年，惠化著於齊土。自義熙至于宋末,[1]刺史唯羊穆之及驥爲吏人所稱詠。[2]後徵爲左軍將軍,[3]兄坦代爲刺史，北土以爲榮焉。

［1］義熙：東晋安帝司馬德宗年號（405—418）。

［2］羊穆之：東晋時人。初爲兗州刺史辛禺長史。禺反，斬禺。遷寧朔將軍，守彭城。後隨劉裕滅南燕，爲青州刺史，築東陽城而居之。見《宋書》卷一《武帝紀上》、卷五一《長沙景王道憐傳》及《晋書·地理志下》。

［3］左軍將軍：官名。領營兵千人，掌宫禁宿衛。與前軍、後軍、右軍將軍合稱四軍將軍。南朝宋初，員一人，四品。明帝泰始以後，多以軍功得官，無復員限，成爲侍衛武職。齊、梁、陳沿置。梁九班。陳五品，秩千石。

坦長子琬爲員外散騎侍郎，[1]文帝嘗有函詔敕坦，琬輒開視。信未及發，又追取之，敕函已發，大相推檢。上遣主書詰責驥，并檢開函之主。驥答曰："開函是臣第四息季文，伏待刑坐。"上特原不問。卒官。[2]

［1］員外散騎侍郎：官名。西晋始置。初爲正員之外添差之散騎侍郎，無員數，多以公族、功臣子充任，爲閑散之職。南朝沿置，屬散騎省，常用以安置閑退官員、衰老人士。梁三班。陳爲三公之子起家官，七品，秩四百石。

［2］卒官：按，據《宋書》卷六五《杜驥傳》，驥卒於宋文帝元嘉二十七年（450），時年六十四。

第五子幼文，薄於行。明帝初，以軍功封邵陽縣男。[1]尋坐巧妄奪爵。[2]後以發太尉廬江王褘謀反事，[3]拜給事黄門侍郎。[4]廢帝元徽中爲散騎常侍。[5]幼文所莅貪横，家累千金。與沈勃、孫超之居止接近，[6]又並與阮佃夫厚善。[7]佃夫既死，廢帝深疾之。帝微行，夜輒在幼文門墉間聽其絃管，[8]積久轉不能平，於是自率宿衛兵誅幼文、勃、超之等。兄叔文爲長水校尉，亦誅。

[1]封邵陽縣男：按，據《宋書》卷六五《杜幼文傳》，食邑三百户。邵陽，縣名。治所在今湖南邵東市東。

[2]巧妄：按，《宋書·杜幼文傳》作“巧佞”。《通志》卷一七〇與本書同。

[3]廬江王禕：劉禕。字休秀，宋文帝第八子。本書卷一四、《宋書》卷七九有傳。

[4]給事黄門侍郎：官名。門下省或侍中省次官，與侍中俱掌門下衆事，侍從左右、關通内外。宋五品。梁十二班。陳四品，秩二千石。

[5]元徽：南朝宋後廢帝劉昱年號（473—477）。

[6]沈勃：吴興武康（今浙江德清縣）人。本書卷三六、《宋書》卷六三有附傳。 孫超之：吴郡（今江蘇蘇州市）人。宋明帝時歷員外散騎侍郎、寧朔長史、廣州刺史等，後廢帝時爲游擊將軍。

[7]阮佃夫：會稽諸暨（今浙江諸暨市）人。本書卷七七、《宋書》卷九四有傳。

[8]門墉：門口墻邊。按，《通志》卷一七〇同，《宋書·杜幼文傳》作“門牆”。

申怙字公休，[1]魏郡魏人也。[2]曾祖鍾，[3]爲石季龍司徒。[4]宋武帝平廣固，怙父宣、宣從父兄永皆得歸晋，並以幹用見知。武帝踐祚，[5]拜太中大夫。[6]宣，元嘉初，歷兗、青二州刺史。怙兄謨，與朱脩之守滑臺。[7]魏剋滑臺見虜。後得還，爲竟陵太守。[8]

[1]申怗：汲古閣本、殿本、百衲本同，中華本據《宋書》卷六五《申恬傳》、《通志》卷一七〇改作“申恬”。下同。按，《宋書》卷六一《衡陽文王義季傳》載宋文帝元嘉二十三年（446）詔文作“申怗”，《建康實録》卷一二、《資治通鑑》卷一二四《宋紀六》作“申恬”，《册府元龜》或作“申怗”、或作“申恬”。　字公休：《宋書·申恬傳》、《通志》卷一七〇與本書同，《太平御覽》卷六三四引徐爰《宋書》作“申恬字道獻”。

[2]魏郡：郡名。治鄴縣，在今河北臨漳縣西南。　魏：縣名。治所在今河北大名縣西南。

[3]曾祖鍾：申鍾。十六國時人。初仕後趙，歷官侍中、司徒。再仕冉魏，官至太尉。魏亡入前燕，爲大將軍右長史。見《晋書》卷一〇六、卷一〇七《石季龍載記》，《資治通鑑》卷九六、卷九八、卷九九。

[4]石季龍：石虎。字季龍，此避唐高祖李淵祖父李虎諱以字行，上黨武鄉（今山西榆社縣）人，羯族。十六國時後趙國主，在位十五年（335—349）。《晋書》卷一〇六、卷一〇七有載記。

[5]踐祚：汲古閣本、百衲本同，殿本、中華本作“踐阼”。二字通。本卷下同，不再出注。

[6]拜太中大夫：按，據《宋書·申恬傳》“永歷青、兖二州刺史，高祖踐阼，拜太中大夫”，“拜”上當補一“永”字。太中大夫，官名。侍從皇帝左右，掌顧問應對，參謀議政。宋七品。品秩雖不高，禄賜與卿相當。

[7]朱脩之：字恭祖，義陽平氏（今河南桐柏縣）人。本書卷一六、《宋書》卷七六有傳。　滑臺：城名。在今河南滑縣東南。北臨黄河，城池堅固，爲北魏河南四鎮之一。

[8]竟陵：郡名。治石城，在今湖北鍾祥市。

怗初爲驃騎劉道憐長兼行參軍。[1]宋受命，辟東宫殿中將軍，[2]度還臺，直省十年，不請休急。[3]歷下邳、北海二郡太守，[4]所至皆有政績。又爲北譙、梁二郡太守。[5]郡境邊接任榛，[6]屢被寇抄。恬到任，密知賊來，乃伏兵要害，出其不意，悉皆禽殄。

[1]長兼行參軍：官名。東晋末始置，由本府板除，位次板行參軍。見《宋書·百官志上》。

[2]東宫殿中將軍：官名。又稱太子殿中將軍。南朝宋初置，爲東宫侍從武官，員十人，分屬左右衛，職同殿中將軍。齊、梁、陳沿置。宋品秩未詳。梁一班。陳九品，不言秩。

[3]休急：汲古閣本、百衲本、中華本同，殿本及《宋書》卷六五《申恬傳》作“休息”。急，古代休假名。張元濟《南史校勘記》:“按，請急猶請假，《晋令》‘五日一急’。”

[4]下邳：郡名。治下邳縣，在今江蘇睢寧縣西北。　北海：郡名。寄治東陽城，在今山東青州市。

[5]北譙：郡名。即譙郡。治蒙縣，在今河南商丘市北。　梁：郡名。南朝宋初改梁國置。治下邑縣，在今安徽碭山縣。

[6]任榛：地名。又稱任城荆榛，“大抵在任城界”，在今山東濟寧市南境。參《宋書》卷八八《薛安都傳》。

元嘉十二年，遷督魯東平濟北三郡諸軍事、太山太守，[1]威惠兼著，吏人便之。二十一年，冀州移鎮歷下，[2]以恬爲冀州刺史，加督。[3]明年，加濟南太守。[4]孝武踐祚，爲青州刺史，尋加督。[5]齊地連歲興兵，百姓雕弊，恬防禦邊境，勸課農桑，二三年間，遂皆優實。

[1]魯：郡名。治魯縣，在今山東曲阜市東北。　東平：郡名。治無鹽縣，在今山東東平縣。　濟北：郡名。治蛇丘縣，在今山東肥城市東南。　太山：郡名。即泰山。治奉高縣，在今山東泰安市東北。

[2]歷下：城名。在今山東濟南市。

[3]加督：按，《宋書》卷六五《申恬傳》作"督冀州青州之濟南樂安太原三郡諸軍事"。

[4]濟南：郡名。治歷城縣，在今山東濟南市。

[5]尋加督：按，《宋書·申恬傳》作"尋加督徐州之東莞東安二郡諸軍事，明年，又督冀州"。

性清約，頻處州郡，妻子不免飢寒，世以此稱之。後拜豫州刺史，以疾徵還，道卒。[1]死之日，家無遺財。

[1]道卒：按，據《宋書》卷六五《申恬傳》，申怙卒於宋孝武帝孝建三年（456），時年六十九。

子寔，南譙太守。[1]謨子元嗣，海陵太守。[2]元嗣弟謙，臨川内史。[3]

[1]南譙：郡名。治山桑縣，在今安徽巢湖市東南。

[2]海陵：郡名。東晋末置。治海陵縣，在今江蘇泰州市。南朝宋移治建陵縣，在今江蘇泰州市東北。梁還治海陵縣。隋初廢。

[3]臨川：郡名。治臨汝縣，在今江西撫州市臨川區西。

永子坦，孝建初爲太子右衛率，[1]徐州刺史。大明元年，[2]魏攻兖州，孝武遣太子左衛率薛安都、東陽太守沈法系北捍，[3]至兗州，魏軍已去。坦建議"任榛亡命，屢犯邊人，今軍出無功，宜因此翦撲"，上從之。亡命先已聞知，舉村逃走，安都、法系坐白衣領職，[4]坦棄市，[5]群臣爲請莫得。將行刑，始興公沈慶之入市抱坦慟哭曰：[6]"卿無罪，爲朝廷所枉誅，我入市亦當不久。"市官以白上，[7]乃原生命，繫尚方。[8]尋被宥，復爲驍騎將軍。[9]疾卒。

[1]太子右衛率：官名。與太子左衛率各領一軍，宿衛東宫，亦任征伐，地位頗重。宋五品。梁十一班。陳四品，秩二千石。

[2]大明：南朝宋孝武帝劉駿年號（457—464）。

[3]薛安都：字休達，河東汾陰（今山西萬榮縣）人。本書卷四〇、《宋書》卷八八、《魏書》卷六一、《北史》卷三九有傳。沈法系：吴興武康（今浙江德清縣）人。《宋書》卷七七有附傳。

[4]白衣：謂平民及無官職的士人。亦指受處罰官員的身份，即官員因失誤而削除官職，或以白衣守、領原職。

[5]棄市：即殺之於市，並陳尸示衆。屬死刑中之重者。《禮記·王制》："刑人於市，與衆棄之。"

[6]沈慶之：字弘先，吴興武康（今浙江德清縣）人。本書卷三七、《宋書》卷七七有傳。　慟哭：汲古閣本、百衲本、中華本同，殿本作"痛哭"。

[7]市官：官名。本指市令、市魁等掌管市場的官吏。此處代指行刑官。

[8]尚方：官署名。隸少府，職掌製造宫廷御用器物。因多以役徒服勞作，亦爲關押拘禁罪犯之場所。

[9]驍騎將軍：官名。領兵宿衛宫廷，與領軍、護軍、左衛、右衛、游擊合稱六軍。兩晋、南朝宋四品。齊沿置。梁置左、右驍騎將軍，改驍騎爲雲騎，十班。陳沿置，四品，秩千石。

子令孫，明帝時爲徐州刺史，[1]討薛安都。行至淮陽，[2]即與安都合。弟闡，時爲濟陰太守，[3]戍睢陵城，奉順不同安都，安都攻圍不能剋。會令孫至，遣往睢陵說闡。闡降，殺之；令孫亦見殺。

[1]徐州：州名。南朝宋置。治燕縣，在今安徽鳳陽縣臨淮關鎮。齊改爲北徐州。

[2]淮陽：城名。在今江蘇淮安市西廢黄河南岸。

[3]濟陰：郡名。治睢陵縣，在今江蘇睢寧縣。

杜慧慶，[1]交阯朱䳒人也。[2]本屬京兆。[3]曾祖元爲寧浦太守，[4]遂居交阯。父瑗字道言，仕州府爲日南、九德、交阯太守。[5]初，九真太守李遜父子勇壯有權力，[6]威制交土，聞刺史滕遯之當至，[7]分遣二子斷遏水陸津要，瑗收衆斬遜，州境獲寧。後爲龍驤將軍、交州刺史。[8]宋武帝義旗建，進號冠軍將軍。盧循竊據廣州，[9]遣使通好，瑗斬之。義熙六年卒，年八十四，贈右將軍。

[1]杜慧慶：汲古閣本、殿本、百衲本同，中華本據《宋書》卷九二《良吏傳》及王懋竑《讀書記疑》、王鳴盛《十七史商榷》改作“杜慧度”。詳見中華本校勘記。按，《册府元龜》卷六七五、《文獻通考》卷二七二、宋章定《名賢氏族言行類稿》卷三七及鄧名世《古今姓氏書辯證》卷二四引《南史·循吏傳》作“杜慧慶”；本書卷一《宋武帝紀》、《魏書》卷九七《島夷劉裕傳》及《水經注·葉榆水》作“杜惠度”；《宋書》卷二、卷二五、卷五二，《晋書》卷一〇、卷一三、卷一〇〇，《資治通鑑》卷一一六、

卷一一九，《通志》卷一七〇作“杜慧度”。

[2]交阯：郡名。亦作交趾。治龍編縣，在今越南北寧省仙游縣東。　朱戴：縣名。亦作朱鳶。治所在今越南興安省快州縣附近。

[3]京兆：郡名。治長安縣，在今陝西西安市西北。

[4]寧浦：郡名。治寧浦縣，在今廣西橫州市南。

[5]日南：郡名。治西捲縣，在今越南廣治省廣治河與甘露河合流處。　九德：郡名。治九德縣，在今越南義安省榮市。

[6]九真：郡名。治胥浦縣，在今越南清化省東山縣北。

[7]滕遯之：一名滕遯。南陽西鄂（今河南南陽市）人。事見《晋書》卷五七《滕脩傳》。

[8]交州：州名。治龍編縣，在今越南北寧省仙游縣東。

[9]盧循：字于先，范陽涿（今河北涿州市）人，孫恩妹夫。《晋書》卷一〇〇有傳。　廣州：州名。治番禺縣，在今廣東廣州市。

慧慶，瑗第五子也。七年，除交州刺史，詔書未到。其年春，盧循襲破合浦，[1]徑向交州。慧慶乃率文武六千人拒循於石碕，[2]破之。循雖破，餘黨皆習兵事，李遜子孫李弈、李移、李脱等皆奔竄石碕，[3]盤結俚、獠，各有部曲。循知弈等與杜氏有怨，遣使招之。弈等受循節度。六月庚子，循晨造南津，[4]令三軍入城乃食。慧慶悉出宗族私財，以充勸賞。自登高艦合戰，放火箭，循衆艦俱然，一時散潰。循中箭赴水死。斬循及父嘏，并循二子，並傳首建鄴。封慧慶龍編縣侯。[5]

[1]合浦：郡名。治合浦縣，在今廣西合浦縣東北舊州。

[2]石碕：地名。在今越南河内市東南。

[3]李遜子孫李弈、李移、李脱等皆奔竄石碕：按，《宋書》卷九二《杜慧度傳》無“孫”“李移”三字，《通志》卷一七〇與本書同。

[4]南津：水名。紅河下游支流，在今越南北寧省西南。

[5]封慧慶龍編縣侯：按，據《宋書·杜慧度傳》，食邑千户。

武帝踐祚，進號輔國將軍。[1]其年，南討林邑。[2]林邑乞降，輸生口、大象、金銀、古貝等，[3]乃釋之。遣長史江攸奉表獻捷。[4]慧慶布衣蔬食，儉約質素。能彈琴，頗好《莊》《老》。禁斷淫祀，崇修學校，歲荒人飢，則以私禄振給。爲政纖密，有如居家，[5]由是威惠霑洽，姦盜不起，乃至城門不夜閉，道不拾遺。卒，[6]追贈左將軍。以慧慶長子弘文爲振遠將軍、交州刺史。[7]

[1]輔國將軍：官名。儀比三司。三國魏、兩晋皆三品。南朝宋、齊沿置。宋明帝泰始五年（469）改名輔師將軍，後廢帝元徽二年（474）復舊，三品。齊爲小號將軍。梁武帝天監七年（508）罷，改置輕車至貞毅等五號將軍以代之。

[2]林邑：古國名。本漢代象林縣，其地在今越南中南部。本書卷七八、《梁書》卷五四有傳。

[3]古貝：中國古代兼指木棉和草棉。此處指木棉。

[4]江攸：按，《宋書》卷九二《杜慧度傳》作“江悠”，《通志》卷一七〇與本書同。

[5]居家：按，《宋書·杜慧度傳》“居”作“治”，此避唐高宗李治諱改。

［6］卒：按，據《宋書·杜慧度傳》，杜慧慶卒於宋少帝景平元年（523），時年五十。

［7］振遠將軍：按，振遠將軍，南朝梁始置，爲武臣遷叙班次二十四班中第十三班。《宋書·杜慧度傳》作“振威將軍”，當從改。

初，武帝北征關、洛，慧慶板弘文行九真太守。[1]乃繼父爲刺史，[2]亦以寬和得衆，襲爵龍編侯。元嘉四年，文帝以廷尉王徽爲交州刺史，[3]弘文被徵。會得重疾，牽以就路，親舊見其患篤，勸待病愈。弘文曰：“吾世荷皇恩，杖節三世。常欲投軀帝庭，以報所荷。况親被徵命，而可晏然者乎。”弘文母阮年老，[4]見弘文輿疾就路，不忍别，與到廣州，[5]遂卒。臨死，遣弟弘猷詣建鄴，朝廷甚哀之。

［1］板、行：官制術語。兩晋南北朝時謂大臣任命的僚屬，以區别於朝廷詔授的官職。

［2］乃繼父爲刺史：汲古閣本、殿本、百衲本同，中華本及《宋書》卷九二《杜慧度傳》“乃”作“及”。按，《通志》卷一七〇“乃”作“至是”。

［3］王徽：按，《宋書·杜慧度傳》與本書同，《宋書》卷五《文帝紀》作“王徽之”。

［4］弘文母阮年老：按，《宋書·杜慧度傳》“阮”作“既”。阮，弘文母姓。

［5］與到廣州：按，《宋書·杜慧度傳》作“相與俱行，到廣州”，語義較明。

孝建中，[1]以豫章太守檀和之爲豫州刺史。[2]和之先歷始興太守、交州刺史，[3]所在有威名，盜賊屏迹。每出獵，猛獸伏不敢起。

[1]孝建中：按，以下至“猛獸伏不敢起”，《宋書》卷九二《杜慧度傳》無此附傳。

[2]豫章：郡名。治南昌縣，在今江西南昌市。　檀和之：高平金鄉（今山東嘉祥縣）人。本書卷七八、《宋書》卷九七有附傳。

[3]始興：郡名。治曲江縣，在今廣東韶關市東南。

阮長之字景茂，一字善業，[1]陳留尉氏人也。[2]祖思曠，[3]金紫光禄大夫。父普，[4]驃騎諮議參軍。

[1]字景茂，一字善業：《通志》卷一七〇與本書同，《宋書》卷九二《阮長之傳》、《建康實録》卷一四作“字茂景”，無其下“一字善業”四字。又，宋費樞《廉吏傳》卷下引《南史》作“字景茂”，亦無“一字善業”。

[2]陳留：郡名。治小黄縣，在今河南開封市東北。　尉氏：縣名。治所在今河南尉氏縣。

[3]思曠：阮裕。字思曠。名犯宋武帝諱，故以字行。《晋書》卷四九有附傳。

[4]父普：按，《宋書·阮長之傳》、《晋書·阮裕傳》、《通志》卷一七〇與本書同，《建康實録》卷一四作“普之”。

長之年十五喪父，有孝性，哀感傍人。除服，[1]蔬食者猶積載。閑居篤學，未嘗有惰容。初爲諸府參軍。[2]母老，求補襄垣令，[3]督郵無禮，[4]鞭之，去職。後拜武昌太守。[5]時王弘爲江州，[6]雅相知重，引爲車騎從事中郎。元嘉十一年，除臨海太守，[7]在官常擁敗絮。至郡少時，母亡。葬畢，不勝憂，卒。[8]

[1]除服：按，《宋書》卷九二《阮長之傳》作“服除”。

[2]諸府參軍：官名。南北朝王府、公府、將軍府、州府等所置諸曹長官，協助治理府事。

[3]襄垣：縣名。東晋孝武帝寧康中僑置，寄治在今安徽蕪湖市，屬上黨郡。南朝宋改屬淮南郡。隋平陳後廢。

[4]督郵：官名。漢始置。郡府屬吏，守相自辟，秩六百石。職掌督送郵書，代表郡太守督察所屬各縣，糾舉違法，宣達教令，並兼司獄訟捕亡等，其權甚重。其後，三國魏晋南北朝等多沿置。唐以後廢。

[5]武昌：郡名。治武昌縣，在今湖北鄂州市。

[6]王弘：字休元，琅邪臨沂（今山東臨沂市）人。本書卷二一、《宋書》卷四二有傳。　江州：州名。治南昌縣，在今江西南昌市。

[7]臨海：郡名。治章安縣，在今浙江台州市椒江區章安街道。

[8]不勝憂，卒：按，據《宋書·阮長之傳》，長之卒於宋文帝元嘉十四年（437），時年五十九。按，《建康實録》卷一四誤作“元嘉十一年卒”。

時郡田禄以芒種爲斷，[1]此前去官者則一年秩禄皆入後人。始以元嘉末改此科，計月分禄。長之去武昌郡，代人未至，以芒種前一日解印綬。初發都，親故或以器物贈别，得便緘録，後歸，悉以還之。爲中書郎，[2]直省，夜往鄰省，誤著履出閤，依事自列。門下以闇夜人不知，不受列。長之固遣送曰："一生不侮暗室。"前後所莅官，皆有風政，[3]爲後人所思。宋世言善政者，[4]咸稱之。文帝深惜之，[5]曰："景茂方堪大用，豈直以清苦見惜。"子師門，原鄉令。[6]

[1]時郡田禄：按，《宋書》卷九二《阮長之傳》及《建康實録》卷一四"郡"下有"縣"字，似當從補。田禄，又稱禄田。即官員俸禄來自公田租税收入的部分。按，東晋、南朝制度，唯地方官有田禄，數量時有增減。

[2]中書郎：官名。中書侍郎的簡稱。屬中書省，爲中書監、令之副。南朝中書省事權悉歸中書舍人，故職閑官清，如缺監、令，或亦主持中書省務。宋五品。梁九班。陳四品，秩千石。

[3]風政：指政績。

[4]善政：按，《宋書·阮長之傳》"政"作"治"，此避唐高宗李治諱改。

[5]文帝深惜之：按，以下至"豈直以清苦見惜"，爲《宋書·阮長之傳》所無。

[6]原鄉：縣名。治所在今浙江長興縣南。

元嘉初，文帝遣大使巡行四方，兼散騎常侍王歆之等上言："宣威將軍、陳南頓二郡太守李元德，[1]清勤均平，姦盜止息。彭城内史魏恭子，[2]廉惜脩慎，[3]在公忘私，安約守儉，久而彌固。前宋縣令成浦，[4]爲政寬濟，遺詠在人。前鮦陽令李熙國，[5]在事有方，人思其政。故山桑令何道，[6]自少清廉，白首彌厲。應加褒賚，以勸于後。"各被褒賜。[7]歆之字叔道，河東人。[8]曾祖愆期有名晋世，[9]官至南蠻校尉。[10]歆之位左户尚書、光禄大夫，[11]卒官。

[1]陳南頓：雙頭郡名。同治項縣，在今河南沈丘縣。按，雙頭郡爲東晋、南北朝時地方行政區劃的特殊現象，即兩郡合治於一地，且爲同一太守。　李元德：宋少帝景平中，爲潁川太守，戍許昌，與魏軍相攻，敗走至項。事見《宋書》卷九五《索虜傳》、《魏書》卷九七《島夷劉裕傳》。

[2]彭城：郡名。治彭城縣，在今江蘇徐州市。

[3]廉惜脩慎：按，《宋書》卷九二《良吏傳》"惜"作"恪"，似當從改。

[4]宋縣：縣名。南朝宋僑置。治所在今安徽合肥市附近。

[5]鮦陽：縣名。治所在今安徽臨泉縣鮦城鎮。

[6]山桑：縣名。治所在今安徽巢湖市東南。

[7]各被褒賜：《宋書·良吏傳》云："乃進元德號寧朔將軍；恭子賜絹五十匹，穀五百斛；浦、熙國、道各賜絹三十匹，穀二百斛。"

[8]河東：郡名。治安邑縣，在今山西夏縣西北。

[9]愆期：王愆期。東晋時人。初爲督護，從温嶠討蘇峻。後歷官征西府右司馬、南郡太守、散騎常侍等。注《公羊》，並有文集等。

[10]南蠻校尉：官名。亦稱護南蠻校尉。西晋始置，治襄陽，統兵，掌少數民族事務。東晋改治江陵。四品。南朝沿置。

[11]左户尚書：官名。即左民尚書。此避唐太宗李世民諱改。尚書省左民曹長官。宋三品。梁十三班。陳三品，秩中二千石。　光禄大夫：官名。屬光禄勳，無具體職掌，或爲加官。宋三品。梁十三班。陳三品，秩中二千石。

甄法崇，[1]中山人也。[2]父匡，位少府卿，[3]以清聞。法崇，宋永初中爲江陵令，[4]在任嚴整，縣境肅然。于時，南平繆士通爲江安令卒官，[5]至其年末，法崇在聽事，士通前見。法崇知其已亡，愕然未言。坐定，云："卿縣人宋雅見負米千餘石不還，令兒窮弊不自存，故自訴。"法崇因命口受爲辭，因遜謝下席。而法崇爲問，繆家狼狽輸送。[6]太守王華聞而歎美之。[7]

[1]甄法崇：元嘉三年（426），宋文帝分遣大使巡行天下，法崇以起部郎使荆州。九年，自少府遷任益州刺史。按，《宋書》無《甄法崇傳》，其事迹散見於該書卷五《文帝紀》、卷二九《符瑞志下》、卷四五《劉道濟傳》、卷六四《裴松之傳》、卷七八《蕭思話傳》。王鳴盛《十七史商榷》卷六四《循吏多誤》以爲，《南史》"所增益之《甄法崇傳》，疑神見鬼，是李延壽慣技，無政績也"。此傳類似志怪小説，全不合史例，《太平廣記》卷三二三引《渚宫舊事》與之大同小異，可相參。

[2]中山：郡名。治盧奴縣，在今河北定州市。按，據《宋書·蕭思話傳》，甄法崇爲"中山無極人"。

[3]少府卿：官名。少府的尊稱。職掌宫廷手工業等。宋三品。

[4]江陵：縣名。治所在今湖北荆州市荆州區。

[5]南平：郡名。治江安縣，在今湖北公安縣西北。

[6]繆家狼狽輸送：汲古閣本、殿本、百衲本同，中華本改"繆"爲"宋"，《通志》卷一七〇作"宋"。按，依上文所云"宋雅見負米千餘石不還"，則此"狼狽輸送"者當即"宋家"。另據《太平廣記》卷三二三引《渚宫舊事》"法崇以事問繆家，云'有此'。登時攝問，負米者畏怖，依實輸還"，亦明負米不還者並非"繆家"。故"繆"當據《通志》卷一七〇改作"宋"。

[7]王華：字子陵，琅邪臨沂（今山東臨沂市）人。本書卷二

三、《宋書》卷六三有傳。

法崇孫彬。[1]彬有行業，鄉黨稱善。嘗以一束苧就州長沙寺庫質錢，[2]後贖苧還，於苧束中得五兩金，以手巾裹之。彬得，送還寺庫。道人驚云：[3]"近有人以此金質錢，時有事不得舉而失。檀越乃能見還，[4]輒以金半仰酬。"往復十餘，彬堅然不受，因謂曰："五月披羊裘而負薪，豈拾遺金者邪。"卒還金。梁武帝布衣而聞之，及踐祚，以西昌侯藻爲益州刺史，[5]乃以彬爲府録事參軍，帶郫縣令。[6]將行，同列五人，帝誡以廉慎。至彬，獨曰："卿昔有還金之美，故不復以此言相屬。"由此名德益彰。及在蜀，藻禮之甚厚云。

[1]法崇孫彬：按，此傳乃李延壽增補，《梁書》無。

[2]長沙寺：佛寺名。在今湖北荆州市舊江陵縣城内。東晋故長沙太守滕畯舍宅建，故名。

[3]道人：指和尚或佛寺中打雜的人。

[4]檀越：梵語音譯。即施主。

[5]西昌侯藻：蕭藻。本名淵藻，此避唐高祖李淵諱省"淵"字，字靖藝。梁宗室。本書卷五一、《梁書》卷二三有附傳。

[6]帶：官制術語。性質似兼而非兼，盛行於南北朝。即兼任官職，有禄秩，但不理事。爲朝廷給予部分官員的一種恩賜。　郫縣：縣名。治所在今四川成都市郫都區。

傅琰字季珪，北地靈州人也。[1]曾祖弘仁，[2]宋武帝之外弟，以中表歷顯官，[3]位太常卿。[4]祖劭字彦先，[5]員外散騎侍郎。[6]父僧祐，[7]山陰令，[8]有能名。

[1]北地：郡名。東漢末置，寄治馮翊郡界。三國魏割馮翊之祋祤（今陝西銅川市耀州區東）爲實土，相當今陝西銅川市耀州區、富平縣。　靈州：縣名。西漢惠帝時置。治所在今寧夏吴忠市黄河中沙洲上。東漢後廢。西晋武帝太康三年（282）重置，治所確址未詳。

[2]曾祖弘仁：按，以下至“位太常卿”，采自《宋書》卷五五《傅僧祐傳》，略有删節，《南齊書》卷五三《傅琰傳》無。

[3]中表：即祖父、父親的姐妹之子女及祖母、母親的兄弟姐妹之子女的合稱。

[4]太常卿：官名。即太常。職掌禮儀、祭祀、禮樂等事。宋三品。梁十四班。陳三品，秩中二千石。

[5]劭：按，《宋書·傅僧祐傳》、《南齊書·傅琰傳》作“邵”。

[6]員外散騎侍郎：按，《宋書·傅僧祐傳》與本書同，《南齊書·傅琰傳》作“員外郎”。

[7]僧祐：傅僧祐。《宋書》卷五五有附傳。

[8]山陰令：按，《宋書·傅僧祐傳》作“再爲山陰令”，《南齊書·傅琰傳》作“安東録事參軍”。

琰美姿儀，仕宋爲武康令，遷山陰令，並著能名，二縣皆謂之“傅聖”。[1]賜爵新亭侯。[2]元徽中，遷尚書左丞。[3]母喪，鄰家失火，延燒琰屋，抱柩不動。鄰人競來赴救，乃得俱全。琰股髀之間已被烟焰。

[1]二縣皆謂之“傅聖”：按，《南齊書》卷五三《傅琰傳》無此語。

[2]亭侯：封爵名。漢制，列侯食邑爲亭者，封爵不世襲，位視中二千石。其後，歷代多沿置。南朝宋制，五品。陳制，八品，位視千石。

[3]元徽中，遷尚書左丞：按，《南齊書·傅琰傳》"中""左"作"初""右"。尚書左丞，官名。尚書省佐官，位次尚書，居右丞上。與右丞共掌尚書都省庶務，糾舉彈劾百官。又掌宗廟祠祀、朝儀禮制、選授官吏等文書奏事。宋五品。梁九班。陳四品，秩六百石。

齊高帝輔政，以山陰獄訟煩積，復以琰爲山陰令。賣針、賣糖老姥争團絲來詣琰，琰挂團絲於柱鞭之，密視有鐵屑，乃罰賣糖者。又二野父争雞，琰各問"何以食雞"，一人云"粟"，一人云"豆"。乃破雞得粟，罪言豆者。縣内稱神明，無敢爲偷。琰父子並著奇績，時云："諸傅有《理縣譜》，[1]子孫相傳，不以示人。"

[1]時云諸傅有《理縣譜》：按，《南齊書》卷五三《傅琰傳》"時""理"作"世""治"，此避唐太宗李世民、高宗李治諱改。

昇明中，[1]遷益州刺史。自縣遷州，近世罕有。齊建元四年，徵驍騎將軍、黄門郎。[2]永明中，爲廬陵王安西長史、南郡内史，[3]行荆州事。[4]卒。[5]琰喪西還，有詔出臨哭。[6]

[1]昇明：南朝宋順帝劉準年號（477—479）。

[2]驍騎將軍：官名。與領軍、護軍、左右衛、游擊諸將軍合稱六軍，擔當宿衛之任。兩晋、南朝宋爲四品。齊沿置。　黄門郎：官名。黄門侍郎或給事黄門侍郎的省稱。爲侍中省或門下省次官，與侍中俱掌門下衆事，職掌略同，位頗重要。宋五品。梁十班。陳四品，秩二千石。

[3]長史：官名。州軍府長史之省稱。自晋代起，州刺史帶將軍者，其長史爲州軍府的上佐，掌理軍府政務，多帶州治所在的郡太守，且常代府主行州府事。據《通典》卷三七《職官典十九》，南朝宋持節都督府長史爲六品。齊沿置，品秩不詳。　南郡：郡名。治江陵縣，在今湖北荆州市荆州區。

[4]行荆州事：官名。簡稱行事。即以他官代行荆州刺史職權。按，南朝多以年幼皇子爲將軍、刺史出鎮諸州，以長史代行其職責，實際負責軍府和州府的軍政事務，權力很大。

[5]卒：按，據《南齊書》卷五三《傅琰傳》，琰卒於齊武帝永明五年（487）。

[6]有詔出臨哭：按，《南齊書·傅琰傳》"臨"下無"哭"字。

時長沙太守王沈、新蔡太守劉聞慰、晋平太守丘仲起、長城縣令何敬叔、故鄣縣令丘寂之，[1]皆有能名，而不及琰也。沈字彦流，東海人，[2]歷錢唐、山陰、秣陵令，[3]南平、長沙太守，清廉戒慎，身恒居禄而居處日貧。死之日，無宅可憩，故吏爲營棺柩。聞慰自有傳，仲起見《沈憲傳》，敬叔見子思澄傳。

[1]新蔡：郡名。治汝南縣，在今河南汝南縣。　劉聞慰：即劉懷慰。以名與齊武帝舅氏同，敕改懷慰。字彦泰，平原（今山東平原縣）人。本書卷四九有附傳，《南齊書》卷五三有傳。　晋平：郡名。南朝宋改晋安郡置。治候官縣，在今福建福州市。　丘仲起：字子震，吴興武康（今浙江德清縣）人。本書卷三六、《南齊書》卷五三有附傳。　長城：縣名。治所在今浙江長興縣東。何敬叔：東海郯（今山東郯城縣）人。事見本書卷七二、《梁書》卷五〇《何思澄傳》。按，《梁書·何思澄傳》"長城縣令何敬叔"作"敬叔，齊征東録事參軍、餘杭令"。　故鄣：縣名。治所在今

浙江安吉縣西北。

[2]東海：郡名。治郯縣，在今山東郯城縣。

[3]錢唐：縣名。治所在今浙江杭州市。　秣陵：縣名。治所在今江蘇南京市江寧區南。

寂之字德玄，[1]吴興烏程人。[2]年十七，爲州西曹，[3]兼直主簿。[4]刺史王彧行夜還，[5]前驅已至，而寂之不肯開門，曰“不奉墨旨”。[6]彧方於車中爲教，然後開。彧歎曰：“不意郅君章近在閤下。”[7]即轉爲主簿。[8]在縣專以廉潔御下。于時丹徒縣令沈巑之以清廉抵罪，[9]寂之聞之曰：“清吏真不可爲也，政當處季孟之間。”[10]

[1]寂之字德玄：按，以下至“政當處季孟之間”，爲《南齊書》卷五三《良政傳》所無。

[2]烏程：縣名。治所在今浙江湖州市。

[3]州西曹：官名。即州西曹書佐。刺史門下吏。掌諸吏及選舉事，位與主簿相亞而略低。

[4]主簿：官名。即州主簿。刺史門下吏。掌節杖文書、傳令檢校，位與西曹相當而略高。南朝宋、齊品秩未詳。梁二班、一班至不登品諸班。陳九品。

[5]刺史王彧行夜還：汲古閣本、殿本、百衲本同，中華本據《通志》卷一七〇於“行”下補一“縣”字。王彧，字景文，琅邪臨沂（今山東臨沂市）人。本書卷二三、《宋書》卷八五有傳。

[6]墨旨：長官給屬員的筆示或手諭。

[7]郅君章：郅惲。字君章，汝南西平（今河南西平縣）人。東漢光武時，爲洛陽上東城門候。帝嘗出獵夜還，拒關不納，次日

上書以諫。《後漢書》卷二九有傳。

[8]即轉爲主簿：按，據《宋書》卷八《明帝紀》，泰始六年（470）六月至泰豫元年（472）三月王彧爲揚州刺史。寂之由州西曹轉爲州主簿當在此期間。

[9]丹徒：縣名。治所在今江蘇鎮江市丹徒區。

[10]季孟之間：語出《論語·微子》："齊景公待孔子曰：'若季氏，則吾不能；以季、孟之間待之。'"後多用以指比上不足、比下有餘。按，汲古閣本、百衲本於"間"後有一"乎"字，殿本無。

沈巑吴興武康人，[1]性疏直，在縣自以清廉不事左右，浸潤日至，[2]遂鎖繫尚方。歎曰："一見天子足矣。"上召問曰："復欲何陳？"答曰："臣坐清所以獲罪。"上曰："清復何以獲罪？"曰："無以承奉要人。"上曰："要人爲誰？"巑之以手板四面指曰：[3]"此赤衣諸賢皆是。[4]若臣得更鳴，必令清譽日至。"巑之雖危言，上亦不責。後知其無罪，重除丹徒令。入縣界，吏人候之，謂曰："我今重來，當以人肝代米，不然清名不立。"

[1]沈巑：汲古閣本、百衲本作"巑"，殿本作"巑之"，均無"沈"字。疑"沈"字衍。又應據殿本補"之"字。參張元濟《南史校勘記》。

[2]浸潤：語本《論語·顏淵》"浸潤之譖"，比喻不斷暗中誹謗他人。後因以指各種讒言。

[3]手板：亦作手版。即笏。古時臣下朝見天子時，用以記事備忘的狹長板子。

[4]赤衣：紅色衣服。古代顯貴者所穿。

又有汝南周洽，[1]歷句容、曲阿、上虞、吴令，[2]廉約無私，卒於都水使者。[3]無以殯斂，吏人爲買棺器。齊武帝聞而非之，曰："洽累歷名邑而居處不理，遂坐無車宅死，令吏衣棺之，此故宜罪貶，無論褒恤。"乃敕不給贈賻。

[1]汝南：郡名。治上蔡縣，在今河南上蔡縣西南。　周洽：南朝宋、齊時人。宋明帝時爲博士。事見《南齊書·禮志上》。

[2]句容：縣名。治所在今江蘇句容市華陽街道。　曲阿：縣名。治所在今江蘇丹陽市。　上虞：縣名。治所在今浙江紹興市上虞區百官街道。　吴：縣名。治所在今江蘇蘇州市。

[3]都水使者：官名。西晋省水衡都尉置，爲都水臺長官，掌河渠灌溉水運等事務。南朝宋孝武帝初一度改置水衡令，尋復。梁武帝天監七年（508）改置太舟卿。晋、宋四品。梁九班。陳三品，秩中二千石。

琰子翽，[1]爲官亦有能名。後爲吴令，别建康令孫廉，廉因問曰："聞丈人發姦擿伏，惠化如神，何以至此？"答曰："無他也，唯勤而清。清則憲綱自行，勤則事無不理。憲綱自行則吏不能欺，事自理則物無疑滯，欲不理得乎。"時臨淮劉玄明亦有吏能，[2]歷山陰、建康令，政常爲天下第一，終於司農卿。[3]後翽又代玄明爲山陰令，問玄明曰："願以舊政告新令尹。"答曰："我有奇術，卿家譜所不載，臨别當相示。"既而曰："作縣令唯日食一升飯而莫飲酒。此第一策也。"翽，天監中爲建康令，[4]復有能名，位驃騎諮議。[5]子岐。[6]

[1]琰子翽：按，傅翽事亦附見《南齊書》卷五三《傅琰傳》及《梁書》卷四二《傅岐傳》，皆不如本書詳。

[2]臨淮：郡名。治盱眙縣，在今江蘇盱眙縣東北。　劉玄明：與傅琰、沈憲、傅翽相繼爲山陰令，並有政績，民謠稱“二傅沈劉”。參《梁書》卷五三《丘仲孚傳》。

[3]司農卿：官名。南朝梁改大司農置，位列十二卿。職掌勸農、倉儲、園苑、供應宫廷膳饈等，十一班。陳因之，三品，秩中二千石。

[4]天監中爲建康令：按，《梁書·傅岐傳》“爲建康令”作“歷山陰、建康令”。天監，南朝梁武帝蕭衍年號（502—519）。

[5]諮議：官名。即諮議參軍。王、公府屬官，掌咨謀衆事，位在長史、司馬下，品秩隨府主地位高低不等。梁九班至六班。陳五品至七品。

[6]岐：殿本、百衲本、中華本同，汲古閣本作“歧”。底本下文“岐”“歧”亦混出，統一爲“岐”。

岐字景平。仕梁起家南康王左常侍，[1]後兼尚書金部郎。[2]母憂去職，居喪盡禮。服闋後，疾廢久之，復除始新令。[3]縣人有因鬬相毆而死，死家訴郡，[4]郡録其仇人，考掠備至，終不引咎。郡乃移獄於縣，岐即令脱械，以和言問之，便即首服。法當償死，會冬節至，[5]岐乃放其還家。獄曹掾固争曰：[6]“古者有此，今不可行。”岐曰：“其若負信，縣令當坐。”竟如期而反。太守深相歎異，遽以狀聞。岐後去縣，人無老少皆出境拜送，號哭聞數十里。至都，除廷尉正，[7]入兼中書通事舍人。[8]累遷安西中記室，[9]兼舍人如故。

［1］左常侍：官名。王國、公國屬官。掌侍從左右、贊相禮儀、獻替諫諍。宋八品。梁二班至一班。陳九品。

［2］尚書金部郎：官名。尚書省金部曹長官通稱，亦稱金部郎中，資深勤能者可轉侍郎。掌庫藏金寶等事。宋六品。梁侍郎六班，郎中五班。陳四品，秩六百石。

［3］始新：縣名。治所在今浙江淳安縣西北。現已没入千島湖。

［4］郡：指新安郡，與始新縣同治一地。

［5］冬節：即冬至。二十四節氣之一。是日民間有祭祀祖先、神明之習俗。

［6］獄曹掾：官名。職掌刑獄官署的主官。

［7］廷尉正：官名。爲廷尉卿副貳，掌審判，决疑案，平反冤案，參議案例律條。宋六品。梁六班。陳七品，秩六百石。

［8］中書通事舍人：官名。中書省屬官，入直禁中，掌詔誥及呈奏之事，實際直接聽命於皇帝。宋七品。梁四班。陳八品。

［9］中記室：官名。中記室參軍的省稱。南朝齊置爲大將軍府僚屬。梁、陳諸皇弟皇子府、嗣王蕃王府、庶姓公府、持節府、都督府皆置。梁自七班至三班。陳自六品至九品。皆依府主地位而定。

岐美容止，博涉能占對。大同中與魏和親，［1］其使歲中再至，常遣岐接對焉。

［1］大同：南朝梁武帝蕭衍年號（535—546）。

太清元年，［1］累遷太僕、司農卿，［2］舍人如故。岐在禁省十餘年，機事密勿，亞於朱异。［3］此年冬，貞陽侯蕭明伐彭城，［4］兵敗，囚於魏。三年，［5］明遣使還述魏欲通和好，敕有司及近臣定議。左衛朱异曰："邊境且得静寇息人，於事爲便。"議者並然之。岐獨曰："高澄既新得志，[6]何事須和？必是設間，[7]故令貞陽遣使，令侯景自疑當以貞陽易景。[8]景意不安，必圖禍亂。若許通好，政是墮其計中。且彭城去歲喪師，渦陽復新敗退，[9]今使就和，[10]益示國家之弱。和不可許！"异等固執，帝遂從之。及遣使，景果有此疑，遂舉兵入寇，請誅朱异。

[1]太清：南朝梁武帝蕭衍年號（547—549）。

[2]太僕：官名。掌供皇帝車馬及畜牧事務。東晋或置或省，南朝宋、齊唯於郊祀典禮時權置之，事畢即省。梁復置，改稱太僕卿，位列十二卿，十班。陳沿置，三品，秩中二千石。　司農卿：官名。南朝梁以大司農改名，位列十二卿，職掌勸農、倉儲、園苑、供應宫廷膳饈，十一班。陳因之，三品，秩中二千石。

[3]朱异：字彦和，吴郡錢唐（今浙江杭州市）人。本書卷六二、《梁書》卷三八有傳。

[4]蕭明：即蕭淵明。此避唐高祖李淵諱省稱"明"，字靖通，梁宗室。本書卷五一有附傳。　彭城：城名。在今江蘇徐州市。時爲東魏徐州及彭城郡治。

[5]三年：汲古閣本、殿本、百衲本同，中華本據《梁書》卷四二《傅岐傳》改作"二年"。按，下文謂"三年，遷中領軍"，是知"三"字乃訛，當從中華本改作"二"。

[6]高澄：字子惠，渤海蓨（今河北景縣）人，高歡長子。東魏孝静帝武定五年（547），歡死，繼爲大丞相執朝政。《北齊書》卷三、《北史》卷六有紀。

[7]設間（jiān）：施離間計。間，同"間"。

[8]侯景：字萬景，懷朔鎮（今内蒙古固陽縣）人。本書卷八〇、《梁書》卷五六有傳。

[9]渦陽：城名。在今安徽蒙城縣。時爲東魏南譙郡治。

[10]今使：按，《梁書·傅岐傳》作“令便”。

三年，遷中領軍，[1]舍人如故。二月，侯景於闕前通表，乞割江右四州安置部下，[2]當解圍還鎮。敕許之，乃於城西立盟。求遣召宣城王出送。[3]岐固執宣城王嫡嗣之重，不宜許之。乃遣石城公大款送之。[4]及與景盟訖，城中文武喜躍，冀得解圍。岐獨言於衆曰："賊舉兵爲逆，豈有求和。"[5]及景背盟，莫不歎服。尋有詔，以岐勤勞，封南豐縣侯。[6]固辭不受。宫城失守，岐帶疾出圍，卒於宅。

[1]中領軍：官名。南朝職掌京師駐軍及禁軍。宋三品。梁十四班。陳二品，秩中二千石。

[2]江右四州：指位於長江以北的南豫州（治今安徽壽縣）、合州（治今安徽合肥市）、西豫州（治今河南息縣）、光州（治今河南光山縣）。

[3]宣城王：蕭大器。梁簡文帝嫡長子，初封宣城郡王。本書卷五四、《梁書》卷八有傳。

[4]石城公大款：蕭大款。梁簡文帝第三子，初封石城縣公。本書卷五四有傳。石城，縣名。治所在今安徽池州市貴池區西南。

[5]豈有：按，《梁書》卷四二《傅岐傳》作“未遂”。

[6]封南豐縣侯：按，據《梁書·傅岐傳》，食邑五百户。

虞愿字士恭，會稽餘姚人也。[1]祖賚，給事中、監利侯。父望之早卒。賫中庭橘樹冬熟，子孫競來取之。愿年數歲，獨不取，賫及家人皆異之。

[1]會稽：郡名。治山陰縣，在今浙江紹興市。　餘姚：縣名。治所在今浙江餘姚市。

宋元嘉中，[1]爲湘東王國常侍。[2]及明帝立，以愿儒吏學涉，兼蕃國舊恩，意遇甚厚。除太常丞，[3]尚書祠部郎，[4]通直散騎侍郎。[5]帝性猜忌，體肥憎風，夏月常著小皮衣。[6]拜左右二人爲司風令史，風起方面，輒先啓聞。星文災變，不信太史，[7]不聽外奏，敕靈臺知星二人給愿，[8]常内省直，[9]有異先啓，以相檢察。

[1]宋元嘉中：按,《南齊書》卷五三《虞愿傳》"中"作"末"。

[2]湘東王國：以郡爲國。治臨烝縣，在今湖南衡陽市。宋明帝劉彧稱帝前的封國。

[3]太常丞：官名。太常副貳，職掌宗廟祭祀禮儀的具體事務，總管本府諸曹，參議禮制。宋七品。梁五班。陳八品，秩六百石。

[4]尚書祠部郎：官名。尚書省祠部曹長官通稱，亦稱祠部郎中，資深勤能者可轉侍郎。多以明禮通儒充任。宋六品。梁五班。陳四品，秩六百石。

[5]通直散騎侍郎：官名。簡稱通直郎。東晋置，屬散騎省，職同散騎侍郎，参平尚書奏事，兼掌侍從、諷諫。南朝屬集書省，職任閑散，多爲加官，常授衰老之士。晋、宋五品。梁六班。陳八品，秩千石。

[6]小皮衣：按，《南齊書·虞愿傳》作"皮小衣"。

[7]太史：官署名。屬太常，長官太史令，掌占候天文、修定曆法。

[8]靈臺：官署名。屬太史，長官靈臺丞，掌候日月星氣，有專司候星、候日、候風、候氣、候晷景、候鐘律等令史。

[9]常内省直：按，《南齊書·虞愿傳》作“常直内省”。

帝以故宅起湘宫寺，[1]費極奢侈。以孝武莊嚴刹七層，[2]帝欲起十層，不可立，分爲兩刹，各五層。新安太守巢尚之罷郡還，[3]見帝，曰：“卿至湘宫寺未？我起此寺是大功德。”愿在側曰：“陛下起此寺，皆是百姓賣兒貼婦，[4]佛若有知，當悲哭哀愍。罪高佛圖，有何功德！”尚書令袁粲在坐，[5]爲之失色。帝大怒，[6]使人馳曳下殿，[7]愿徐去無異容。以舊恩，少日中已復召入。

[1]湘宫寺：佛寺名。在今江蘇南京市青溪北。

[2]莊嚴刹：莊嚴寺佛塔。莊嚴，佛寺名。東晋穆帝永和中建，在今江蘇南京市西南。

[3]巢尚之：魯郡（今山東曲阜市）人。本書卷七七、《宋書》卷九四有附傳。

[4]皆是百姓賣兒貼婦：汲古閣本、殿本、百衲本同，中華本據《南齊書》卷五三《虞愿傳》於“婦”下補一“錢”字。按，《册府元龜》卷四六〇與《南齊書》同，有“錢”字；《資治通鑑》卷一三三《宋紀十五》“錢”下還有“所爲”二字；《通志》卷一七〇與本書同，無“錢”字。

[5]袁粲：又名愍孫，字景倩，陳郡陽夏（今河南太康縣）人。本書卷二六有附傳，《宋書》卷八九有傳。

[6]帝大怒：按，《南齊書·虞愿傳》“大”作“乃”。

［7］馳曳：汲古閣本、殿本、百衲本同，中華本據《南齊書·虞愿傳》改“驅曳”。按,《南齊書·虞愿傳》“驅”下無“曳”字。

帝好圍碁，甚拙，去格七八道，[1]物議共欺爲第三品。與第一品王抗圍碁，[2]依品賭戲。抗饒借帝，[3]曰：“皇帝飛碁，[4]臣抗不能斷。”帝終不覺，以爲信然，好之愈篤。愿又曰：“堯以此教丹朱，非人主所宜好也。”雖數忤旨，而蒙賞賜猶異餘人。遷兼中書郎。

［1］去格七八道：謂小棋盤。

［2］王抗：琅邪（今山東臨沂市）人。齊高帝時官給事中，武帝永明中曾受敕品棋。事見本書卷一八、《南齊書》卷四六《蕭惠基傳》。

［3］抗饒借帝：按，《南齊書》卷五三《虞愿傳》“抗”下有一“每”字，似不當刪。《資治通鑑》卷一三三《宋紀十五》、《通志》卷一七〇“抗”下皆有“每”字。

［4］飛碁：謂不拘常規的奇特棋藝。

帝寢疾，愿常侍醫藥。帝尤好逐夷，[1]以銀鉢盛蜜漬之，一食數鉢。謂揚州刺史王景文曰：[2]“此是奇味，卿頗足不?”景文答曰:“臣夙好此物，貧素致之甚難。”帝甚悦。食逐夷積多，胸腹痞脹，氣將絶。左右啓飲數升酢酒，乃消。疾大困，一食汁滓猶至三升。水患積久，藥不復效。大漸日，正坐，呼道人，合掌便絶。

［1］逐夷：亦作鱁鮧、鯸鮧、西施乳。即河豚魚腹中肥白的膏狀物。清俞正燮《癸巳類稿·書〈南齊書·虞寄傳〉後》:“蓋鯸

鮧，河豚白。蜜漬久藏之，使宜味不失，故起腹氣。貧家不易得。鯸鮧誤爲鯅鮧，又作逐夷。”一説逐夷乃鮝魚腸胃的别名。見《南史》殿本考證。

[2]王景文：即王彧。此避宋明帝名諱以字行。

愿以侍疾久，轉正員郎。[1]出爲晋安太守。[2]在郡不事生業。前政與百姓交關，[3]質録其兒婦，愿遣人於道奪取將還。在郡立學堂教授。郡舊出髯蛇，[4]膽可爲藥。有遺愿蛇者，愿不忍殺，放二十里外山中。一夜蛇還牀下。復送四十里山，經宿復歸。論者以爲仁心所致。海邊有越王石，[5]常隱雲霧，相傳云“清廉太守乃得見”。愿往就觀視，清徹無所隱蔽。後琅邪王秀之爲郡，[6]與朝士書曰：“此郡承虞公之後，善政猶存，遺風易遵，差得無事。”

[1]正員郎：官名。即編制以内的散騎侍郎。係與員外散騎侍郎相對而言。見《通典》卷二二《職官典四》“天監三年，復置侍郎，視通直郎”注。

[2]晋安：汲古閣本、殿本、百衲本及《通志》卷一七〇同，中華本據《南齊書》卷五三《虞愿傳》改爲“晋平”。按，宋明帝泰始四年（468）晋安郡改爲晋平郡，七年復名晋安郡。

[3]前政：前任。　交關：買賣，交易。

[4]髯蛇：蟒蛇的别名。《淮南子·精神訓》：“越人得髯蛇，以爲上肴。”高誘注：“髯蛇，大蛇也，其長數丈。”

[5]越王石：古石名。在今福建福州市南。

[6]王秀之：字伯奮，琅邪臨沂（今山東臨沂市）人。本書卷二四有附傳，《南齊書》卷四六有傳。

以母老解職，除後軍將軍。[1]褚彦回嘗詣愿，[2]愿不在，見其眠牀上積塵埃，有書數袠。彦回歎曰："虞君之清至於此。"令人掃地拂牀而去。

[1]後軍將軍：官名。與前軍、左軍、右軍將軍合稱四軍將軍，掌宫禁宿衛。宋四品。梁九班。陳五品，秩千石。

[2]褚彦回：褚淵。字彦回，此避唐高祖李淵諱以字行，河南陽翟（今河南禹州市）人。本書卷二八有附傳，《南齊書》卷二三有傳。

遷中書郎，領東觀祭酒。[1]兄季爲上虞令卒，[2]愿從省步出還家，不得詔便歸東。[3]除驍騎將軍，遷廷尉，[4]祭酒如故。

[1]東觀祭酒：官名。即總明觀祭酒。宋明帝泰始中置，齊武帝永明中省。

[2]上虞：縣名。治所在今浙江紹興市上虞區百官街道。

[3]不得詔便歸東：汲古閣本、殿本、百衲本及《通志》卷一七〇同，中華本據《南齊書》卷五三《虞愿傳》改"得"爲"待"。

[4]廷尉：官名。掌刑獄。宋三品。梁定名廷尉卿，列爲十二卿，十一班。陳沿置，三品，秩中二千石。

愿嘗事宋明帝，齊初，神主遷汝陰廟，[1]愿拜辭流涕。建元元年卒。[2]愿著《五經論問》，撰《會稽記》，文翰數十篇。

[1]汝陰廟：汝陰國祖廟。按，齊高帝蕭道成即位後，封宋順帝劉準爲汝陰王，使奉宋正朔，事見《資治通鑑》卷一三五《齊紀一》。

[2]建元元年，卒：按，據《南齊書》卷五三《虞愿傳》，虞愿卒時年五十四。

王洪軌，[1]上谷人也。[2]宋太始中，[3]魏剋青州，[4]洪軌得别駕清河崔祖歡女，仍以爲妻。祖歡女説洪軌南歸。宋桂陽王之難，[5]隨齊高帝鎮新亭，[6]常以身捍矢。高帝曰："我自有楯，卿可自防。"答曰："天下無洪軌何有哉，蒼生方亂，豈可一日無公。"帝甚賞之。

[1]王洪軌：汲古閣本、殿本、百衲本及《通志》卷一七〇同，中華本據《資治通鑑》卷一三五《齊紀一》及《考異》改作"範"。參中華本校勘記。按，《南齊書》王洪軌事附見卷五九《芮芮虜傳》。王鳴盛《十七史商榷》卷六四《循吏多誤》以爲，李延壽將王洪軌列入《循吏傳》，却"反言其多贓賄，矛盾可笑，所叙美績尤空陋"。

[2]上谷：郡名。治居庸縣，在今北京市延慶區。按，《南齊書·芮芮虜傳》云王洪軌爲"齊郡臨淄人"。齊郡臨淄，在今山東淄博市臨淄區北。

[3]太始：即泰始。南朝宋明帝劉彧年號（465—471）。

[4]青州：州名。治東陽城，在今山東青州市。

[5]宋桂陽王之難：指南朝宋後廢帝元徽二年（474），桂陽王劉休範於江州舉兵反，攻至建康附近。

[6]新亭：地名。在今江蘇南京市雨花臺區。

後爲晋壽太守,[1]多昧贓賄,[2]爲州所按。大懼，棄郡奔建鄴。高帝輔政，引爲腹心。建武初,[3]爲青、冀二州刺史,[4]悔爲晋壽時貨賕所敗，更勵清節。先是青州資魚鹽之貨，或彊借百姓麥地以種紅花,[5]多與部下交,[6]以祈利益。洪軌至，一皆斷之。啓求侵魏，得黄郭、鹽倉等數戍。[7]後遇敗，死傷塗地，深自咎責。乃於謝禄山南除地,[8]廣設茵席，殺三牲，招戰亡者魂祭之。人人呼名，躬自沃酹，仍慟哭不自勝，因發病而亡。[9]洪軌既北人而有清正,[10]州人呼爲“虜父使君”，言之咸落淚。

[1]晋壽：郡名。治晋壽縣，在今四川廣元市西南。

[2]多昧贓賄：按,《通志》卷一七〇“昧”作“招”。

[3]建武：南朝齊明帝蕭鸞年號（494—498）。

[4]青、冀二州：雙頭州名。南朝宋置，並治鬱州，在今江蘇連雲港市東雲臺山一帶。

[5]紅花：藥材名。即紅藍花。亦指紅藍花的花。有祛瘀生新、活血止痛等功效。

[6]交：汲古閣本、殿本、百衲本同，中華本據《通志》卷一七〇補作“交易”。

[7]黄郭：戍名。北魏置，屬南青州，其地在今江蘇連雲港市贛榆區西北。

[8]謝禄山：山名。在今江蘇連雲港市南。

[9]因發病而亡：按,《南齊書》卷五九《芮芮虜傳》云：洪軌“私占丁侵虜堺，奔敗，結氣卒”。

[10]既北人而有清正：按,《通志》卷一七〇“有”作“甚”。

永明中，有江夏李珪之字孔璋，[1]位尚書右丞，[2]兼都水使者，歷職稱爲清能。後兼少府卒。[3]

[1]江夏：郡名。治夏口城，在今湖北武漢市武昌區。按，《南齊書》卷五三《李珪之傳》作“江夏鍾武人”。鍾武，縣名。治所在今河南信陽市東南，屬江夏郡。東漢廢。南朝宋復置，屬義陽郡，齊屬北義陽郡。

[2]尚書右丞：官名。尚書省佐官，位次尚書，與左丞共掌尚書都省庶務。又掌本省庫藏廬舍，督録遠道州郡文書章奏等事。宋六品。梁八班。陳四品，秩六百石。

[3]少府：官名。主要掌管宫廷手工業等。宋三品。梁改稱少府卿，九班。陳沿置，三品，秩中二千石。

沈瑀字伯瑜，吴興武康人也。父昶，[1]事宋建平王景素。[2]景素謀反，昶先去之，及敗，坐繫獄。瑀詣臺陳請，得免罪，由是知名。

[1]父昶：按，《梁書》卷五三《沈瑀傳》作“叔父昶”，《通志》卷一七〇與本書同。

[2]宋建平王景素：劉景素。宋文帝孫，嗣父爵建平王。本書卷一四、《宋書》卷七二有附傳。

爲奉朝請，[1]嘗詣齊尚書左丞殷瀰，[2]瀰與語及政事，甚器之，謂曰：“觀卿才幹，當居吾此職。”司徒竟陵王子良聞瑀名，[3]引爲府行參軍，[4]領揚州部傳從事。[5]時建康令沈徽孚恃勢傲瑀，[6]瑀以法繩之，衆憚其强。子良甚相知賞，雖家事皆以委瑀。子良薨，瑀復事刺史始安王遥光。[7]嘗使送人丁，[8]速而無怨。遥光謂同使吏曰：[9]“爾何不學沈瑀所爲。”乃令瑀專知州獄事。[10]

[1]奉朝請：官名。南朝列爲散騎省屬官，用以安置閑散，所施甚濫，齊武帝永明中竟至六百餘員。

[2]尚書左丞：按，《梁書》卷五三《沈瑀傳》“左”作“右”。　殷瀰：亦作殷瀰。陳郡（今河南周口市淮陽區）人。仕宋，爲建平王劉景素録事參軍。景素敗，被徙梁州。入齊，爲竟陵王國五官掾、南豫州别駕等。見《宋書》卷七二《劉景素傳》、《南齊書·州郡志上》及卷四〇《竟陵文宣王子良傳》。

[3]竟陵王子良：蕭子良。字雲英，齊武帝第二子。本書卷四四、《南齊書》卷四〇有傳。

[4]府行參軍：官名。州軍府行參軍省稱。爲州軍府不署曹的散員參軍。按，《梁書·沈瑀傳》作“府參軍”。

[5]部傳從事：官名。南朝齊、梁時以部郡從事改稱。州府屬吏，其職任仍爲督察郡政。官品依州等級不同。齊制不詳。梁一班和流外七班。陳制無考。

[6]沈徽孚：吴興（今浙江湖州市）人。粗有筆札，後歷中書舍人、廣州刺史，官至黄門郎。見《南齊書》卷七《東昏侯紀》、卷五六《倖臣傳》。　恃勢傲瑀：按，《梁書·沈瑀傳》“傲”作“陵”。

[7]始安王遥光：蕭遥光。齊宗室，嗣父爵始安王。本書卷四一有傳，《南齊書》卷四五有附傳。

[8]嘗使送人丁：殿本、百衲本、中華本及《通志》卷一七〇同，汲古閣本“嘗”作“命”。按，《梁書·沈瑀傳》此句作“嘗被使上民丁”。

[9]遥光謂同使吏曰：按，《梁書》“使”下無“吏”字，《通

志》卷一七〇與本書同。

[10]知：官制術語。兼官形式之一，即以他官主持某一官署事務。

湖熟縣方山埭高峻，[1]冬月，公私行侣以爲艱。[2]明帝使瑀行脩之。瑀乃開四洪，[3]斷行客就作，三日便辦。[4]揚州書佐私行，[5]詐稱州使，不肯就作，瑀鞭之四十。[6]書佐歸訴遥光，遥光曰："沈瑀必不枉鞭汝。"覆之，果有詐。明帝復使瑀築赤山塘，[7]所費减材官所量數十萬。[8]帝益善之。爲建德令，[9]教人一丁種十五株桑、四株柿及梨栗，女子丁半之。人咸懽悦，頃之成林。

[1]湖熟：縣名。治所在今江蘇南京市江寧區湖熟街道。　方山埭：壩名。在今江蘇南京市江寧區方山南秦淮河上。六朝時，爲都城建康東南水上交通衝要。

[2]艱：按，《梁書》卷五三《沈瑀傳》作"艱難"。

[3]開四洪：謂開四道溝渠以分流河水。洪，河流分道之處。

[4]三日便辦：按，《梁書·沈瑀傳》"便"作"立"，《通志》卷一七〇與本書同。

[5]書佐：官名。兩漢州郡縣諸曹皆有書佐，由長官自行辟除，職主起草和繕寫文書。

[6]瑀鞭之四十：按，《梁書·沈瑀傳》"四十"作"三十"。

[7]赤山塘：塘名。又名赤山湖、絳巖湖，在今江蘇句容市西南。三國吴大帝赤烏中始築，引山溪蓄水爲湖，下流通秦淮河。今堙。

[8]材官：官署名。長官稱材官將軍，掌工匠土木之事，有營

兵。南朝宋、齊隸尚書省起部曹。梁、陳隸少府。

[9]爲建德令：按，《梁書·沈瑀傳》此句上有“永泰元年”四字。建德，縣名。治所在今浙江建德市梅城鎮。

去官還都，兼行選曹郎。[1]隨陳伯之軍至江州，[2]會梁武起兵圍郢城，[3]瑀説伯之迎武帝。伯之泣曰："余子在都。"瑀曰："不然。人情匈匈，皆思改計，若不早圖，衆散難合。"伯之遂降。

[1]行：官制術語。指官缺未補，暫由他官兼攝其事。　選曹郎：官名。吏部郎的别稱。爲尚書省吏部曹長官，屬吏部尚書，主銓選官吏事。宋六品。梁十一班。陳四品，秩六百石。

[2]陳伯之：濟陰睢陵（今江蘇睢寧縣）人。本書卷六一、《梁書》卷二〇有傳。　江州：州名。治柴桑縣，在今江西九江市西南。

[3]郢城：城名。即夏口城。在今湖北武漢市武昌區。時爲郢州、江夏郡及夏口縣治。

初，瑀在竟陵王家，素與范雲善。[1]齊末嘗就雲宿，夢坐屋梁柱上，仰見天中有字曰“范氏宅”。至是瑀爲帝説之，帝曰："雲得不死，此夢可驗。"及帝即位，雲深薦瑀，自既陽令擢兼尚書右丞。[2]時天下初定，陳伯之言瑀催督運輸，[3]軍國獲濟。帝以爲能，遷尚書駕部郎，[4]兼右丞如故。瑀薦族人沈僧隆、僧照有吏幹，[5]帝並納之。

[1]范雲：字彦龍，南鄉舞陰（今河南泌陽縣）人。本書卷五

七、《梁書》卷一三有傳。

[2]既陽：縣名。治所在今江蘇江陰市東南。汲古閣本、殿本、百衲本同，中華本及《梁書》卷五三《沈瑀傳》作“暨陽”。《通志》卷一七〇作“既陽”。

[3]陳伯之言瑀催督運輸：按，《梁書·沈瑀傳》“言”“輸”作“表”“轉”。

[4]尚書駕部郎：官名。尚書省駕部曹長官通稱。亦稱駕部郎中，資深者可轉侍郎。掌輿輦、侍乘、郵驛等事。宋六品。梁五班。陳四品，秩六百石。

[5]僧照：亦作僧昭，别名法朗，沈攸之從孫。本書卷三七有附傳。參《宋書》卷七四《沈攸之傳》。

以母憂去職，起爲餘姚令。[1]縣大姓虞氏千餘家，請謁如市，前後令長莫能絶。自瑀到，非訟訴無所通，以法繩之。縣南又豪族數百家，[2]子弟縱横，遞相庇廕，厚自封植，百姓甚患之。瑀召其老者爲石頭倉監，[3]少者補縣僮，[4]皆號泣道路，自是權右屏迹。瑀初至，富吏皆鮮衣美服以自彰别，瑀怒曰："汝等下縣吏，何得自擬貴人！"悉使著芒屩麤布，侍立終日，足有蹉跌，輒加榜捶。瑀微時，嘗至此鬻瓦器，爲富人所辱，故因以報焉。由是士庶駭怨。瑀廉潔自守，故得遂行其意。[5]

[1]起爲餘姚令：按，《梁書》卷五三《沈瑀傳》“爲”下有“振武將軍”四字。

[2]縣南又豪族數百家：汲古閣本、殿本、百衲本同，中華本據《梁書·沈瑀傳》、《册府元龜》卷七〇六於“又”下補一“有”字。按，《册府元龜》卷九二〇、《通志》卷一七〇亦有“有”字，

似當從補。

[3]石頭倉監：南朝專職看管石頭倉的低級役吏。石頭倉，倉庫名。位於建康石頭城，在今江蘇南京市西清涼山。與太倉、常平倉合稱“臺家”（朝廷）儲糧“三倉”。見《梁書》卷二〇《陳伯之傳》、《資治通鑑》卷一四五《梁紀一》武帝天監元年胡三省注。

[4]縣僮：縣署之雜役。

[5]瑀廉潔自守，故得遂行其意：按，《梁書·沈瑀傳》“潔”“意”作“白”“志”。《通志》卷一七〇與本書同。

後爲安南長史、尋陽太守。[1]江州刺史曹景宗卒，[2]仍爲信威蕭穎達長史，[3]太守如故。瑀性屈强，每忤穎達，穎達銜之。天監八年，因入諮事，辭又激厲。穎達作色曰：“朝廷用君作行事邪？”[4]瑀出，謂人曰：“我死而後已，終不能傾側面從。”是日於路爲人所殺，[5]多以穎達害焉。[6]子續累訟之。遇穎達尋卒，事不窮竟。續乃布衣蔬食終其身。

[1]長史：官名。爲州軍府上佐，掌理軍府政務，多帶州治所在郡的太守，且常代府主行州府事。若諸王年幼出蕃則主持一州軍政，刺史有過失亦可糾舉。宋七品。梁八班。陳七品，秩六百石。尋陽：郡名。治柴桑縣，在今江西九江市西南。梁武帝太清中移治湓口城，在今江西九江市。

[2]曹景宗：字子震，新野（今河南新野縣）人。本書卷五五、《梁書》卷九有傳。

[3]蕭穎達：南蘭陵蘭陵（今江蘇常州市武進區）人。本書卷四一有附傳，《梁書》卷一〇有傳。

[4]行事：指以本官代行他官職權。南朝多以較低官階代行較

高官階的職權，以長史、太守加行事即可行使將軍與刺史之職權。

［5］是日於路爲人所殺：按，《梁書》卷五三《沈瑀傳》“人”作“盜”，“所殺”下有“時年五十九”五字。

［6］多以：汲古閣本、殿本、百衲本同，中華本據《梁書·沈瑀傳》補作“多以爲”。《通志》卷一七〇亦有“爲”字。

范述曾字子玄，一字穎彦，[1]吴郡錢唐人也。[2]幼好學，從餘杭吕道惠受《五經》，[3]略通章句。道惠曰：“此子必爲王者師。”齊文惠太子、竟陵文宣王幼時，[4]齊高帝引述曾爲之師友。起家宋晋熙王國侍郎。[5]齊初，至南郡王國郎中令，[6]遷太子步兵校尉，[7]帶開陽令。[8]述曾爲人謇諤，[9]在官多所諫争，[10]太子雖不能全用，然亦弗之罪也。竟陵王深相器重，號爲周舍。[11]太子左衛率沈約亦以述曾方汲黯。[12]

［1］一字穎彦：按，《梁書》卷五三《范述曾傳》無此四字。《通志》卷一七〇與本書同。

［2］吴郡：郡名。治吴縣，在今江蘇蘇州市。

［3］餘杭：縣名。治所在今浙江杭州市餘杭區西南。　吕道惠：南朝宋時儒者。開館授業，學徒常有百數。

［4］齊文惠太子：蕭長懋。字雲喬，齊武帝長子。本書卷四四、《南齊書》卷二一有傳。　竟陵文宣王：蕭子良。

［5］王國侍郎：官名。王國屬官，隸郎中令。掌侍從王的左右，多以文學之士充任。宋八品。梁一班至流外二班不等。陳九品至流外不等。

［6］王國郎中令：官名。王國屬官，爲三卿之首。侍從王的左右，戍衛王宫，領諸大夫、郎官等。宋六品。梁五班至一班不等。

陳八品、秩六百石至九品、秩二百石不等。

[7]太子步兵校尉：官名。亦稱東宫步兵校尉。南朝宋初置，爲太子三校尉之一，掌東宫護衛。齊、梁、陳沿置。梁七班。陳六品，秩千石。

[8]開陽：縣名。西漢置，治所在今山東臨沂市北。按，南朝宋時已併入即丘縣。

[9]謇諤：殿本同，汲古閣本、百衲本作“蹇諤”。

[10]在官多所諫争：汲古閣本、殿本、百衲本及《通志》卷一七〇同，中華本據《梁書·范述曾傳》改“官”作“宫”。參中華本校勘記。

[11]周舍：春秋時晋國人。趙鞅家臣，好直諫。舍死，鞅每聽朝常不悦，曰：“不聞周舍之鄂鄂，是以憂也。”見《史記》卷四三《趙世家》。

[12]沈約：字休文，吴興武康（今浙江德清縣）人。本書卷五七、《梁書》卷一三有傳。　汲黯：字長孺，濮陽（今河南濮陽市）人。《史記》卷一二〇、《漢書》卷五〇有傳。

齊明帝即位，爲永嘉太守。[1]爲政清平，不尚威猛，甿俗便之。[2]所部横陽縣山谷嶮峻，[3]爲逋逃所聚，前後二千石討捕莫能息。述曾下車，開示恩信，凡諸凶黨，襁負而出，編户屬籍者二百餘家。自是商旅流通，[4]居人安業。勵志清白，不受饋遺。明帝下詔褒美，徵爲游擊將軍。[5]郡送故舊錢二十餘萬，一無所受，唯得白桐木火籠朴十餘枚而已。[6]

[1]永嘉：郡名。治永寧縣，在今浙江温州市。

[2]甿俗便之：按，《梁書》卷五三《范述曾傳》“甿”作

"民"，此避唐太宗李世民諱改。

[3]横陽：縣名。治所在今浙江平陽縣。

[4]商旅流通：按，《梁書·范述曾傳》"旅"作"賈"，《通志》卷一七〇與本書同。

[5]游擊將軍：官名。禁軍將領，掌宿衛之任。宋四品。梁置左、右游擊將軍，十一班，原游擊將軍改游騎將軍（十班）。陳四品，秩二千石。

[6]唯得白桐木火籠朴十餘枚而已：按，《梁書·范述曾傳》無此十三字。火籠朴，用以製作取暖器具烘籃的木片。

東昏時，拜中散大夫，[1]還鄉里。梁武帝踐祚，乃輕行詣闕，仍辭還。[2]武帝下詔褒美，以爲太中大夫。[3]述曾生平所得奉禄，皆以分施。及老，遂壁立無資。以天監八年卒。[4]注《易·文言》，著雜詩賦數十篇。

[1]中散大夫：官名。掌顧問應對，以養老疾，無職事。南朝宋六百石。齊、梁視同黄門侍郎。梁十班。陳四品，秩千石。

[2]乃輕行詣闕，仍辭還：按，《梁書》卷五三《范述曾傳》作"乃輕舟出詣闕，仍辭還東"。

[3]以爲太中大夫：按，《梁書·范述曾傳》"夫"下有"賜絹二十匹"五字。

[4]天監八年卒：按，據《梁書·范述曾傳》，述曾卒時年七十九。

後有吴興丘師施，[1]亦廉潔稱。罷臨安縣還，[2]唯有二十籠簿書，[3]並是倉庫券帖。[4]當時以比述曾。位至臺郎。[5]

[1]後有吴興丘師施：按，《梁書》卷五三《范述曾傳》下無師施附傳。《通志》卷一七〇有，但“丘”作“邱”。

[2]臨安：縣名。治所在今浙江杭州市臨安區北。

[3]簿書：謂官方文書或記録錢糧出納的簿册。

[4]券帖：猶簿據、憑證。

[5]臺郎：官名。即尚書郎。宋六品。梁吏部郎十一班，諸曹侍郎六班、郎中五班。陳四品，秩六百石。

孫謙字長遜，東莞莒人也。[1]客居歷陽，[2]躬耕以養弟妹，鄉里稱其敦睦。

[1]東莞：郡名。治莒縣，在今山東莒縣。　莒：縣名。治所在今山東莒縣。

[2]客居歷陽：按，《梁書》卷五三《孫謙傳》此句上有“父憂去職”諸語。歷陽，郡名。治歷陽縣，在今安徽和縣。

仕宋爲句容令，清慎强記，縣人號爲神明。宋明帝以爲巴東、建平二郡太守。[1]郡居三峽，恒以威力鎮之。謙將述職，[2]敕募千人自隨。謙曰：“蠻夷不賓，蓋待之失節耳。何煩兵役，以爲國費。”固辭不受。至郡，布恩惠之化，蠻獠懷之，競餉金寶。謙慰喻而遣，一無所納。及掠得生口，[3]皆放還家。奉秩出吏人者，悉原除之。郡境翕然，威恩大著。[4]視事三年，徵還爲撫軍中兵參軍，[5]遷越騎校尉、征北司馬。[6]府主建平王將稱兵，[7]患謙强直，託事遣使至都，然後作亂。及建平誅，遷左軍將軍。[8]

[1]巴東：郡名。治魚復縣，在今重慶奉節縣東白帝城。　建平：郡名。治巫縣，在今重慶巫山縣。

[2]述職：供職，就任。

[3]生口：本指俘虜。亦用作奴隸的稱呼。

[4]威恩：按，《梁書》卷五三《孫謙傳》及《通志》卷一七〇作“威信”。

[5]中兵參軍：官名。亦作中兵參軍事。兩晋南北朝諸公、軍府僚屬之一，掌本府中兵曹事務，兼備參謀咨詢。其品位隨府主地位高低不等。

[6]越騎校尉：官名。侍衛武官，不領兵，隸中領軍（領軍將軍）。宋四品。梁七班。陳六品，秩千石。　司馬：官名。魏晋南朝諸王府、公府、將軍府皆置，高級幕僚，掌參贊軍務，管理府内武職，位僅次長史，品秩隨府主地位高低而定。宋六品至七品。梁十班至六班。陳五品至八品。

[7]建平王：劉景素。

[8]左軍將軍：按，《梁書·孫謙傳》、《通志》卷一七〇皆與本書同，《册府元龜》卷七一九作“左軍參軍”。中華本校勘記以爲，“左軍將軍”軍號、資叙甚高，謙齊初尚爲錢唐令，疑當從《册府元龜》作“左軍參軍”。

齊初，爲錢唐令，[1]御煩以簡，獄無繫囚。及去官，百姓以謙在職不受餉遺，追載縑帛以送之。謙辭不受。每去官，輒無私宅，借空車厩居焉。永明初，爲江夏太守，坐被代輒去郡，繫尚方，頃之，免爲中散大夫。明帝將廢立，欲引謙爲心膂，使兼衛尉，[2]給甲仗百人。謙不願處際會，輒散甲士，帝雖不罪而弗復任焉。

[1]爲錢唐令：按，《梁書》卷五三《孫謙傳》“錢唐令”上有

“寧朔將軍”四字。

[2]衛尉：官名。專掌宫禁及京城防衛。宋三品。梁稱衛尉卿，位列十二卿，十二班。陳沿置，三品，秩中二千石。

梁天監六年，爲零陵太守，[1]年已衰老，猶强力爲政，吏人安之。先是，郡多猛獸暴，[2]謙至絶迹。及去官之夜，猛獸即害居人。謙爲郡縣，常勤勸課農桑，務盡地利，收入常多於鄰境。九年，以老徵爲光禄大夫。[3]及至，帝嘉其清潔，甚禮異焉。每朝見，猶請劇職自效。帝笑之曰："朕當使卿智，不使卿力。"十四年，詔加優秩，[4]給親信二十人，并給扶。[5]

[1]零陵太守：按，《梁書》卷五三《孫謙傳》作“出爲輔國將軍、零陵太守”。零陵，郡名。治泉陵縣，在今湖南永州市。

[2]猛獸：按，《梁書·孫謙傳》作“虎”，此避唐高祖李淵祖父李虎諱改。下同。

[3]光禄大夫：官名。多授予年老致仕官員，以示優崇，亦常用作卒後贈官。宋三品。梁十三班。陳三品，秩中二千石。

[4]優秩：優厚的俸給。

[5]給扶：給予扶侍之人。爲君主賜予大臣的一種禮遇。

謙自少及老，歷二縣五郡，[1]所在廉潔。居身儉素，牀施蘧蒢屏風。冬則布被莞席。夏日無幬帳，而夜卧未嘗有蚉蚋，人多異焉。年逾九十，强壯如五六十者。[2]每朝會，輒先衆到公門。力於仁義，行己過人甚遠。從兄靈慶嘗病寄謙，謙行出，[3]還問起居，靈慶曰："向飲冷熱不調，即時猶渴。"謙退遣其妻。有彭城劉融，行乞疾篤無所歸，友人輿送謙舍，謙開聽事以受之。及融死，以禮殯葬，衆咸服其行義。末年，頭生二肉角，各長一寸。[4]

[1]歷二縣五郡：按，孫謙僅歷巴東、建平、江夏、零陵四郡太守，此云"五郡"，明顯有訛。參本書及《梁書》卷五三《孫謙傳》中華本校勘記。

[2]五六十：按，《梁書·孫謙傳》作"五十"，《通志》卷一七〇與本書同。

[3]從兄靈慶嘗病寄謙，謙行出：按，《梁書·孫謙傳》"寄謙"作"寄於謙"，"行出"作"出行"。《通志》卷一七〇與本書同。若依文意，則"寄"下"於"字不當删省，須從《梁書》補。

[4]末年，頭生二肉角，各長一寸：按，《梁書·孫謙傳》無此諸語，《通志》卷一七〇與本書同。

十五年，卒官，時年九十二。臨終遺命諸子曰：[1]"吾少無人間意，故自不求聞達，而仕歷三代，官成兩朝，如我資名，或蒙贈謚，自公體耳。氣絶即以幅巾就葬，每存儉率。比見轜車過精，[2]非吾志也。士安束以蘧篨，[3]王孫倮入后地，[4]雖是匹夫之節，取於人情未允。今使棺足周身，壙足容柩。旐書爵里，無曰不然。旒表命數，差可停息。直僦轜牀，裝之以蘧。以常所乘者爲魂車，他無所用。"第二子貞巧，乃織細蘧裝轜，以篾爲鈴佩，雖素而華。帝爲舉哀，甚悼惜之。

[1]臨終遺命諸子曰：按，以下至"雖素而華"，《梁書》卷五三《孫謙傳》無此段記述，《通志》卷一七〇雖有謙臨終遺命諸子

語，然甚簡，且未叙其子貞巧葬父事。

［2］輴車：古代載運靈柩的車。

［3］士安：皇甫謐。字士安，安定朝那（今寧夏固原市）人。《晋書》卷五一有傳。

［4］王孫：楊王孫。西漢武帝時人，《漢書》卷六七有傳。

從子廉字思約。父奉伯位少府卿、淮南太守。[1]廉便辟巧宦，齊時已歷大縣，尚書右丞。天監初，沈約、范雲當朝用事，廉傾意奉之。及中書舍人黄睦之等，[2]亦尤所結附。凡貴要每食，廉必日進滋旨，皆手自煎調，不辭勤劇，遂得爲列卿，[3]御史中丞，[4]晋陵、吴興太守。[5]廣陵高爽有險薄才，[6]客於廉，廉委以文記。爽嘗有求不遂，乃爲屐謎以喻廉曰："刺鼻不知嚏，蹋面不知瞋，[7]齧齒作步數，持此得勝人。"譏其不計耻辱，以此取名位。然處官平直，[8]遂以善政稱。武帝嘗曰："東莞二孫，謙、廉而已。"

［1］父奉伯位少府卿、淮南太守：按，《梁書》卷五三《孫謙傳》無此記叙，《通志》卷一七〇與本書同。奉伯，孫奉伯。南朝宋明帝時歷南譙太守、交州刺史、始興太守、淮南太守等。見《宋書》卷八《明帝紀》、卷四一《后妃傳》及《南齊書·祥瑞志》。淮南，郡名。東晋僑置於于湖縣，在今安徽蕪湖市西北。後割于湖、蕪湖二縣爲實土，治姑孰，在今安徽當塗縣。按，"淮南太守"，中華本校勘記："張森楷《南史校勘記》云：'《宋書·明帝紀》作南譙太守，《隋書·經籍志》作南海太守。'未知孰是。"

［2］中書舍人：官名。即中書通事舍人。中書省屬官，職掌收納、轉呈文書章奏。南朝多以寒士、細人爲之，入直禁中，出宣詔

命，漸奪侍郎擬詔之任。宋七品。梁四班。陳八品。　黄睦之：吴興烏程（今浙江湖州市）人。事見本書卷二〇《謝覽傳》、卷四八《陸杲傳》。

[3]列卿：亦作諸卿。指位居公下的高級官員。

[4]御史中丞：官名。兩晋南北朝皆置，掌監察、執法等。南朝亦稱南司，職權雖重，世族名士多不樂爲之。宋四品。梁十一班。陳三品，秩二千石。

[5]晋陵：郡名。治晋陵縣，在今江蘇常州市。

[6]廣陵：郡名。治廣陵縣，在今江蘇揚州市西北蜀岡上。高爽：本書卷七二、《梁書》卷四九有附傳。

[7]瞋：汲古閣本、百衲本同，殿本、中華本作"嗔"。

[8]然處官平直：按，以下至"謙、廉而已"，《梁書·孫謙傳》無此記叙，《通志》卷一七〇與本書同。

何遠字義方，東海郯人也。[1]父慧炬，齊尚書郎。[2]遠仕齊，爲奉朝請。豫崔慧景敗亡事，[3]抵尚書令蕭懿，[4]懿深保匿焉。會赦出。頃之，懿遭難，子弟皆潛伏，遠求得懿弟融藏之。[5]既而發覺，遠踰垣以免，融遇禍，遠家屬繫尚方。遠遂亡度江，因降魏。入壽陽見刺史王肅，[6]求迎梁武帝，肅遣兵援送。武帝見遠謂張弘策曰：[7]"何遠丈夫，[8]而能破家報舊德，未易人也。"[9]

[1]郯：縣名。治所在今山東郯城縣。

[2]尚書郎：官名。尚書諸曹長官的通稱。亦稱尚書郎中，其資深勤能者可轉侍郎。宋六品。梁吏部郎十一班，諸曹侍郎六班、郎中五班。陳四品，秩六百石。

［3］豫崔慧景敗亡事：本書刻意求簡，將《梁書》卷五三《何遠傳》中“永元中，江夏王寶玄於京口爲護軍將軍崔慧景所奉，入圍宫城，遠豫其事，事敗，乃亡”删成七字，以致語焉不清。崔慧景，字君山，清河東武城（今河北清河縣）人。本書卷四五、《南齊書》卷五一有傳。

［4］蕭懿：字元達，南蘭陵（今江蘇常州市武進區西北）人，梁武帝長兄。本書卷五一有傳，事亦見《梁書》卷二三《長沙嗣王業傳》。

［5］融：蕭融。梁武帝第五弟。本書卷五一有傳，事亦見《梁書》卷二三《桂陽嗣王象傳》。

［6］王肅：字恭懿，琅邪臨沂（今山東臨沂市）人。《北史》卷四二、《魏書》卷六三有傳。

［7］張弘策：字真簡，范陽方城（今河北固安縣）人。本書卷五六、《梁書》卷一一有傳。

［8］何遠丈夫：按,《梁書·何遠傳》“丈夫”上有一“美”字。

［9］未易人也：汲古閣本、殿本、百衲本同，《梁書》舊本及《通志》卷一七〇並同，中華本據《册府元龜》卷九四九“人”改“及”。按，“未易人”即“難得之人”，與上文所言之事語義不悖，故不必改。

武帝踐祚，以奉迎勳封廣興男，[1]爲後軍鄱陽王恢録事參軍。[2]遠與恢素善，在府盡其志力，知無不爲。恢亦推心仗之，恩寄甚密。

［1］以奉迎勳封廣興男：按，據《梁書》卷五三《何遠傳》，食邑三百户。

［2］鄱陽王恢：蕭恢。字弘達，梁武帝弟。本書卷五二、《梁書》卷二二有傳。

遷武昌太守。遠本倜儻，尚輕俠。至是乃折節爲吏，杜絶交游，饋遺秋毫無所受。武昌俗皆汲江水，盛夏，遠患水温，每以錢買人井寒水。不取錢者，則摙水還之，其他事率多如此。迹雖似僞，而能委曲用意。車服尤弊素，器物無銅漆。江左水族甚賤，遠每食不過乾魚數片而已。然性剛嚴，吏人多以細事受鞭罰，遂爲人所訟，徵下廷尉，被劾十數條。[1]當時士大夫坐法，皆不受測。[2]遠度己無贓，就測立三七日不款，[3]猶以私藏禁仗除名。[4]

[1]十數條：按，《梁書》卷五三《何遠傳》作“數十條”。

[2]受測：使用測刑。測，刑罰名。本書卷七一《沈洙傳》云：“梁代舊律，測囚之法，日一上，起自晡鼓，盡于二更。”《隋書·刑法志》云：“凡繫獄者，不即答款，應加測罰，不得以人士爲隔。”按，《梁書·何遠傳》“受測”作“受立”。

[3]測立：亦稱立測。南朝梁訊囚之法。《隋書·刑法志》云：“其有贓驗顯然而不款，則上測立。立測者，以土爲垛，高一尺，上圓，劣容囚兩足立。鞭二十，笞三十訖，著兩械及杻，上垛。一上測七刻，日再上。三七日上測，七日一行鞭。凡經杖，合一百五十，得度不承者，免死。”按，《梁書·何遠傳》“測立”作“立”，其上無“測”字。

[4]禁仗：皇帝儀仗。

後爲武康令，[1]愈厲廉節，除淫祀，正身率職，人甚稱之。太守王彬巡屬縣，[2]諸皆盛供帳以待焉。[3]至武康，遠獨設糗水而已。彬去，遠送至境，進斗酒隻鵝而別。彬戲曰：“卿禮有過陸納，[4]將不爲古人所笑乎。”武帝聞其能，擢爲宣城太守。自縣爲近畿大郡，近代未之有也。郡經寇抄，遠盡心綏理，復著名迹。朞年，遷樹功將軍、始興内史。[5]時泉陵侯朗爲桂州，[6]緣道多剽掠，入始興界，草木無所犯。

[1]武康令：殿本、百衲本、中華本同，汲古閣本“康”作“昌”。按，《梁書》卷五三《何遠傳》“武康令”上有“鎮南將軍”四字，《通志》卷一七〇與本書同。

[2]王彬：字思文，琅邪臨沂（今山東臨沂市）人。本書卷二二有附傳。

[3]諸皆盛供帳以待焉：汲古閣本、殿本、百衲本同，中華本及《梁書·何遠傳》、《通志》卷一七〇“諸”作“諸縣”。似應據補“縣”字。

[4]陸納：字祖言，吴郡吴（今江蘇蘇州市）人。東晋廉臣。《晋書》卷七七有附傳。

[5]樹功將軍：官名。南朝梁置，爲加官、散官性質的將軍，六班。陳沿置，擬八品，比秩六百石。

[6]泉陵侯朗：蕭朗。本名淵朗，此避唐高祖李淵諱省，字靖徹，梁宗室。本書卷五一有附傳。　桂州：州名。南朝梁武帝天監中置，治武熙縣，在今廣西柳州市西南。大同中移治始安縣，在今廣西桂林市。

遠在官，好開途巷，脩葺牆屋，人居市里，城隍廐庫，所過若營家焉。田秩奉錢，並無所取，歲暮擇人尤窮者免其租調，[1]以此爲常。然其聽訟猶人也，不能過絶。而性果斷，人畏而惜之，所至皆生爲立祠，表言政狀，[2]帝每優詔答焉。後歷給事黄門侍郎，[3]信武將軍，[4]監吴郡。[5]在吴頗有酒失。遷東陽太守。[6]遠處職，疾强富如仇讎，視貧細如子弟，特爲豪右所畏憚。在東陽歲餘，復爲受罰者所謗，坐免歸。

[1]免：汲古閣本、殿本、百衲本、中華本作“充”，《梁書》卷五三《何遠傳》、《通志》卷一七〇亦作“充”。應據諸本改。

[2]政狀：按，《梁書·何遠傳》作“治狀”，此避唐高宗李治諱改。

[3]給事黄門侍郎：官名。魏晋南北朝置爲侍中省或門下省次官，與侍中俱掌門下衆事，職掌略同，地位隨皇帝旨意或侍中地位而上下。宋五品。梁十二班。陳四品，秩二千石。

[4]信武將軍：官名。南朝梁置，五德將軍之一，爲武職二十四班中的十五班。地位較高，並可爲文職清官兼領。

[5]監吴郡：即以信武將軍監理吴郡民政事務，行使郡守職權。南朝多見此制。

[6]東陽：郡名。治長山縣，在今浙江金華市。

遠性耿介，無私曲，居人間絶請謁，不造詣。與貴賤書疏，抗禮如一。其所會遇，未嘗以顔色下人。是以多爲俗士所疾惡。其清公實爲天下第一。居數郡，見可欲終不變其心，妻子饑寒如下貧者。及去東陽歸家，經年歲，口不言榮辱，士類益以此多之。其輕財好義，周人之急，言不虚妄，蓋天性也。每戲語人云：“卿能得我一妄語，則謝卿以一縑。”衆共伺之，不能記也。後爲征西諮議參軍、中撫軍司馬，卒。[1]

[1]卒：按，據《梁書》卷五三《何遠傳》，何遠卒於梁武帝

普通二年（521），時年五十二。

郭祖深，[1]襄陽人也。[2]梁武帝初起，以客從。[3]後隨蔡道恭在司州。[4]陷北還，上書言境上事，不見用。選爲長兼南梁郡丞，[5]徙後軍行參軍。帝溺情内教，[6]朝政縱弛，祖深輿櫬詣闕上封事，其略曰：

[1]郭祖深：按，《梁書》卷五三《良吏傳》無郭祖深傳，《通志》卷一七〇雖有傳而甚簡。王鳴盛《十七史商榷》卷六四《循吏多誤》以爲："郭祖深則以上書稱剛直，非循吏，傳末不載所終，亦非體。"

[2]襄陽：郡名。治襄陽縣，在今湖北襄陽市。

[3]客：即門客。指依附於豪門世族爲其服務者。魏晋南北朝時地位低於良人，高於奴婢。

[4]蔡道恭：字懷儉，南陽冠軍（今河南鄧州市）人。本書卷五五、《梁書》卷一〇有傳。　司州：州名。宋明帝泰始中置。治平陽縣，在今河南信陽市。

[5]選：按，《通志》卷一七〇作"還"。　長兼：官制術語。原指長期兼任某職，後發展爲一種任官形式。秩位低於正員，可由此升爲正員，亦可由正員降此。　南梁：郡名。南朝梁置。治阜陵戍，在今安徽全椒縣東南。　郡丞：官名。爲郡守副貳，佐郡守掌衆事。宋八品。梁十班。陳七品至八品，秩六百石。

[6]内教：謂佛教。亦爲佛教自稱其經典。

大梁應運，功高百王，慈悲既弘，憲律如替。愚輩罔識，褫慢斯作。[1]各競奢侈，貪穢遂生。頗由陛下寵勳太過，馭下太寬，故廉潔者自進無途，貪苛者取入多徑，[2]直弦者淪溺溝壑，曲鉤者升進重沓。飾口利辭，競相推薦，訥直守信，坐見埋没。勞深勳厚，禄賞未均，[3]無功側入，反加寵擢。昔宋人賣酒，犬惡致酸，[4]陛下之犬，其甚矣哉。

[1]褫慢斯作：按，《册府元龜》卷五四一"褫"作"悖"，《釋文紀》卷二七與本書同。

[2]貪苛者取入多徑：汲古閣本、百衲本、中華本同，殿本"入"作"人"。按，《册府元龜》卷五四一作"入"，《釋文紀》卷二七與本書同。

[3]禄賞未均：按，《册府元龜》卷五四一"禄賞"作"福賞"，《釋文紀》卷二七與本書同。

[4]宋人賣酒，犬惡致酸：先秦寓言。見《韓非子·外儲説右上》。按，《册府元龜》卷五四一"犬惡"作"惡犬"，《釋文紀》卷二七與本書同。

臣聞人爲國本，食爲人命，故《禮》曰國無六年之儲，謂非其國也。[1]推此而言，農爲急務。而郡縣苛暴，不加勸奬，今年豐歲稔，[2]猶人有飢色，[3]設遇水旱，何以救之？陛下昔歲尚學，置立五館，[4]行吟坐詠，誦聲溢境。比來慕法，普天信向，家家齋戒，人人懺禮，不務農桑，空談彼岸。夫農桑者今日濟育，功德者將來勝因，[5]豈可墮本勤末，置邇效賒也。[6]今商旅轉繁，游食轉衆，耕夫日少，杼軸日空。陛下若廣興屯田，賤金貴粟，勤農桑者擢以階級，惰耕織者告以明刑。如此數年，則家給人足，廉讓可生。[7]

[1]故《禮》曰國無六年之儲，謂非其國也：語本《禮記·王制》云:“國無九年之蓄，曰不足；無六年之蓄，曰急；無三年之蓄，曰國非其國也。”

[2]今年豐歲稔：汲古閣本、百衲本、中華本同，殿本“今”作“本”。按，《册府元龜》卷五四一作“今”，《釋文紀》卷二七作“本”。

[3]猶人：按，《册府元龜》卷五四一作“人猶”，《釋文紀》卷二七作“猶人”。

[4]五館：學館名。南朝梁武帝天監四年（505）開設，“總以《五經》教授，置《五經》博士各一人”。見本書卷七一《儒林傳序》。

[5]功德：多指念佛、誦經、布施等事。亦佛教語。《大乘義章·十功德義三門分別》:“功謂功能，能破生死，能得涅槃，能度衆生，名之爲功。此功是其善行家德，故云功德。”　勝因：佛教語。即善因。

[6]置遡效賒也：按，《册府元龜》卷五四一“遡”作“交”，《釋文紀》卷二七與本書同。

[7]則家給人足，廉讓可生：按，《册府元龜》卷五四一作“家給人足，廉讓則可生”，《釋文紀》卷二七與本書同。

夫君子小人，智計不同，君子志於道，小人謀於利。志於道者安國濟人，志於利者損物圖己。道人者害國小人也，[1]忠良者捍國君子也。臣見疾者詣道士則勸奏章，僧尼則令齋講，俗師則鬼禍須解，醫診則湯熨散丸，皆先自爲也。臣謂爲國之本，與療病相類。療病當去巫鬼尋華、扁，[2]爲國當黜佞邪用管、晏。[3]今之所任，腹背之毛耳。論外則有勉、捨，[4]説内則有雲、旻。[5]雲、旻所議則傷俗盛法，勉、捨之志唯願安枕江東。主慈臣恇，[6]息謀外甸，使中國士女南望懷冤，[7]若賈誼重生，[8]豈不慟哭。臣今直言犯顔，罪或容宥，而乖忤貴臣，則禍在不測。所以不憚鼎鑊區區必聞者，正以社稷計重而螻蟻命輕。使臣言入身滅，[9]臣何所恨。

[1]道人者害國小人也：按，《册府元龜》卷五四一“道人”作“逆惡”,《釋文紀》卷二七與本書同。道人，指佛教徒，和尚。

[2]華、扁：華佗、扁鵲。

[3]管、晏：管仲、晏嬰。

[4]勉：徐勉。字脩仁，東海郯（今山東郯城縣）人。本書卷六〇、《梁書》卷二五有傳。　捨：周捨。字昇逸，汝南安成（今河南汝南縣）人。本書卷三四有附傳，《梁書》卷二五有傳。

[5]雲：范雲。　旻：鄭旻。滎陽（今河南滎陽市）人，鄭萬頃父。梁末入魏。事見本書卷六五、《陳書》卷一四《南康愍王曇朗傳》。

[6]主慈臣恇：按,《册府元龜》卷五四一作“主慈臣怯”,《釋文紀》卷二七與本書同。

[7]使中國士女南望懷冤：按,《册府元龜》卷五四一“中國”作“南中”,《釋文紀》卷二七與本書同。

[8]賈誼：西漢洛陽（今河南洛陽市）人。《史記》卷八四、《漢書》卷四八有傳。

[9]使臣言入身滅：按,《册府元龜》卷五四一無“臣”字，

《釋文紀》卷二七與本書同。

夫謀臣良將，何代無之，貴在見知，要在用耳。陛下皇基兆運二十餘載，臣子之節，諫争是誰？執事皆同而不和，答問唯唯而已。入對則言“聖旨神衷”，[1]出論則云“誰敢逆耳”。過實在下而謫見於上，遂使聖皇降誡，[2]躬自引咎，宰輔晏然，曾無謙退。且百僚卿士，尠有奉公，[3]尸禄競利，不尚廉潔。累金積鏹，侍列如仙，不田不商，何故而爾？[4]法者人之父母，惠者人之仇讎，法嚴則人思善，德多則物生惡，惡不可長，欲不可縱。伏願去貪濁，進廉平，明法令，嚴刑罰，禁奢侈，薄賦斂，則天下幸甚。謹上封事二十九條，伏願抑獨斷之明，少察愚瞽。

［1］聖旨神衷：按，《册府元龜》卷五四一“神衷”作“宸衷”，《釋文紀》卷二七與本書同。

［2］聖皇降誡：按，《册府元龜》卷五四一“降誡”作“降諴”，《釋文紀》卷二七與本書同。

［3］尠有奉公：按，《册府元龜》卷五四一作“渺有奉公”，《釋文紀》卷二七與本書同。

［4］何故而爾：按，《册府元龜》卷五四一作“何因而爾”，《釋文紀》卷二七與本書同。

時帝大弘釋典，[1]將以易俗，故祖深尤言其事，條以爲：

[1]大弘釋典：按,《册府元龜》卷五四一作“大引釋典”,《釋文紀》卷二七與本書同。

都下佛寺五百餘所，窮極宏麗。[1]僧尼十餘萬，資産豐沃。[2]所在郡縣，不可勝言。道人又有白徒，尼則皆畜養女，[3]皆不貫人籍，天下户口幾亡其半。而僧尼多非法，[4]養女皆服羅紈，其蠹俗傷法，抑由於此。請精加檢括，[5]若無道行，四十已下，皆使還俗附農。罷白徒、養女，聽畜奴婢。婢唯著青布衣，[6]僧尼皆令蔬食。[7]如此，則法興俗盛，[8]國富人殷。不然，恐方來處處成寺，家家剃落，尺土一人，非復國有。

[1]窮極宏麗：按,《册府元龜》卷五四一作“窮極寵麗”,《釋文紀》卷二七與本書同。

[2]僧尼十餘萬，資産豐沃：按,《册府元龜》卷五四一作“僧尼十餘萬貫，資産沃壤”,《釋文紀》卷二七與本書同。

[3]白徒、養女：南朝時指受寺院僧尼蔭庇的男女，不貫户籍，不服課役，爲寺院私屬。按，《册府元龜》卷五四一“白徒”作“白從”,《釋文紀》卷二七與本書同。

[4]而僧尼多非法：按,《册府元龜》卷五四一“非法”作“畜”,《釋文紀》卷二七與本書同。

[5]檢括：按,《册府元龜》卷五四一作“簡括”,《釋文紀》卷二七與本書同。

[6]聽畜奴婢：按，《册府元龜》卷五四一無“婢”字，《釋文紀》卷二七與本書同。

[7]僧尼皆令蔬食：按,《册府元龜》卷五四一“令”作“命”,

《釋文紀》卷二七與本書同。

[8]法興俗盛：按,《册府元龜》卷五四一“興”作“與”,《釋文紀》卷二七與本書同。

朝廷擢用勳舊，爲三陲州郡，不顧御人之道，唯以貪殘爲務。迫脅良善，害甚犲狼。江、湘人尤受其弊。[1]自三關以外,[2]是處遭毒。而此勳人投化之始，但有一身，及被任用，皆募部曲。而揚、徐之人,[3]逼以衆役，多投其募，利其貨財。皆虚名上簿，止送出三津,[4]名在遠役，身歸鄉里。又懼本屬檢問,[5]於是逃亡他境，僑户之興，良由此故。又梁興以來，發人征役，號爲三五。[6]及投募將客,[7]主將無恩，存卹失理,[8]多有物故，輒刺叛亡。[9]或有身殞戰場，而名在叛目，監符下討,[10]稱爲逋叛，録質家丁。合家又叛，則取同籍，同籍又叛，則取比伍,[11]比伍又叛，則望村而取。一人有犯，則合村皆空。雖肆眚時降,[12]蕩滌惟始，而監符猶下舊日，限以嚴程。上下任信下,[13]轉相督促。臺使到州，州又遣押使至郡，州郡競急切,[14]同趣下城。令宰多庸才，望風畏伏。於是斂户課,[15]薦其筐篚,[16]使人納重貨，許立空文。其百里微欲矯俗,[17]則嚴科立至，自是所在恣意貪利，以事上官。

[1]江、湘：江州、湘州。相當今江西、福建、湖南及廣西東北地區。

[2]三關：又稱“義陽三關”。即黄峴、武陽（一作“武勝”）、平靖三關的合稱。在今河南信陽市南豫、鄂兩省交界處。爲南北交通要道及兵争要地。《南齊書·州郡志下》謂司州義陽郡“有三關之隘”，即此。

[3]揚、徐：揚州、南徐州。相當今江蘇、安徽淮河以南及浙江地區。

[4]止送出三津：按，《册府元龜》卷五四一無“止”字，《釋文紀》卷二七與本書同。

[5]檢問：按，《釋文紀》卷二七同，《册府元龜》卷五四一作“簡問”。

[6]三五：南朝役制之一。規定庶族之家服役，三丁取一，五丁取二。

[7]將客：按，《册府元龜》卷五四一作“將營”，《釋文紀》卷二七與本書同。

[8]存郵：按，《册府元龜》卷五四一作“在郵”，《釋文紀》卷二七與本書同。

[9]輒刺叛亡：殿本、百衲本、中華本同，汲古閣本“輒”作“輕”。按，《册府元龜》卷五四一“輒刺”作“輒利”，《釋文紀》卷二七與本書同。

[10]監符下討：按，《册府元龜》卷五四一作“符下討捕”，《釋文紀》卷二七與本書同。

[11]同籍又叛，則取比伍：按，《册府元龜》卷五四一與本書同，《釋文紀》卷二七無“同籍”二字。比伍，古代居民的基層編制，謂左右相次的五家爲一伍。

[12]肆眚（shěng）：寬赦罪人。

[13]上下任信下：汲古閣本、殿本、百衲本同。中華本改作“上不任信下”。按，《册府元龜》卷五四一作“上任信下”，《釋文紀》卷二七與本書同。

[14]州郡競急切：按，《册府元龜》卷五四一同，《釋文紀》

卷二七無“州郡”二字。

［15］於是斂户課：按，《册府元龜》卷五四一同，《釋文紀》卷二七“斂”作“劍”。

［16］篋篚：《册府元龜》卷五四一作“箱”，《釋文紀》卷二七與本書同。

［17］其百里微欲矯俗：按，《册府元龜》卷五四一“其”作“有”，《釋文紀》卷二七與本書同。百里，借指縣令。

又“請斷界首將生口入北，及關津廢替，須加糾擿”。又言“廬陵年少，［1］不宜鎮襄陽；左僕射王暕在喪，［2］被起爲吴郡，曾無辭讓”。其言深刻。又“請復郊四星”。［3］帝雖不能悉用，然嘉其正直，［4］擢爲豫章鍾陵令，［5］員外散騎常侍。［6］

［1］廬陵：廬陵王蕭續。字世訢，梁武帝第五子。中大通二年（530）爲雍州刺史，鎮襄陽。本書卷五三、《梁書》卷二九有傳。

［2］王暕：字思晦，琅邪臨沂（今山東臨沂市）人。本書卷二二有附傳，《梁書》卷二一有傳。

［3］四星：四方星宿。即東方蒼龍七宿、西方白虎七宿、南方朱鳥七宿、北方玄武七宿。按，《册府元龜》卷五四一、《釋文紀》卷二七與本書同，《通志》作“四皇”。

［4］正直：按，《册府元龜》卷五四一“正”作“直”，《通志》卷一七〇與本書同。

［5］豫章：郡名。治南昌縣，在今江西南昌市。　鍾陵：縣名。治所在今江西進賢縣西北。

［6］員外散騎常侍：官名。省稱員外常侍。三國魏末置，兩晋、南朝及北魏、北齊沿置。初多授公族、宗室，雖是閑職，仍爲顯官。南朝宋、齊時常用作安置閑退官員等，地位漸低。至梁復重其

選，職依正員，品視黄門郎，但終不爲人所重。梁十班。陳四品，秩二千石。

普通七年，[1]改南州津爲南津校尉，[2]以祖深爲之。加雲騎將軍，[3]秩二千石，[4]使募部曲二千。[5]及至南州，[6]公嚴清刻。由來王侯勢家出入津，[7]不忌憲綱，[8]俠藏亡命。祖深搜檢姦惡，不避强禦，動致刑辟。奏江州刺史邵陵王、太子詹事周捨贓罪。[9]遠近側足，莫敢縱恣。淮南太守畏之如上府。[10]

[1]普通：南朝梁武帝蕭衍年號（520—527）。

[2]南州津：渡口名。一作南津，亦稱採石津，在今安徽馬鞍山市西南採石磯江口。　南津校尉：官名。南朝梁置。南州津長官，負責檢查過往商旅禁物及亡叛者，品秩不詳。按，校尉，官名。魏晋南北朝時名號極繁，職掌各異，品秩高低不等。

[3]雲騎將軍：官名。梁置左、右驍騎將軍，改舊驍騎將軍爲雲騎將軍，降左、右驍騎一階。屬中領軍（領軍將軍），侍衛左右，十班。陳沿置，四品，秩千石。

[4]秩二千石：即月俸百二十斛，相當於郡守的俸禄。

[5]二千：按，《廉吏傳》卷下、《册府元龜》卷二〇〇及《通志》卷一七〇並作“三千”。

[6]及至南州：按，《廉吏傳》卷下、《通志》卷一七〇與本書同，《册府元龜》卷二〇〇無“至”字。

[7]津：按，《廉吏傳》卷下、《通志》卷一七〇與本書同，《册府元龜》卷二〇〇作“南津”。

[8]憲綱：汲古閣本、百衲本同，殿本、中華本作“憲綱”。《通志》卷一七〇、《册府元龜》卷二〇〇作“憲網”。

[9]邵陵王：蕭綸。梁武帝第六子。本書卷五三、《梁書》卷

二九有傳。

［10］上府：上級官署，上司。

常服故布襦，素木案，食不過一肉。有姥餉一早青瓜，祖深報以疋帛。後有富人效之以貨，鞭而徇衆。朝野憚之，絶於干請。所領皆精兵，令行禁止。有所討逐，越境追禽。江中嘗有賊，祖深自率討之，列陣未敢進，仍令所親人先登，[1]不時進，[2]斬之。遂大破賊，威振遠近，長江肅清。

［1］仍令所親人先登：按，《册府元龜》卷三五二“仍”作“每”，《通志》卷一七〇與本書同。

［2］不時進：汲古閣本、百衲本、中華本同，殿本作“追”。《册府元龜》卷三五二、《通志》卷一七〇並作“進”。

論曰：[1]善政之於人，猶良工之於埴也，用功寡而成器多焉。[2]漢世户口殷盛，刑務簡闊，郡縣之職，外無横擾，[3]勸賞威刑，事多專斷，尺一詔書，希經邦邑。吏居官者或長子孫，[4]皆敷德政以盡人和，興義讓以存簡久。[5]故龔、黄之化，[6]易以有成。降及晚代，情僞繁起，人減昔時，務殷前世。[7]立績垂風，難易百倍。若以上古之化，御此世之人，[8]今吏之良，撫前代之俗，則武城弦歌，[9]將有未暇，淮陽卧鎮，[10]如或可勉。未必今才陋古，蓋化有醇薄者也。

［1］論曰：按，此論主要抄録《宋書》卷九二《良吏傳》末

"史臣曰"，兼采同書卷六五《吉翰傳》末"史臣曰"，稍加改動而成。

[2]用功寡而成器多焉：汲古閣本、百衲本、中華本及《宋書·良吏傳》同，殿本"寡"作"寬"。

[3]郡縣之職，外無横擾：按，《宋書·良吏傳》"之職""外無"作"治民""無所"。

[4]吏居官者或長子孫：語出《漢書》卷八六《王嘉傳》："孝文時，吏居官者或長子孫，以官爲氏，倉氏、庫氏則倉庫吏之後也。"按，《宋書·吉翰傳》"吏"上有"漢之良"三字。

[5]皆敷德政以盡人和，興義讓以存簡久：按，《宋書·吉翰傳》"敷"下無"德"字，"人和"作"民和"，"興"下無"義"字。

[6]龔、黄：漢代循吏龔遂、黄霸。亦泛指循吏。龔遂，字少卿，山陽南平陽（今山東鄒城市）人；黄霸，字次公，淮陽陽夏（今河南太康縣）人。《漢書》卷八九並有傳。

[7]務殷前世：按，《宋書·良吏傳》"殷"作"多"。

[8]御此世之人：按，《宋書·良吏傳》"御"作"治"，此避唐高宗李治諱改。

[9]武城弦歌：典出《論語·陽貨》。謂春秋時子游仕魯爲武城宰，用禮樂教化百姓。及"子之武城，聞弦歌之聲"。後因以表示重視教化，爲政得法。參《史記》卷六七《仲尼弟子列傳》。武城，春秋魯邑。在今山東嘉祥縣南。一説在今山東費縣西南。

[10]淮陽卧鎮：典出《史記》卷一二〇《汲鄭列傳》。謂漢武帝時汲黯爲郡守，輕刑簡政，責大旨不苛小，雖多卧病不出，猶有治績，被譽"卧而治之"。後因表示爲政清簡，無爲而治。卧鎮，猶卧治。淮陽，郡名。治陳縣，在今河南周口市淮陽區。

南史　卷七一

列傳第六十一

儒林

伏曼容 子暅 暅子挺　何佟之　嚴植之
司馬筠　卞華　崔靈恩　孔僉　盧廣
沈峻 太叔史明[1] 峻子文阿　孔子袪[2]　皇侃
沈洙　戚衮　鄭灼 張崖 陸詡 沈德威 賀德基
全緩　張譏　顧越 龔孟舒　沈不害　王元規 陸慶

[1]太叔史明：大德本、汲古閣本、殿本、百衲本、中華本作"太史叔明"。按，底本傳文均作"太史叔明"，此應依傳文改。

[2]孔子袪：按，大德本、汲古閣本、百衲本同，殿本、中華本及《梁書》卷四八亦作"孔子袪"。

蓋今之儒者，本因古之六學，[1]以弘風正俗，斯則王政之所先也。自秦氏坑焚，其道用缺。及漢武帝時，開設學校，立《五經》博士，[2]置弟子員，[3]射策設科，[4]勸以官禄，傳業者故益衆矣。其後太學生徒，[5]動至萬數，郡國黌舍，悉皆充滿，其學於山澤者，或就而爲列肆焉。故自兩漢登賢，[6]咸資經術。[7]洎魏正始以後，更尚玄虚，公卿士庶，罕通經業。[8]時荀顗、摯虞之徒，[9]雖議創制，未有能易俗移風者也。[10]自是中原横潰，衣冠道盡。[11]逮江左草創，[12]日不暇給，以迄宋、齊，國學時或開置，而勸課未博，建之不能十年，蓋取文具而已。是時，鄉里莫或開館，公卿罕通經術。朝廷大儒，獨學而弗肯養衆，後生孤陋，擁經而無所講習。大道之鬱也久矣乎。[13]至梁武創業，深愍其弊，天監四年，[14]乃詔開五館，建立國學，總以《五經》教授，置《五經》博士各一人。於是以平原明山賓、吴郡陸璉、吴興沈峻、建平嚴植之、會稽賀瑒補博士，[15]各主一館。館有數百生，給其餼禀，[16]其射策通明經者，[17]即除爲吏，[18]於是懷經負笈者雲會矣。[19]又選學生遣就會稽雲門山，[20]受業於廬江何胤；[21]分遣博士、祭酒，[22]到州郡立學。七年，又詔皇太子、宗室、王侯始就學受業，武帝親屈輿駕，釋奠於先師先聖，[23]申之以讌語，勞之以束帛，[24]濟濟焉，洋洋焉，大道之行也如是。及陳武創業，時經喪亂，衣冠殄瘁，寇賊未寧，敦獎之方，所未遑也。天嘉以後，[25]稍置學官，雖博延生徒，成業蓋寡。其所采綴，蓋亦梁之遺儒，今並集之，以備《儒林》云。

[1]六學：六藝或《六經》。六藝，指周代教育學生的六種科目，即禮、樂、射、御、書、數；《六經》，指六部儒家經典，即

《禮》《樂》《書》《詩》《易》《春秋》。此處指《六經》。

［2］《五經》博士：官名。西漢武帝建元五年（前136）始置，掌策試官吏，在太學中教授《五經》。初秩比四百石，後升比六百石。南朝梁復置，位在國子博士下，太學博士上，六班。陳因之，六品，秩六百石。《五經》，指《詩》《書》《禮》《易》《春秋》。

［3］弟子員：即博士弟子員。漢代對太學生的稱謂。

［4］射策：漢代考試取士方法之一。《漢書》卷七八《蕭望之傳》顔師古注："射策者，謂爲難問疑義書之於策，量其大小署爲甲乙之科，列而置之，不使彰顯。有欲射者，隨其所取得而釋之，以知優劣。"　設科：規定取士的考試科目。

［5］太學：按，大德本、汲古閣本、百衲本、中華本同，殿本作"大學"。

［6］登賢：舉用有道德有才幹的人。

［7］經術：猶經學、儒術，指以儒家經典爲主要研究對象的學術。大德本、殿本、百衲本、中華本同，汲古閣本作"經業"。

［8］"洎魏正始以後"至"罕通經業"：大德本、殿本、百衲本、中華本同，汲古閣本無此句。正始，三國魏齊王曹芳年號（240—249）。

［9］荀顗：字景倩，潁川潁陰（今河南許昌市）人。《晋書》卷三九有傳。　摯虞：字仲洽，京兆長安（今陝西西安市）人。《晋書》卷五一有傳。

［10］雖議創制，未有能易俗移風者也：按，《梁書》卷四八《儒林傳序》作"雖删定新禮，改官職，未能易俗移風"。

［11］衣冠道盡：按，《梁書·儒林傳》"道"作"殄"。

［12］江左：本指江東。此處則專稱東晋。

［13］大道之鬱也久矣乎：按，《梁書·儒林傳》作"三德六藝，其廢久矣"。

［14］天監：南朝梁武帝蕭衍年號（502—519）。

［15］平原：郡名。治平原縣，在今山東平原縣西南。　明山

賓：字孝若，平原鬲（今山東平原縣）人。本書卷五〇有附傳，《梁書》卷二七有傳。　吴郡：郡名。治吴縣，在今江蘇蘇州市。　陸璉：人名。梁武帝天監初，下詔修制五禮，以征虜記室參軍掌軍禮，撰《軍禮儀注》一百八十九卷，二百四十條。事見本書卷六〇《徐勉傳》。按，《梁書·儒林傳》無"吴郡陸璉"四字。　吴興：郡名。治烏程縣，在今浙江湖州市。　建平：郡名。治巫縣，在今重慶巫山縣。　會稽：郡名。治山陰縣，在今浙江紹興市。　賀瑒：字德璉，會稽山陰（今浙江紹興市）人。本書卷六二、《梁書》卷四八有傳。

[16]餼禀：亦作餼廪。官府發給作爲月薪的糧食。

[17]通明經：《梁書·儒林傳》作"通明"。明經，察舉科目之一。

[18]除：官制術語。即任命官職。亦指官員改任新職。《漢書》卷五《景帝紀》顔師古注："如淳曰：凡言除者，除故官就新官也。"

[19]於是懷經負笈者雲會矣：《梁書·儒林傳》"於是"作"十數年間"，"矣"作"京師"。

[20]雲門山：山名。又稱東山。在今浙江紹興市南。

[21]何胤：字子季，廬江灊（今安徽霍山縣）人。本書卷三〇、《梁書》卷五一有附傳。

[22]祭酒：官名。即國子祭酒。西晋始置，國子學長官，隸太常。南朝宋品秩不詳。齊位比諸曹尚書。梁十三班。陳三品，秩中二千石。

[23]釋奠：在學校設置酒食奠祭先聖先師的典禮。《禮記·文王世子》："凡始立學者，必釋奠于先聖先師。"鄭玄注："釋奠者，設薦饌酌奠而已。"

[24]束帛：捆爲一束的五匹帛。用作聘問、饋贈的禮物。

[25]天嘉：南朝陳文帝陳蒨年號（560—566）。

伏曼容字公儀，平昌安丘人，[1]晋著作郎滔之曾孫也。[2]父胤之，宋司空主簿。

[1]平昌：郡名。治安丘縣，在今山東安丘市西南。

[2]著作郎：官名。又稱大著作郎、大著作、著作、正郎等。掌國史及起居注的修撰，有時亦兼管秘書省所藏典籍。兩晋南北朝時爲清要之官，南朝宋曾作爲宗室起家之官。晋、宋六品。梁六班。陳六品，秩六百石。　滔：伏滔。字玄度。《晋書》卷九二有傳。

曼容早孤，與母兄客居南海。[1]少篤學，善《老》《易》，倜儻好大言。常云："何晏疑《易》中九事，[2]以吾觀之，晏了不學也。故知平叔有所短。"聚徒教授以自業。爲驃騎行參軍。[3]宋明帝好《周易》，嘗集朝臣於清暑殿講，[4]詔曼容執經。[5]曼容素美風采，明帝嘗以方嵇叔夜，[6]使吴人陸探微畫叔夜像以賜之。[7]爲尚書外兵郎，[8]嘗與袁粲罷朝相會言玄理，時論以爲一臺二絶。[9]

[1]南海：郡名。治番禺縣，在今廣東廣州市。

[2]何晏：字平叔，南陽宛（今河南南陽市）人。《三國志》卷九有傳。

[3]行參軍：官名。南朝公府、將軍府、州府皆置，掌參議軍事或專主某事。不署曹，員額不定，品階例低於參軍。按，據《宋書·百官志下》，諸府參軍爲第七品。

[4]嘗：按，汲古閣本、中華本同，大德本、殿本作"常"。《梁書》卷四八《伏曼容傳》無此字。　清暑殿：殿堂名。東晋孝武帝建，位於建康宫城北隅華林園内。

[5]執經：手持經書。此處指魏晋南北朝時講經的儀式之一。即有人唱讀經文，以備講經人講解。參周一良《梁書札記·侯景傳》(《魏晋南北朝史札記》，中華書局1985年版，第289頁)。

[6]嘗：按，大德本、汲古閣本、殿本、百衲本、中華本及《梁書·伏曼容傳》並作"恒"。　嵇叔夜：嵇康。字叔夜，譙國銍（今安徽宿州市）人。《三國志》卷二一有附傳，《晋書》卷四九有傳。

[7]陸探微：南朝宋畫家。《建康實録》卷八注引謝赫《畫品論》:"江左畫人，吴曹不興、晋顧長康、宋陸探微等上品，餘皆中、下品。"

[8]尚書外兵郎：官名。亦稱外兵郎中。尚書省外兵曹長官，掌外兵軍事。宋六品。梁五班。陳四品，秩六百石。

[9]嘗與袁粲罷朝相會言玄理，時論以爲一臺二絶：按，《梁書·伏曼容傳》無此語，《通志》卷一七三與本書同。袁粲，字景倩，陳郡陽夏（今河南太康縣）人。本書卷二六有附傳，《宋書》卷八九有傳。

昇明末，[1]爲輔國長史、南海太守，[2]至石門作《貪泉銘》。[3]

[1]昇明：南朝宋順帝劉準年號（477—479）。

[2]長史：官名。即州軍府長史。掌理軍府政務，多帶州治所在的郡太守，且常代府主行州府事。若刺史有過失，亦可糾舉。品秩隨府主地位高低不等。南朝宋最高爲六品。參《通典》卷三七《職官典十九·宋官品》。

[3]至石門作《貪泉銘》：按，《梁書》卷四八《伏曼容傳》無此語，《通志》卷一七三與本書同。石門，地名。在今廣東廣州市西北小北江與流溪河的匯合處。其地古有貪泉，相傳人飲此水便起

貪念。

齊建元中，上書勸封禪，高帝以爲其禮難備，不從。[1]仕爲太子率更令，[2]侍皇太子講。衛將軍王儉深相愛好，[3]令與河内司馬憲、吴郡陸澄共撰《喪服》。[4]及竟，又欲與定禮樂，會儉薨。建武中，[5]拜中散大夫。[6]時明帝不重儒術，曼容宅在瓦官寺東，[7]施高坐於聽事，有賓客，輒升高坐爲講説，坐徒常數十百人。[8]

[1]“齊建元中”至“不從”：按，《梁書》卷四八《伏曼容傳》未載此事，《通志》卷一七三與本書同。建元，南朝齊高帝蕭道成年號（479—482）。

[2]太子率更令：官名。隸太子詹事，與太子家令、太子僕合稱太子三卿，掌太子宫殿門衛及賞罰事。南朝宋五品。梁十班。陳四品，秩千石。

[3]王儉：字仲寶，琅邪臨沂（今山東臨沂市）人。本書卷二二、《南齊書》卷二三有傳。　愛好：《梁書·伏曼容傳》作“交好”，《通志》卷一七三與本書同。

[4]河内：郡名。治野王縣，在今河南沁陽市。　司馬憲：字景思，河内温（今河南温縣）人。本書卷七二有附傳。　陸澄：字彦淵，本書避唐高祖李淵諱作“彦深”，吴郡吴（今江蘇蘇州市）人。本書卷四八、《南齊書》卷三九有傳。　《喪服》：各本及《通志》卷一七三同，中華本據《梁書·伏曼容傳》補作“喪服義”。

[5]建武：南朝齊明帝蕭鸞年號（494—498）。

[6]中散大夫：官名。掌顧問應對，多養老疾，無職事。南朝宋六百石。齊重者加親信二十人。梁十班。陳四品，秩千石。

[7]瓦官寺：佛寺名。又作瓦棺寺、瓦官閣。東晋哀帝興寧中建，在今江蘇南京市西南集慶門附近。

[8]坐徒：按，大德本、汲古閣本、殿本、百衲本作“生徒”。底本誤，應據諸本改。　嘗：按，大德本、汲古閣本、殿本、百衲本、中華本及《梁書·伏曼容傳》、《通志》卷一七三並作“常”。

梁臺建，召拜司徒司馬，[1]出爲臨海太守。[2]天監元年，卒官，年八十二。[3]曼容多伎術，善音律，射御、風角、醫筭，莫不閑了。[4]爲《周易》《毛詩》《喪服集解》，《莊》《老》《論語義》。[5]子暅。[6]

[1]司馬：官名。公府高級幕僚，位次長史。掌府内武職，與長史共參府務。南朝宋六品。梁九班。陳六品，秩八百石。

[2]臨海：郡名。治章安縣，在今浙江台州市椒江區章安街道。

[3]年八十二：按，大德本、殿本、百衲本、中華本及《梁書》卷四八《伏曼容傳》同，汲古閣本“二”作“三”。

[4]曼容多伎術，善音律，射御、風角、醫筭，莫不閑了：按，《梁書·伏曼容傳》無此語，《通志》卷一七三與本書同。大德本、汲古閣本、殿本、百衲本、中華本“御”作“馭”。風角，占卜之法，謂候四方四隅之風以定吉凶。

[5]爲《周易》：《隋書·經籍志一》有“梁有臨海令伏曼容注《周易》八卷”；《舊唐書·經籍志下》《新唐書·藝文志三》有“《周易集林》十二卷，伏曼容撰”及“又一卷，伏氏撰”。

[6]子暅：按，《梁書·伏曼容傳》作“子暅，在《良吏傳》”。

暅字玄曜，[1]幼傳父業，能言玄理，與樂安任昉、彭城劉曼俱知名。[2]仕齊，位東陽郡丞、鄞令。[3]時曼容已致仕，故頻以外職處暅，令得養焉。

[1]玄曜：按，《梁書》卷五三《伏暅傳》作“玄耀”，《通志》卷一七三與本書同。《册府元龜》卷五九七作“玄曜”，卷七七七作“玄耀”。

[2]任昉：字彦升（《梁書》作“彦昇”），樂安博昌（今山東博興縣）人。本書卷五九、《梁書》卷一四有傳。

[3]東陽：郡名。治長山縣，在今浙江金華市。　郡丞：官名。爲郡守副貳，佐郡守掌衆事。宋八品。梁十班。陳萬户郡丞七品、萬户以下郡丞八品，秩皆六百石。　鄞：縣名。治所在今浙江寧波市奉化區東北。

梁武帝踐祚，[1]兼《五經》博士，[2]與吏部尚書徐勉、中書侍郎周捨總知五禮事。[3]

[1]踐祚：按，大德本、汲古閣本、百衲本同，殿本、中華本作“踐阼”。“祚”“阼”二字通。

[2]兼：官制術語。即以本官兼任、兼行或兼領其他官職。

[3]徐勉：字脩仁，東海郯（今山東郯城縣）人。本書卷六〇、《梁書》卷二五有傳。　周捨：字昇逸，汝南安成（今河南汝南縣）人。本書卷三四有附傳，《梁書》卷二五有傳。　五禮：吉、凶、軍、賓、嘉五種禮制的合稱。見《周禮·春官·小宗伯》及鄭玄注引鄭衆云。按，梁修五禮事，詳本書卷六〇、《梁書》卷二五之《徐勉傳》。

出爲永陽内史，[1]在郡清潔，政務安静，[2]郡人何貞秀等一百五十四人詣州言狀，湘州刺史以聞。詔勘有十五事爲吏人所懷，帝善之，徙新安太守。[3]在郡清恪，永陽時。[4]人賦税不登者，輒以太守田米助之。郡多麻苧，家人乃至無以爲繩，其厲志如此。屬縣始新、遂安、海寧並同時生爲立祠。[5]

[1]永陽：郡名。南朝梁改營陽郡置。治營浦縣，在今湖南道縣西北。

[2]政務：按，《梁書》卷五三《伏暅傳》作"治務"，本書避唐高宗李治諱改。

[3]新安：郡名。治始新縣，在今浙江淳安縣西北。現已没入千島湖。

[4]永陽時：按，大德本、汲古閣本、殿本、百衲本及《梁書·伏暅傳》作"如永陽時"。據文意，有"如"字是。應據諸本補。

[5]遂安：縣名。治所在今浙江淳安縣西南。　海寧：縣名。治所在今安徽休寧縣萬安鎮。

徵爲國子博士，[1]領長水校尉。[2]時始興内史何遠累著清績，[3]武帝擢爲黄門侍郎，俄遷信武將軍、監吴郡事。暅自以名輩素在遠前，爲吏俱稱廉白，遠累見擢，暅循階而已，[4]意望不滿，多託疾居家。尋求假到東陽迎妹喪，因留會稽築宅，[5]自表解職。詔以爲豫章内史，[6]乃出拜。書侍御史虞嚼奏曰：[7]"風聞豫章内史伏暅，去歲啓假，以迎妹爲辭，[8]因停會稽不去。入東之始，乃貨宅賣車，[9]以此而推，則是本無還意。暅歷典二邦，少免貪濁，此自爲政之本，豈得稱功！常謂人才品望，居何遠之右，而遠以清見擢，[10]在位轉降。[11]暅深懷誹怨，形於辭色。天高聽卑，無私不照。去年十二月二十一日下詔曰：'國子博士、領長水校尉伏暅爲政廉平，宜加將養，勿使恚望，致虧士風，可豫章内史。' 豈有人臣奉如此之詔，而不亡魂破膽，歸罪有司。而冒寵不辭，吝斯苟得。故以士流解體，行路沸騰，辨迹求心，無一可恕。請以暅大不敬論。"[12]有詔勿論，暅遂得就郡。

[1]國子博士：官名。隸國子祭酒，取履行清淳、通明典義者爲之，掌除教授國子生徒儒學，並備咨詢顧問。宋六品。梁九班。陳四品，秩千石。

[2]領：官制術語。魏晋南北朝時多爲暫攝之意，常有以卑官領高職、以白衣領某職者。　長水校尉：官名。南朝爲侍衛武官，不領兵，隸中領軍（領軍將軍），用以安置勳舊武臣。宋四品。梁七班。陳六品，秩千石。

[3]何遠：字義方，東海郯（今山東郯城縣）人。本書卷七〇、《梁書》卷五三有傳。

[4]暅循階而已：按，《梁書》卷五三《伏暅傳》"循"作"遷"，《通志》卷一七三與本書同。

[5]會稽：郡名。治山陰縣，在今浙江紹興市。

[6]豫章：郡名。治南昌縣，在今江西南昌市。

[7]書侍御史：按，《梁書·伏暅傳》作"治書侍御史"，本書避唐高宗李治諱省。　虞皭：南朝梁官員。仕歷郡五官掾、太常丞、治書侍御史，官至尚書祠部郎。参《金樓子·聚書篇》、《隋書·禮儀志一》《經籍志四》。

[8]以迎妹爲辭：按，大德本、汲古閣本、殿本、百衲本、中華本及《梁書·伏暅傳》"妹"下皆有"喪"字，當從補。《梁書·伏暅傳》"辭"作"解"。

[9]乃貨宅賣車：按，大德本、汲古閣本、殿本、百衲本、中華本及《梁書·伏暅傳》皆無"乃"字。

［10］而遠以清見擢：按，《梁書・伏暅傳》 “清”下有“公”字。

［11］在位轉降：按，大德本、汲古閣本、殿本、百衲本作“在位轉隆”，中華本據《梁書》、《册府元龜》卷五一九改爲“名位轉隆”。

［12］大不敬：謂不敬皇帝。爲古代重罪“十惡”之一。参《隋書・刑法志》。

徵爲給事黄門侍郎，[1]領國子博士，未赴，卒。[2]

［1］徵爲給事黄門侍郎：按，《梁書》卷五三《伏暅傳》上有“視事三年”四字。給事黄門侍郎，官名。魏晋南北朝置爲門下省或侍中省次官，與侍中俱掌門下衆事，職掌略同，地位隨皇帝旨意或侍中地位而上下。宋五品。梁十二班。陳四品，秩二千石。

［2］未赴，卒：據《梁書・伏暅傳》，其卒於梁武帝普通元年（520），時年五十九。

初，暅父曼容與樂安任遥皆昵於齊太尉王儉，[1]遥子昉及暅並見知。頃之，昉才遇稍盛，齊末已爲司徒左長史，[2]暅獨滯於參軍事，[3]及終名位略相侔。暅性儉素，車服麤惡，外雖退静，内不免心競，故見譏於時。然能推薦後來，常若不及，少年士子或以此依之。子挺。

［1］任遥：任昉父，仕齊，位中散大夫。事見本書卷五九、《梁書》卷一四之《任昉傳》。

［2］司徒左長史：官名。三國魏置，與右長史共佐司徒掌各曹

等府事，位在右長史上。兩晋、南朝及北魏、北齊皆沿置。宋六品。梁十二班。陳四品，秩千石。

［3］晅獨滯於參軍事：按，《梁書》卷五三《伏晅傳》、《册府元龜》卷五一九“獨”作“猶”，《通志》卷一七三與本書同。參軍事，官名。南北朝王、公、將軍府、都水臺以及諸州多置爲僚屬。

挺字士標，[1]幼敏悟，七歲通《孝經》《論語》。及長，悟學有才思，[2]爲五言詩，善效謝康樂體。[3]父友樂安任昉深相歎異，常曰：“此子日下無雙。”齊末，州舉秀才，策爲當時第一。[4]

［1］士標：按，汲古閣本、殿本、百衲本、中華本及《梁書》卷五〇《伏挺傳》同，大德本作“士操”。《册府元龜》卷七二七、《通志》卷一七三作“士摽”。

［2］悟學：按，大德本、汲古閣本、殿本、百衲本、中華本作“博學”。底本誤，應據諸本改。

［3］謝康樂：即謝靈運。曾襲封康樂公，故稱。陳郡陽夏（今河南太康縣）人。本書卷一九、《宋書》卷六七有傳。謝康樂體，省稱“謝體”，謂謝靈運詩的樣式和風格。鍾嶸《詩品》卷上：“宋臨川太守謝靈運其源出於陳思，雜有景陽之體。故尚巧似，而逸蕩過之，頗以繁蕪爲累。”

［4］策爲當時第一：按，大德本、汲古閣本、殿本、百衲本同，中華本據《梁書》及《册府元龜》卷六五〇、卷七六五於“策”前補“對”字。

梁武帝師至，挺迎謁於新林，[1]帝見之甚悦，謂之顔子，[2]引爲征東行參軍，時年十八。天監初，除中軍參軍事。居宅在潮溝，[3]於宅講《論語》，聽者傾朝。挺三世同時聚徒教授，罕有其比。累爲晋陵、武康令。[4]罷縣還，仍於東郊築室，不復仕。

[1]新林：地名。在今江蘇南京市西南西善橋。瀕臨長江。南朝時爲軍事交通要地。

[2]顔子：孔子弟子顔回。事見《史記》卷六七《仲尼弟子列傳》。

[3]潮溝：水名。六朝時建康城内人工渠道，在今江蘇南京市北部。三國吴大帝赤烏中開鑿，引後湖水南流，折東接青溪，南流入秦淮水，西通運瀆。五代以後堙廢。

[4]晋陵：縣名。治所在今江蘇常州市。　武康：縣名。治所在今浙江德清縣西。

挺少有盛名，又善處當世，朝中勢素多與交游，故不能久事隱静。後遂出仕，除南臺書侍御史。[1]因事納賄被劾，懼罪，乃變服出家，名僧挺，久之藏匿，後遇赦，乃出大心寺。[2]會邵陵王爲江州，[3]攜挺之鎮。王好文義，深被恩禮。挺不堪蔬素，[4]因此還俗。侯景亂中卒。[5]著《邇説》十卷，[6]文集二十卷。

[1]南臺書侍御史：官名。即南臺治書侍御史，簡稱侍御史。魏晋南北朝爲御史中丞佐貳，掌領侍御史諸曹，監察、彈劾官員，收捕犯官等。南朝不爲世族所重，梁武帝始重其選。宋六品。梁六班。陳七品，秩六百石。按，《梁書》卷五〇《伏挺傳》作“南臺治書”，本書避唐高宗李治諱省。

［2］大心寺：佛寺名。在今江蘇南京市，確址未詳。按，大德本、汲古閣本、殿本、百衲本及《梁書》舊本並同，中華本據《册府元龜》卷九四九改“天心寺”，似失當。大心乃佛教語，指大菩提心或方便心。參《大智度論》卷四、《十住毗婆沙論》卷五。

［3］邵陵王：蕭綸。字世調，梁武帝第六子。本書卷五三、《梁書》卷二九有傳。　江州：州名。治柴桑縣，在今江西九江市西南。

［4］不堪蔬素：按，《梁書·伏挺傳》無此四字。

［5］侯景：字萬景。原爲東魏大將，後叛至南朝梁，在梁發動叛亂。本書卷八〇、《梁書》卷五六有傳。

［6］著《邇説》十卷：按，《梁書·伏挺傳》及《通志》卷一七三與本書同，《隋書·經籍志三》及《通志》卷六八“十卷”作“一卷”。

子知命，以其父宦途不進，[1]怨朝廷。後遂盡心侯景。襲郢州，[2]圍巴陵，[3]軍中書檄，皆其文也。言及西臺，莫不劇筆。[4]及景篡位，爲中書舍人，[5]權傾内外。景敗，被送江陵，[6]於獄幽死。

［1］宦途不進：按，《梁書》卷五〇《伏挺傳》“進”作“至”。《通志》卷一七三與本書同。

［2］郢州：州名。南朝宋置。治夏口城，又稱郢城，在今湖北武漢市武昌區。

［3］巴陵：郡名。南朝宋置。治巴陵縣，在今湖南岳陽市。

［4］言及西臺，莫不劇筆：按，《梁書·伏挺傳》無此八字。《通志》卷一七三與本書同。西臺，指湘東王蕭繹（梁元帝）及其在江陵建立的政權，以位於建康以西，故稱。

［5］中書舍人：官名。即中書通事舍人。亦稱通事舍人、舍人。中書省屬官，入直禁中，掌收納、轉呈文書章奏，草擬詔令，位輕權重。宋七品。梁四班。陳八品。

［6］江陵：縣名。治所在今湖北荊州市荊州區。梁元帝時建都於此。

挺弟捶，亦有才名，爲邵陵王記室參軍。[1]

［1］記室參軍：官名。記室參軍事的省稱。爲記室曹長官，掌文疏表奏。南北朝時王府、公府、持節都督府皆置，階級自七品至九品不等。

何佟之字士威，廬江灊人，[1]晉豫州刺史惲六世孫也。[2]祖邵之，[3]宋員外散騎常侍。父歆，齊奉朝請。

［1］廬江：郡名。兩晉治舒縣，在今安徽舒城縣。南朝宋移治灊縣，在今安徽霍山縣西北。　灊：縣名。治所在今安徽霍山縣東北。

［2］惲：何惲。東晉時人。官至豫州刺史，封關中侯。事見《晉書·禮志下》《宋書·禮志一》。

［3］邵之：按，《梁書》卷四八《何佟之傳》作"劭之"，《通志》卷一七三與本書同。

佟之少好《三禮》，[1]師心獨學，强力專精，手不輟卷。讀《禮》論三百餘篇，[2]略皆上口。太尉王儉雅相推重。起家揚州從事，[3]仍爲總明館學士。[4]

［1］《三禮》：儒家經典《周禮》《儀禮》《禮記》的合稱。

［2］三百餘篇：按，《梁書》卷四八《何佟之傳》作"三百篇"。《通志》卷一七三作"二百餘篇"，或疑"二"爲"三"字傳寫之訛。

［3］揚州：州名。治建康縣，在今江蘇南京市。　從事：官名。從事史的省稱。州部屬吏。爲諸從事的總稱，有別駕、治中、主簿、功曹、祭酒、文學等，各掌一方面事務。

［4］仍爲總明館學士：《梁書·何佟之傳》"學士"下有"頻遷司徒車騎參軍事，尚書祠部郎"語。總明館，學府名。即總明觀。宋明帝泰始六年（470），以國學廢，立總明觀，分玄、儒、文、史四科，徵學士以充之。至齊武帝永明三年（485），以國學建，省之。

仕齊，[1]初爲國子助教，[2]爲諸王講《喪服》，[3]結草爲經，屈手巾爲冠，諸生有未曉者，委曲誘誨，都下稱其醇儒。建武中，爲鎮北記室參軍，侍皇太子講。時步兵校尉劉瓛、徵士吴苞皆已卒，[4]都下碩儒，唯佟之而已，當時國家吉凶禮則皆取决焉。後爲驃騎司馬。永元末，[5]都下亂兵，[6]佟之常集諸生講論，孜孜不殆。[7]性好潔，[8]一日之中洗滌者十餘過，[9]猶恨不足，時人稱爲水淫。有至性，父母亡後，常設一屋，晦朔拜伏流涕，如此者二十餘年。當世服其孝行。

［1］仕齊：以下至"都下稱其醇儒"，按，《梁書》卷四八《何佟之傳》無此段記述，《通志》卷一七三有。

［2］國子助教：官名。協助博士教授國子學生徒儒學。西晋初置十五員，東晋減爲十員，南朝沿置。宋若不置學，則唯置一員。

齊高帝建元四年（482）置學，復設十員，位比侍御史（七品）。梁國學沿置十員，位二班。陳八品，秩六百石。

[3]諸王：按，大德本、汲古閣本、殿本、百衲本同，中華本據《通志》改作“諸生”，是，當從改。參中華本校勘記。

[4]劉瓛：字子珪，沛國相（今安徽濉溪縣）人。本書卷五〇、《南齊書》卷三九有傳。　吴苞：字天蓋，濮陽鄄城（今山東鄄城縣）人。本書卷七六、《南齊書》卷五四有傳。

[5]永元：南朝齊東昏侯蕭寶卷年號（499—501）。

[6]亂兵：按，大德本、汲古閣本、殿本、百衲本、中華本及《梁書·何佟之傳》、《通志》卷一七三並作“兵亂”，當從改。

[7]孜孜不殆：按，大德本、汲古閣本、殿本、百衲本、中華本及《梁書·何佟之傳》、《通志》卷一七三“殆”作“怠”。殆，懈怠，古同“怠”。

[8]性好潔：以下至“當世服其孝行”，按，《梁書·何佟之傳》無此段記述,《通志》卷一七三有。

[9]十餘過：按，汲古閣本、百衲本、中華本同，大德本、殿本“過”作“遍”。《通志》卷一七三、《太平御覽》卷三八九引《齊書》及《册府元龜》卷九二八與本書同。

于時又有遂安令劉澄，[1]爲性彌潔，在縣埽拂郭邑，路無横草，水翦蟲穢，百姓不堪命，坐免官。然甚貞正，善醫術，與徐嗣伯埒名。[2]子聰，能世其家業。

[1]于時又有遂安令劉澄：以下至“能世其家業”，按，此劉澄附傳，爲《梁書》卷四八《何佟之傳》所無，《通志》卷一七三有。

[2]徐嗣伯：字叔紹，東海（今山東郯城縣）人。本書卷三二有附傳。

佟之自東昏即位，以其兇虐，乃謝病，終身不涉其流。[1]梁武帝踐祚，以爲尚書左丞。[2]時百度草創，佟之依禮定議，多所裨益。天監二年，卒官。[3]故事，左丞無贈官者。帝特詔贈黄門侍郎，儒者榮之。所著文章、禮議百許篇。[4]子朝隱、朝晦。

[1]“佟之自東昏即位”至“終身不涉其流”：按，《梁書》卷四八《何佟之傳》作“中興初，拜驍騎將軍”，無此段記述。《通志》卷一七三“其流”作“其廷”，《册府元龜》卷八五九與本書同。

[2]尚書左丞：官名。尚書省佐官，位次尚書，居尚書右丞上。與右丞共掌尚書都省庶務，糾舉彈劾百官。又掌宗廟祠祀、朝儀禮制、選授官吏等文書奏事等。宋五品。梁九班。陳四品，秩六百石。

[3]天監二年，卒官：據《梁書·何佟之傳》，其卒時年五十五。

[4]禮議：按，《梁書·何佟之傳》作“禮義”，《通志》卷一七三與本書同。

嚴植之字孝源，建平秭歸人也。[1]少善《莊》《老》，能玄言，精解《喪服》《孝經》《論語》。及長，徧習鄭氏《禮》、《周易》、《毛詩》、《左氏春秋》。[2]性惇孝謹厚，不以所長高人。少遭父憂，因菜食二十三載。[3]

[1]建平：郡名。治巫縣，在今重慶巫山縣。　秭歸：縣名。治所在今湖北秭歸縣西北。

[2]編習：按，大德本、汲古閣本、殿本、百衲本、中華本及《梁書》卷四八《嚴植之傳》“編”作“徧”。《通志》卷一七三與本書同。當以“徧”爲是。《梁書·嚴植之傳》“習”作“治”，本書避唐高宗李治諱改。

[3]因菜食二十三載：按，《梁書·嚴植之傳》下有“後得風冷疾，乃止”七字，《通志》卷一七三與本書同。

仕齊爲廣漢王國右常侍，[1]仍侍王讀。及王誅，國人莫敢視，植之獨奔哭，手營殯斂，徒跣送喪墓所，爲起冢，葬畢乃還。當時義之。後爲康樂令。[2]植之在縣清白，人吏稱之。

[1]廣漢王：蕭子峻。字雲嵩，齊武帝第十八子，初封廣漢郡王。本書卷四四、《南齊書》卷四〇有傳。　右常侍：官名。王國屬官，掌侍從、禮儀及諫諍。宋八品。梁二班至一班。陳九品。

[2]康樂令：按，《梁書》卷四八《嚴植之傳》作“康樂侯相”。康樂，縣名。治所在今江西萬載縣東北。

梁天監二年，詔求通儒脩五禮，有司奏植之主凶禮。[1]四年，初置《五經》博士，各開館教授，以植之兼《五經》博士。植之館在潮溝，生徒常百數。講說有區段次第，析理分明。[2]每當登講，五館生畢至，[3]聽者千餘人。遷中撫記室參軍，猶兼博士。卒於館。[4]植之自疾後，便不受稟奉，妻子困乏。及卒，喪無所寄，生徒爲市宅，乃得成喪。

[1]凶禮：五禮之一。因天災人禍、喪葬等凶事而舉行哀吊的

儀禮，包括喪禮、荒禮、吊禮、禬禮、恤禮五者。亦特指喪禮。

[2]講說有區段次第，析理分明：按，《梁書》卷四八《嚴植之傳》無此十一字，《通志》卷一七三與本書同。

[3]五館生畢至：按，《梁書·嚴植之傳》"畢"作"必"，《通志》卷一七三與本書同。

[4]卒於館：據《梁書·嚴植之傳》，其卒於梁武帝天監七年(508)，時年五十二。

植之性仁慈，[1]好行陰德，在闇室未嘗怠也。少嘗山行，見一患者，問其姓名，不能答。載與俱歸，爲營醫藥。六日而死，爲棺斂殯之，卒不知何許人也。又嘗緣栅塘行，[2]見患人卧塘側，問之，云"姓黄，家本荆州，爲人傭賃。疾篤，[3]船主將發，棄之于岸"。植之惻然，載還療之，[4]經年而愈。[5]請終身充奴僕以報厚恩。植之不受，遺以資糧，遣之。所撰《凶禮儀注》四百七十九卷。[6]

[1]仁慈：按，大德本、汲古閣本、殿本、百衲本、中華本作"慈仁"。《梁書》卷四八《嚴植之傳》、《通志》卷一七三與本書同。

[2]栅塘：地名。在今江蘇南京市東南秦淮河上。

[3]疾篤：按，《梁書·嚴植之傳》作"疾既危篤"，《通志》卷一七三與本書同。

[4]療：按，《梁書·嚴植之傳》作"治"，本書避唐高宗李治諱改。

[5]經年而愈：按，《梁書·嚴植之傳》作"經年而黄氏差"，《通志》卷一七三與本書同。

［6］所撰《凶禮儀注》四百七十九卷：《隋書·經籍志二》之《梁賓禮儀注》下小注著録梁修五禮亡書有“嚴植之撰《凶儀注》四百七十九卷，《録》四十五卷”。按，據本書卷六〇、《梁書》卷二五之《徐勉傳》，《凶禮儀注》於梁武帝天監十一年（512）十一月上尚書，計有五百一十四卷、五千六百九十三條，由嚴植之、伏暅共同完成。

司馬筠字貞素，河内温人也。[1]晋譙王承七代孫。[2]祖亮，宋司空從事中郎。父端，字敬文，[3]齊奉朝請，始安王遥光使掌文記。[4]遥光之敗，曹武入城見之，[5]端曰：“身蒙始安厚恩，君宜見殺。”武叱令速去。答曰：“死生命也，君見事不捷，便以義師爲賊。”武捨之去，尋兵至見殺。[6]

［1］温：縣名。治所在今河南温縣西南。

［2］晋譙王承：司馬承。字敬才，晋宗室。《晋書》卷三七有附傳。

［3］字敬文：按，“字敬文”三字及其下“始安王遥光使掌文記”至“尋兵至見殺”記述爲《梁書》卷四八《司馬筠傳》所無，《通志》卷一七三有。

［4］始安王遥光：蕭遥光。字元暉，齊宗室。本書卷四一有傳，《南齊書》卷四五有附傳。

［5］曹武：即曹虎。字士威，下邳（今江蘇睢寧縣）人。本書避唐高祖李淵祖父李虎諱改。本書卷四六、《南齊書》卷三〇有傳。

［6］尋兵至見殺：按，大德本、殿本、百衲本、中華本及《通志》卷一七三同，汲古閣本“殺”作“役”。

筠少孤貧好學，師沛國劉瓛，[1]强力專精，深爲瓛器。[2]及長，博通經術，尤明《三禮》。梁天監初爲既陽令，[3]有清績。入拜尚書祠部郎。[4]

[1]沛國：郡國名。治相縣，在今安徽濉溪縣西北。

[2]深爲瓛器：按，大德本、汲古閣本、百衲本及《通志》卷一七三同，殿本、中華本“瓛”下有“所”字。《梁書》卷四八《司馬筠傳》“瓛器”作“瓛所器異”。

[3]既陽：縣名。即暨陽。治所在今江蘇江陰市東南。

[4]尚書祠部郎：官名。尚書省祠部曹長官通稱。亦稱祠部郎中，資深勤能者可轉侍郎。多以明禮通儒充任。宋六品。梁五班。陳四品，秩六百石。

七年，安成國太妃陳氏薨，[1]江州刺史安成王秀、荆州刺史始興王憺，[2]並以慈母表解職，[3]詔不許，還攝本任。而太妃在都，喪祭無主。

[1]安成國太妃陳氏：梁武帝父蕭順之的側室陳氏，安成王秀、始興王憺的養母。事見本書卷五二《安成康王秀傳》。

[2]安成王秀：蕭秀。字彦達，梁武帝第七弟。本書卷五二、《梁書》卷二二有傳。　始興王憺：蕭憺。字僧達，梁武帝第十一弟。本書卷五二、《梁書》卷二二有傳。

[3]慈母：古代禮制，稱撫育自己成長的庶母爲慈母。

中書舍人周捨議曰：“賀彦先稱：[1]‘慈母之子不服慈母之黨，[2]婦又不從夫而服慈姑，[3]小功服無從故也。’[4]庾蔚之云：[5]‘非徒子不從母而服其黨，孫又不從父而服其慈母。’由斯而言，慈祖母無服明矣。尋門内之哀，不容自同於常。案父之祥禫，[6]子並受帛。[7]今二王諸子，宜以成服日，[8]單衣一日，爲位受吊。”制曰：[9]“二王在遠，世子宜攝祭事。”[10]捨又曰：“《禮》云‘縞素玄武，子姓之冠’。[11]則世子衣服宜異於常，可着細布衣，絹爲領帶，三年不聽樂。又《禮》及《春秋》，庶母不世祭，[12]蓋謂無王命者耳。吴太妃既朝命所加，[13]得用安成禮秩，則當祔廟，[14]五世親盡乃毁。陳太妃命數之重，雖則不異，慈孫既不從服，廟食理無傳祀，[15]子祭孫止，是會經文。”

[1]賀彦先：賀循。字彦先，會稽山陰（今浙江紹興市）人。《晋書》卷六八有傳。

[2]服：謂服喪。　黨：指親族。

[3]慈姑：婦對夫母的稱呼。

[4]小功：喪服名。五服之第四等。其服以熟麻布製成，視大功爲細，較緦麻爲粗。服期五個月。

[5]庾蔚之：潁川（今河南許昌市）人。宋文帝元嘉中，以儒學總監“四學”諸生。後歷太常丞、員外散騎常侍。事見本書卷七五《雷次宗傳》及《宋書·禮志》。

[6]祥禫（dàn）：喪祭名。祥，指父母喪後周年或兩周年的祭祀。禫，指除去喪服的祭祀。

[7]帛：按，大德本、汲古閣本、殿本、百衲本、中華本及《梁書》卷四八《司馬筠傳》、《通志》卷一七三並作“弔”。

[8]成服日：《禮記·喪服小記》“男子冠而婦人笄”孔穎達疏：“天子七日成服，諸侯五日成服，大夫、士三日成服。”成服，指喪禮大殮後，死者親屬各依服制穿着喪服。

[9]制：帝王的命令。

[10]世子：按，《梁書·司馬筠傳》作“諸子”。

[11]縞素玄武，子姓之冠：語出《禮記·玉藻》。縞冠，白色生絹製成的冠，用於祥祭。玄武，黑色絲織的冠帶。子姓，特指孫輩，亦泛指子孫、後輩。參《禮記·玉藻》鄭玄注、孔穎達疏。按，大德本、汲古閣本、殿本、百衲本、中華本及《梁書·司馬筠傳》“素”作“冠”。《通志》卷一七三與本書同。

[12]庶母不世祭：語本《禮記·喪服小記》“慈母與妾母不世祭也”。

[13]吴太妃：梁太祖蕭順之側室吴氏，蕭秀、蕭憺生母。

[14]祔廟：祔祭於祖廟。祔，祭名。奉後死者神位於祖廟，與祖先神位一起祭祀。

[15]廟食：謂死後立廟，受人奉祀，享受祭饗。

武帝由是敕禮官議皇子慈母之服。

筠議：“本朝五服制，[1]皇子服訓養母，依《禮》庶母慈己，[2]宜從小功之制。案《曾子問》云：[3]‘子游曰：[4]喪慈母，[5]禮歟？孔子曰：非禮也。古者，男子外有傅，内有慈母，君命所使教子也，何服之有。’鄭玄注云：[6]‘此指謂國君之子也。’若國君之子不服，則王者之子不服可知。又《喪服》經云：[7]‘君子子爲庶母慈己者。’傳曰：‘君子子者，貴人子也。’鄭玄引《内則》，[8]三母止施於卿大夫。以此而推，則慈母之服，上不在五等之嗣，[9]下不逮三士之息。[10]儻其服者止卿大夫，尋諸侯之子尚無此服，況乃施之皇子？謂宜依《禮》刊除，以反前代之惑。”

[1]本朝：按，大德本、汲古閣本、殿本、百衲本、中華本及《梁書》卷四八《司馬筠傳》、《通志》卷一七三並作“宋朝”。五服：以親疏爲差等的五種喪服，依次爲斬衰、齊衰、大功、小功、緦麻。

[2]依《禮》：按，大德本、汲古閣本、百衲本、中華本及《梁書·司馬筠傳》、《通志》卷一七三同，殿本作“禮依”。張元濟《南史校勘記》:“殿誤，按禮指《喪服·小功章》言。”

[3]《曾子問》:《禮記》篇名。

[4]子游：即言偃。字子游，春秋時吴國人，孔子弟子。事見《史記》卷六七《仲尼弟子列傳》。

[5]喪慈母：按，各本同，中華本據《禮記·曾子問》於其下補“如母”二字。《梁書》舊本與《通志》卷一七三亦皆無“如母”二字。

[6]鄭玄：字康成，北海高密（今山東高密市）人。《後漢書》卷三五有傳。

[7]《喪服》:《儀禮》篇名。

[8]《内則》:《禮記》篇名。

[9]五等：特指五等之爵，但説法不一。《禮記·王制》:“王者之制禄爵，公、侯、伯、子、男，凡五等。”《孟子·萬章下》:“天子一位、公一位、侯一位、伯一位、子男同一位，凡五等也。”

[10]三士：指上士、中士、下士三等士之爵位。《禮記·王制》:“諸侯之上大夫卿、下大夫、上士、中士、下士，凡五等。”

武帝以爲不然，曰:“《禮》言慈母，凡有三條：一則妾子之無母，使妾之無子者養之，命爲母子，服以三年，《喪服·齊衰章》所言‘慈母如母’是也。二則嫡妻之子無母，使妾養之，慈撫隆至，雖均乎慈愛，但嫡妻之子，妾無爲母之義，而恩深事重，故服以小功，

《喪服·小功章》所以不直言慈母，而云‘庶母慈己’者，明異於三年之慈母也。其三則子非無母，正是擇賤者視之，義同師、保，[1]而不無慈愛，故亦有慈母之名。師、保既無其服，則此慈亦無服矣。[2]《内則》云：‘擇於諸母與可者，使爲子師，其次爲慈母，次爲保母。’[3]此其明文。言擇諸母，[4]是擇人而爲此三母，非謂擇取兄弟之母也。何以知之？若是兄弟之母其先有子者，則是長妾。長妾之禮，寔有殊加，何容次妾生子，乃退成保母，斯不可也。又有多兄弟之人，於義或可；若始生之子，便應三母俱闕邪？由是推之，《内則》所言諸母，是謂三母，非兄弟之母明矣。子游所問，自是師、保之慈，非三年小功之慈也。[5]故夫子得有此對，豈非師、保之慈母無服之證乎？鄭玄不辯三慈，[6]混爲訓釋，引彼無服，以注‘慈己’，後人致謬，實此之由。經言‘君子子’者，此雖起於大夫，明大夫猶爾，自斯以上，彌應不異。故傳云‘君子子者，貴人之子也’。總言曰貴，無所不包。經、傳互文，交相顯發，則知慈加之義，[7]通乎大夫以上矣。宋代此科，不乖《禮》意，便加除削，良是所疑。”

[1]師、保：並官名。皆爲輔弼君王、教導王室子弟之官員。《禮記·文王世子》：“師也者，教之以事，而喻諸德者也。保也者，慎其身以輔翼之，而歸諸道者也。”

[2]則此慈亦無服矣：按，大德本、汲古閣本、殿本、百衲本及《梁書》卷四八《司馬筠傳》舊本同，中華本據《册府元龜》卷五七九及《通志》卷一七三於“慈”下補“母”字。見中華本

校勘記。

[3]次爲保母：按，大德本、汲古閣本、殿本、百衲本及《通志》卷一七三同，中華本據《梁書·司馬筠傳》於“次”上補“其”字。《禮記·内則》“次”上有“其”字，當補之。

[4]言擇諸母：大德本、汲古閣本、殿本、百衲本及《通志》卷一七三同，中華本據《梁書·司馬筠傳》及《册府元龜》卷五七九於“言”上補“此”字。

[5]自是師、保之慈，非三年小功之慈也：按，大德本、汲古閣本、殿本、百衲本及《梁書》舊本、《通志》卷一七三同。中華本據《册府元龜》卷五七九於二“慈”字下各補“母”字。

[6]鄭玄不辯三慈：按，大德本、殿本、百衲本及《通志》卷一七三同，汲古閣本、中華本及《梁書·司馬筠傳》“辯”作“辨”。

[7]則知慈加之義：按，各本與《梁書·司馬筠傳》同。中華本校勘記：“‘慈加’，《册府元龜》五七九作‘慈母加’，《通志》作‘慈母’。疑作‘慈母’是。”

於是筠等請依制改定：嫡妻之子，母没爲父妾所養，服之五月，貴賤並同，以爲永制。

後爲尚書左丞，卒於始興内史。[1]子壽，傳父業，明《三禮》，位尚書祠部郎，曲阿令。[2]

[1]始興：郡名。治曲江縣，在今廣東韶關市南武水西岸。

[2]曲阿：縣名。治所在今江蘇丹陽市。

卞華字昭岳，[1]濟陰宛句人，[2]晋驃騎將軍壼六世孫也。[3]父倫之，齊給事中。

［1］昭岳：按，《梁書》卷四八《卞華傳》作“昭丘”，《通志》卷一七三與本書同。

［2］濟陰：郡名。治定陶縣，在今山東菏澤市定陶區。　宛句：縣名。亦作宛朐或冤句。治所在今山東曹縣西北。

［3］壼：卞壼。字望之。《晋書》卷七〇有傳。

華幼孤貧好學，年十四，召補國子生，[1]通《周易》。及長，偏習《五經》，[2]與平原明山賓、會稽賀瑒同業友善。梁天監中，爲安成王功曹參軍，[3]兼《五經》博士，聚徒教授。華博涉有機辯，説經析理，爲當時之冠。江左以來，鍾律絶學，[4]至華乃通焉。位尚書儀曹郎，[5]吴令。[6]

［1］國子生：指在國子學或國子監肄業的生員。

［2］偏習《五經》：按，《梁書》卷四八《卞華傳》作“徧治《五經》”。本書避唐高宗李治諱改。

［3］功曹參軍：官名。即功曹史。王府屬官，掌考察記録功勞。南朝梁皇弟皇子府始置，四班。

［4］鍾律：即編鐘十二律。後亦泛指音律。

［5］尚書儀曹郎：官名。尚書省儀曹長官，亦稱郎中，資深者可轉侍郎。南朝宋六品。梁五班。陳四品，秩六百石。

［6］吴令：按，大德本、汲古閣本、百衲本同，殿本、中華本及《梁書·卞華傳》、《通志》卷一七三“吴令”後有“卒”字。張元濟《南史校勘記》以爲，上文《司馬筠傳》末“‘曲阿令’可證，不必定有‘卒’字”。吴，縣名。治所在今江蘇蘇州市。

崔靈恩，清河東武城人也。[1]少篤學，偏習《五經》，尤精《三禮》《三傳》。[2]仕魏爲太常博士。[3]天監十三年歸梁，累遷步兵校尉，[4]兼國子博士。靈恩聚徒講授，聽者常數百人。性拙朴無風采，及解析經理，[5]甚有精致，都下舊儒咸稱重之。助教孔僉尤好其學。靈恩先習《左傳》服解，[6]不爲江東所行，[7]乃改説杜義。[8]每文句常申服以難杜，遂著《左氏條義》以明之。

［1］清河：郡名。治清陽縣，在今河北清河縣東南。　東武城：縣名。治所在今河北清河縣東北。

［2］《三傳》：《春秋左傳》《春秋公羊傳》《春秋穀梁傳》的合稱。清皮錫瑞《經學通論·春秋》："《公羊》兼傳大義微言，《穀梁》不傳微言，但傳大義，《左氏》並不傳義，特以記事詳贍，有可以證《春秋》之義者，故《三傳》並行不廢。"

［3］太常博士：官名。三國魏、兩晋爲太常屬官，掌引導乘輿，擬議王公以下謚號，參議朝廷禮儀典章等。南朝或置。北魏職掌祭祀，從七品。

［4］步兵校尉：官名。南朝爲皇帝侍衛武官，不領營兵。宋四品。梁七班。陳六品，秩千石。

［5］解析經理：按，大德本、汲古閣本、殿本、百衲本同，中華本從《梁書》卷四八《崔靈恩傳》改作"解經析理"。《通志》卷一七三與本書同。

［6］《左傳》服解：指服虔《春秋左氏傳解》。服，服虔。字子慎，河南滎陽（今河南滎陽市）人。《後漢書》卷七九有傳。

［7］江東：地域名。一名江左。因長江在今安徽蕪湖市、江蘇南京市間大致作南北流向，故習稱自此而下的長江南岸地區爲江東或江左。

［8］杜義：指杜預《春秋左氏經傳集解》。杜，杜預。字文凱，京兆杜陵（今陝西西安市長安區）人。《晋書》卷三四有傳。

時助教虞僧誕又精杜學，因作《申杜難服》以答靈恩，世並傳焉。僧誕，會稽餘姚人，[1]以《左氏》教授，聽者亦數百人。該通義例，當世莫及。

[1]餘姚：縣名。治所在今浙江餘姚市。

先是儒者論天，互執渾、蓋二義，[1]論蓋不合渾，論渾不合蓋。[2]靈恩立義，以渾、蓋爲一焉。

[1]渾、蓋：中國古代關於天體的兩種學説。渾，指渾天説。以爲“天地之體，狀如鳥卵，天包地外，猶殼之裹黄也”。蓋，指蓋天説。以爲“天似蓋笠，地法覆槃，天地各中高外下”。見《晋書·天文志上》。

[2]論蓋不合渾，論渾不合蓋：按，《梁書》卷四八《崔靈恩傳》二“不合”下皆有“於”字，似不當删。

出爲長沙内史，[1]還除國子博士，講衆尤盛。又出爲桂州刺史，[2]卒官。靈恩《集注毛詩》二十二卷，[3]《集注周禮》四十卷，[4]制《三禮義宗》三十卷，[5]《左氏經傳義》二十二卷，《左氏條例》十卷，《公羊穀梁文句義》十卷。

[1]長沙：郡名。治臨湘縣，在今湖南長沙市。

[2]桂州：州名。南朝梁武帝天監中置，治武熙縣，在今廣西柳州市西南。大同中移治始安縣，在今廣西桂林市。

[3]《集注毛詩》二十二卷：按，《梁書》卷四八《崔靈恩傳》、《通志》卷一七三同，《隋書·經籍志一》《舊唐書·經籍志

上》《新唐書·藝文志一》皆云“二十四卷”。

[4]《集注周禮》四十卷：按，《隋書·經籍志一》作“《集注周官禮》二十卷”，《新唐書·藝文志一》作“《周官集注》二十卷”。

[5]制《三禮義宗》三十卷：按，《隋書·經籍志一》、《舊唐書·經籍志上》、《新唐書·藝文志一》、《通志》卷六四所記卷次與本書同，《梁書·崔靈恩傳》、《册府元龜》卷六〇六作“四十七卷”。

孔僉，會稽山陰人，[1]少師事何胤，通《五經》，尤明《三禮》《孝經》《論語》。講説並數十徧，[2]生徒亦數百人。三爲《五經》博士，後爲海鹽、山陰二縣令。[3]僉儒者，不長政術，在縣無績。太清亂，[4]卒於家。

[1]山陰：縣名。治所在今浙江紹興市。

[2]講説並數十徧：按，汲古閣本、百衲本、中華本同，大德本、殿本及《通志》卷一七三“徧”作“篇”。

[3]海鹽：縣名。治所在今浙江海鹽縣。

[4]太清亂：即侯景之亂。詳本書卷八〇、《梁書》卷五六之《侯景傳》。太清，南朝梁武帝蕭衍年號（547—549）。

子淑玄，[1]頗涉文學，官至太學博士。[2]僉兄子元素，又善《二禮》，[3]有盛名，早卒。

[1]淑玄：按，《梁書》卷四八《孔僉傳》作“俶玄”，《通志》卷一七三與本書同。

[2]太學博士：官名。隸國子祭酒，掌教授國學生。南朝宋、齊或置或省，六品。梁二班。位次國子博士、《五經》博士。陳因之，八品，秩六百石。

[3]《二禮》：按，大德本、汲古閣本、殿本、百衲本、中華本及《梁書·孔僉傳》、《通志》卷一七三並作“三禮”，應據改。

盧廣，范陽涿人，[1]自云晋司空從事中郎諶之後也。[2]少明經，有儒術。天監中歸梁，位步兵校尉，兼國子博士，兼講《五經》。[3]時北來人儒學者有崔靈恩、孫詳、蔣顯，並聚徒講説，而音辭鄙拙，唯廣言論清雅，不類北人。僕射徐勉，兼通經術，深相賞好。後爲尋陽太守、武陵王長史，[4]卒官。

[1]范陽：郡名。治涿縣，在今河北涿州市。

[2]諶：盧諶。字子諒，《晋書》卷四四有附傳。

[3]兼講《五經》：按，大德本、汲古閣本、殿本、百衲本、中華本及《通志》卷一七三、《梁書》卷四八《盧廣傳》“兼”作“徧”。

[4]尋陽：郡名。治柴桑縣，在今江西九江市西南。梁武帝太清中移治湓口城，在今江西九江市。　武陵王長史：按，《梁書·盧廣傳》下有“太守如故”四字。武陵王，蕭紀。字世詢，梁武帝第八子。本書卷五三、《梁書》卷五五有傳。

沈峻字士嵩，吴興武康人也。家世農夫，至峻好學。與舅太史叔明師事宗人沈麟士，[1]在門下積年，晝夜自課。睡則以杖自擊，其篤志如此。遂博通《五經》，尤長《三禮》。爲兼國子助教。[2]時吏部郎陸倕與僕射徐勉書薦峻曰：[3]“凡聖賢所講之書，[4]必以《周官》立義。[5]則《周官》一書，實爲群經源本。此學不傳，多歷年世。北人孫詳、蔣顯亦經聽習，而音革楚、夏，[6]故學徒不至；唯助教沈峻特精此書，比日時開講肆，群儒劉喦、沈宏、沈熊之徒，[7]並執經下坐，北面受業，莫不歎服，人無間言。弟謂宜即用此人，令其專此一學，[8]周而復始，使聖人正典廢而更興。”勉從之。奏峻兼《五經》博士。於館講授，聽者常數百人。[9]及中書舍人賀琛奉敕撰《梁官》，[10]乃啓峻及孔子袪補西省學士，[11]助撰録。書成，入兼中書通事舍人。[12]出爲武康令，卒官。[13]

[1]沈麟士：字雲禎。本書卷七六、《南齊書》卷五四有傳。

[2]國子助教：官名。掌協助博士教授國子學生徒。西晋初立國子學，置十五員，東晋減爲十員。南朝宋沿置十員，分掌十經；若不置學，則唯置一員。齊置學，復置十員，位比侍御史。梁國學沿置十員，位二班。陳八品，秩六百石。

[3]吏部郎：官名。尚書省吏部曹長官。亦稱郎中，資深者可轉侍郎。屬吏部尚書，主管官吏選任、銓叙、調動事務，對五品以下官吏之任免有建議權。南朝時如加“參掌大選”，則可參議高級官吏之任免。宋六品。梁十一班。陳四品，秩六百石。　陸倕：字佐公，吴郡吴（今江蘇蘇州市）人。本書卷四八有附傳，《梁書》卷二七有傳。

[4]凡聖賢所講之書：按，《通志》卷一七三同，《梁書》卷四八《沈峻傳》“所”作“可”。

[5]《周官》：即《周禮》。漢世初出，本名《周官》，自劉歆始稱《周禮》。

［6］音革楚、夏：楚爲南楚，夏指諸夏。余嘉錫《世説新語箋疏·豪爽》云："陸倕者，吴中舊族，世仕南朝，故以江左爲華夏，而又區别三吴之外，目之爲楚。此乃吴人鄉曲之見，猶之目中國人爲傖耳。孫詳、蔣顯來自北朝，並是傖父。倕謂其音革楚、夏者，言北方之音非楚非夏，人所不解也。"（中華書局2007年版，第701頁）

［7］沈宏：南朝梁儒生。歷官尚書祠部郎、《五經》博士，著有《春秋五辯》《春秋經解》《春秋文苑》《春秋嘉語》。見《隋書·禮儀志六》《經籍志一》、《舊唐書·經籍志上》。　沈熊：南朝梁儒生。著有《周易略譜》，一名《周易譜》。見《舊唐書·經籍志上》《新唐書·藝文志一》。

［8］令其專此一學：按，《梁書·沈峻傳》"令"作"命"。《通志》卷一七三與本書同。

［9］聽者常數百人：按，《梁書·沈峻傳》下有"出爲華容令，還除員外散騎侍郎，復兼《五經》博士"十九字。

［10］賀琛：字國寶，會稽山陰（今浙江紹興市）人。本書卷六二有附傳，《梁書》卷三八有傳。

［11］西省學士：官名。南朝梁置。即秘書省學士，擇才學士任之，掌撰史等。陳沿置。一説掌助中書舍人撰録文書等。西省，官署名。南朝中書省、秘書省的别稱。

［12］中書通事舍人：官名。三國魏置。南朝梁時去"通事"二字，直稱中書舍人，員四人，多以他官兼領，專掌詔誥，兼呈奏之事，四班。陳員五人，八品。

［13］出爲武康令，卒官：按，《陳書》卷三三《沈文阿傳》有"父峻，以儒學聞於梁世，授桂州刺史，不行"之記述，似不當删省。

傳峻業者，又有吴郡張及、會稽孔子雲，官皆至

《五經》博士、尚書祠部郎。

太史叔明，吴興烏程人，吴太史慈後也。[1] 少善《莊》《老》，兼通《孝經》《論語》《禮記》，尤精三玄。[2] 每講説，聽者常五百餘人。爲國子助教。邵陵王綸好其學，及出爲江州，攜叔明之鎮。王遷郢州，又隨府，所至輒講授，故江州人士皆傳其學。[3] 峻子文阿。

[1]太史慈：字子義，東萊黄（今山東龍口市）人。《三國志》卷四九有傳。

[2]三玄：《老子》《莊子》《周易》三書的合稱。顔之推《顔氏家訓·勉學》："洎於梁世，兹風復闡。《莊》《老》《周易》，總謂三玄。"

[3]故江州人士皆傳其學：按，大德本、汲古閣本、殿本、百衲本同，中華本據《梁書》卷四八《沈峻傳》改"江州"爲"江外"。中華本校勘記："按齊梁後江州僅有尋陽一帶地，叔明隨府至江州、郢州，所至輒講授，則傳其學者非但江州而已，故當以江外爲是。"似當從改。

文阿字國衛，[1] 性剛强，有旅力。[2] 少習父業，研精章句。祖舅太史叔明、舅王慧興並通經術，而文阿頗傳之。又博采先儒異同，自爲義疏。通《三禮》《三傳》，位《五經》博士。梁簡文引爲東宫學士，[3] 及撰《長春義記》，[4] 多使文阿撮異聞以廣之。

[1]國衛：按，《陳書》卷三三《沈文阿傳》同，《通志》卷一七三作"國衡"。

[2]有旅力：按，大德本、殿本、百衲本同，汲古閣本、中華

本、《陳書·沈文阿傳》及《通志》卷一七三"旅"作"膂"。旅，古同"膂"。

[3]東宫學士：官名。南朝梁、陳置。太子東宫文學侍從，擇才學之士任之，掌文字撰述之事。參《陳書》卷二六《徐陵傳》、卷二七《姚察傳》。

[4]《長春義記》：書名。經解類著述，一百卷。梁簡文帝蕭綱爲皇太子時於武帝中大通三年（531）召集諸儒撰録而成。《隋書·經籍志一》《舊唐書·經籍志上》《新唐書·藝文志一》皆有著録。

及侯景寇逆，簡文别遣文阿募士卒援都。臺城陷，[1]與張嵊保吴興。[2]嵊敗，文阿竄于山野。景素聞其名，求之甚急。文阿窮迫，登樹自縊，遇有所親救之，自投而下，折其左臂。及景平，陳武帝以文阿州里，表爲原鄉令、監江陰郡。[3]紹泰元年，[4]入爲國子博士。尋領步兵校尉，兼掌儀禮。自太清之亂，臺閣故事，無有存者，[5]文阿父峻，梁武時常掌朝儀，[6]頗有遺稾，於是斟酌裁撰，禮度皆自己出。

[1]臺城：城名。本三國吴後苑城，經晋成帝時改建，爲東晋、南朝臺省和宫殿所在地，故名。其地在今江蘇南京市雞籠山南、乾河沿北古臺城遺址。

[2]張嵊：字四山，吴郡吴（今江蘇蘇州市）人。本書卷三一有附傳，《梁書》卷四三有傳。

[3]原鄉：縣名。治所在今浙江長興縣南。　監江陰郡：謂以他官監理江陰郡政務，行使郡守職權。南朝多見此制，亦可由監改除爲正式長官。江陰，梁末置，郡治在今江蘇江陰市。

[4]紹泰：南朝梁敬帝蕭方智年號（555—556）。

[5]無有存者：按，大德本、汲古閣本、殿本、百衲本“存”作“在”，中華本據《陳書》卷三三《沈文阿傳》、《通志》卷一七三改作“存”。底本不誤。

[6]梁武時常掌朝儀：按，《陳書·沈文阿傳》“常”作“嘗”。

及陳武帝受禪，文阿輒棄官還武康，帝大怒，發使往誅之。時文阿宗人沈恪爲郡，[1]請使者寬其死，即面縛鎖頸，致於上前。上視而笑之，曰:“腐儒復何爲者?”遂赦之。

[1]沈恪：字子恭。本書卷六七、《陳書》卷一二有傳。

武帝崩，文阿與尚書左丞徐陵、中書舍人劉師知等，[1]議大行皇帝靈座俠御衣服之制，[2]語在《師知傳》。

[1]徐陵：字孝穆，東海郯（今山東郯城縣）人。本書卷六二有附傳,《陳書》卷二六有傳。　劉師知：沛國相（今安徽濉溪縣）人。本書卷六八、《陳書》卷一六有傳。

[2]大行皇帝：古代對剛去世而尚未定謚號皇帝的敬稱。

及文帝即位，剋日謁廟，尚書左丞庾持奉詔遣博士議其禮。[1]文阿議曰：

[1]尚書左丞：按，《陳書》卷三三《沈文阿傳》作“尚書右丞”。《陳書》中華本校勘記:“按《庾持傳》，持於天嘉初遷尚書左

丞。”　庾持：字元德（《陳書》作“允德”），潁川鄢陵（今河南鄢陵縣）人。本書卷七三有附傳，《陳書》卷三四有傳。

人物推移，[1]質文殊軌，聖賢因機而逗教，[2]王公隨時以適宜。夫千人無君，不敗則亂；[3]萬乘無主，不危則亡。當隆周之日，公旦叔父，吕、召爪牙，成王在喪，禍幾覆國。[4]是以既葬便有公冠之儀，始殯受麻冕之策，斯蓋示天下以有主，慮社稷之艱難。逮乎末葉從横，漢承其弊，雖文、景刑厝，[5]而七國連兵。[6]或踰月即尊，或崩日稱詔，比皆有爲而爲之，[7]非無心於禮制也。今國諱之日，雖抑哀於璽紱之重，猶未序於君臣之儀。古禮，朝廟退坐正寢，聽群臣之政。今皇帝拜廟還，宜御太極前殿，[8]以正南面之尊，此即周康在朝，一二臣衛者也。[9]

[1]人物推移：按，《陳書》卷三三《沈文阿傳》“人”作“民”，本書避唐太宗李世民諱改。

[2]聖賢因機而逗教：按，大德本、汲古閣本、百衲本同，殿本、中華本及《陳書·沈文阿傳》“逗”作“立”。張元濟《南史校勘記》：“汲‘逗’注，一作‘立’。殿是，見《陳書·沈文阿傳》。”應據改。

[3]不敗則亂：按，《陳書·沈文阿傳》“敗”作“散”。

[4]禍幾覆國：指管叔鮮、蔡叔度挾紂子武庚叛變。事見《尚書·金縢》及《史記》卷三五《管蔡世家》。

[5]刑厝：亦作刑措、刑錯。置刑法而不用。

[6]七國連兵：指漢景帝時吴、楚等七個諸侯王國的叛亂。

[7]比皆有爲而爲之：按，汲古閣本、殿本、中華本作“此皆有爲而爲之”，大德本、百衲本作“此皆有而爲之”。

[8]太極前殿：建康宫正殿，有前殿、後殿。

[9]周康在朝，一二臣衛：謂周康王即天子位，在應門之内中庭，南面接受群臣的朝拜、陳戒，並誥之天下。事見《尚書·康王之誥》及孔安國傳。臣衛，即屏藩擁衛之臣，傳云：“爲蕃衛，故曰臣衛。來朝而遇國喪，遂因見新王。”

其壤奠之節，[1]周禮以玉作贄，公侯以珪，子、男執璧，此玉作瑞也。[2]奠贄竟，又復致享，天子以璧，王后用琮。秦燒經典，威儀散滅，叔孫通定禮，[3]尤失前憲，奠贄不珪，致享無帛，公王同璧，鴻臚奏賀。若此數事，未聞於古，後相沿襲，至梁行之。夫稱觴奉壽，國家大慶，[4]四厢雅樂，歌奏懽欣。今君臣呑哀，兆庶抑割，豈同於惟新之禮乎？且周康賓稱奉珪，[5]無萬壽之獻，此則前準明矣。愚以今坐正殿，止行薦璧之儀，[6]無賀酒之禮。謹撰謁廟還升正寢、群臣陪薦儀注如别。

[1]壤奠：謂臣衛貢獻土産之物。《尚書·康王之誥》：“敢執壤奠。”孔穎達疏云：“諸侯享天子，其物甚衆，非徒圭馬而已，皆是土地所有。”

[2]此玉作瑞也：按，大德本、汲古閣本、殿本、百衲本同，中華本據《通志》卷一七三於“玉”上補一“以”字。按，《陳書》卷三三《沈文阿傳》作“此瑞玉也”，“以”字似不必補。

[3]叔孫通：薛（今山東滕州市）人。《史記》卷九九、《漢書》卷四三有傳。

[4]國家：按，大德本、汲古閣本、殿本、百衲本、中華本及《陳書·沈文阿傳》作“家國”。《通志》卷一七三與本書同。

[5]周康賓稱奉珪：語出《尚書·康王之誥》。賓，諸侯。稱，舉、舉起。

[6]薦璧：進獻璧玉。用於王侯宗室及群臣朝覲天子或天子舉行的封禪祭祀。

詔可施行。尋還通直散騎常侍，[1]兼國子博士，領羽林監。[2]仍令於東宫講《孝經》《論語》。天嘉中卒，[3]贈廷尉卿。所撰儀禮八十餘條，[4]《春秋》《禮記》《孝經》《論語義記》七十餘卷，[5]《經典大義》十八卷，並行於時。儒者多傳其學。

[1]通直散騎常侍：官名。南朝以侍從左右，掌圖書文翰、諫諍拾遺等，職輕事簡，不爲人重。宋三品。梁十一班。陳四品，秩二千石。

[2]羽林監：官名。掌宿衛送從。南朝多以文官領之，無營兵。宋五品。梁五班。陳七品，秩六百石。

[3]天嘉中卒：據《陳書》卷三三《沈文阿傳》，其卒於陳文帝天嘉四年（563），時年六十一。

[4]所撰儀禮八十餘條：按，《陳書·沈文阿傳》“條”作“卷”，《通志》卷一七三與本書同。

[5]《春秋》《禮記》《孝經》《論語義記》七十餘卷：按，《陳書·沈文阿傳》無此十四字。

孔子袪，會稽山陰人也。少孤貧好學，耕耘樵採，常懷書自隨，役閑則誦讀，[1]勤苦自勵，遂通經術，尤明古文《尚書》。

[1]役閑：按，《梁書》卷四八《孔子袪傳》及《通志》卷一七三作“投閑”。

爲兼國子助教，[1]講《尚書》四十徧，聽者常數百人。爲西省學士，助賀琛撰録，[2]書成，兼司文侍郎，[3]不就。累遷兼中書通事舍人，加步兵校尉。梁武帝撰《五經講疏》及《孔子正言》，專使子袪檢閱群書以爲義證。事竟，敕子袪與右衛朱异、左丞賀琛於士林館遞日執經。[4]後加通直正員郎，[5]卒官。[6]

[1]爲兼國子助教：按，《梁書》卷四八《孔子袪傳》作“初爲長沙嗣王侍郎，兼國子助教”，《通志》卷一七三與本書同。

[2]助賀琛撰録：即與沈峻協助賀琛撰録《梁官》。見本卷上文《沈峻傳》。

[3]司文侍郎：官名。南朝梁武帝普通中置，多選任文學、史學名士，直壽光省，爲皇帝文學侍從之臣。

[4]朱异：字彦和，吴郡錢唐（今浙江杭州市）人。本書卷六二、《梁書》卷三八有傳。　士林館：學館名。南朝梁置，設立於建康宫城西，以延集學者，講述經義。

[5]通直正員郎：官名。即通直散騎侍郎，省稱通直郎。南朝常授以衰老之士，多爲加官。宋五品。梁六班。陳八品，秩千石。

[6]卒官：據《梁書·孔子袪傳》，其卒於梁武帝中大同元年(546)，時年五十一。

子袪凡著《尚書義》二十卷，《集注尚書》三十卷,[1]續朱异《集注周易》一百卷,續何承天《集禮論》一百五十卷。[2]

[1]《集注尚書》三十卷:按,汲古閣本、中華本及《梁書》卷四八《孔子祛傳》、《通志》卷一七三同,大德本、殿本、百衲本"三"作"二"。

[2]何承天:東海郯(今山東郯城縣)人。本書卷三三、《宋書》卷六四有傳。

皇侃,吴郡人,青州刺史皇象九世孫也。[1]少好學,師事賀瑒,精力專門,盡通其業,尤明《三禮》《孝經》《論語》。爲著國子助教,[2]於學講説,聽者常數百人。撰《禮記講疏》五十卷,[3]書成,奏上,詔付秘閣。[4]頃之,召入壽光殿説《禮記義》。[5]梁武帝善之,加員外散騎侍郎。[6]

[1]皇象:字休明,廣陵江都(今江蘇揚州市)人。工書,被譽"一代之絶手"。事見《三國志》卷六三《吴書·趙達傳》裴松之注引《吴録》。

[2]爲著國子助教:按,《梁書》卷四八《皇侃傳》"爲"作"起家",《通志》卷一七三與本書同。大德本、汲古閣本、殿本、百衲本、中華本及《梁書·皇侃傳》、《通志》卷一七三"著"皆作"兼"。

[3]《禮記講疏》五十卷:按,《梁書》卷三《武帝紀下》作"《禮記義疏》五十卷",《梁書·皇侃傳》及《通志》卷一七三與本書同。檢《隋書·經籍志》,皇侃兼有"《禮記講疏》九十九卷""《禮記義疏》四十八卷",《舊唐書·經籍志上》《新唐書·藝文志

一》作“《禮記講疏》一百卷”“《禮記義疏》五十卷”。如此，則皇侃奏上者或即《禮記義疏》。

[4]秘閣：禁中圖書典籍收藏之處。以由秘書郎或秘書監掌管，故名。參《資治通鑑》卷一四〇《齊紀六》“魏詔求遺書”句胡三省注。

[5]壽光殿：建康宮城内殿省名。亦稱壽光省、壽光閣。

[6]員外散騎侍郎：官名。西晉始置，多以公族、功臣之子充任，爲閑散之職。南朝沿置，常用以安置閑退官員、衰老人士。梁三班。陳爲三公之子起家官，七品，秩四百石。

侃性至孝，常日限誦《孝經》二十徧，以擬《觀世音經》。[1]丁母憂，還鄉里。平西邵陵王欽其學，厚禮迎之。及至，因感心疾卒。[2]所撰《論語義》《禮記義》見重於世，[3]學者傳焉。

[1]《觀世音經》：佛經名。簡稱《觀音經》。經文内容即《法華經》第二十五《觀世音菩薩普門品》，説觀世音菩薩開周遍法界之門而濟度衆生。因廣受弘傳，遂另行單本流通。

[2]因感心疾卒：據《梁書》卷四八《皇侃傳》，侃於梁武帝大同十一年（545），卒於夏首（今湖北武漢市武昌區），時年五十八。

[3]《論語義》：按，《梁書·皇侃傳》下有“十卷”二字。

沈洙字弘道，吴興武康人也。祖休季，[1]梁餘杭令。[2]父山卿，梁國子博士、中散大夫。

[1]休季：按，《陳書》卷三三《沈洙傳》作“休稚”，本書避

唐高宗李治諱改。

［2］餘杭：縣名。治所在今浙江杭州市餘杭區西南。

洙少方雅好學，不妄交游。通《三禮》《春秋左氏傳》。精識强記，《五經》章句，諸子史書，問無不答。仕梁爲尚書祠部郎，[1]時年蓋二十餘。大同中，[2]學者多涉獵文史，不爲章句，而洙獨積思經術，吴郡朱异、會稽賀琛甚嘉之。及异、琛於士林館講制旨義，常使洙爲都講。[3]侯景之亂，洙竄於臨安。[4]時陳文帝在焉，親就習業。及陳武帝入輔，除國子博士，與沈文阿同掌儀禮。

［1］尚書祠部郎：按，《陳書》卷三三《沈洙傳》作“尚書祠部郎中”，《通志》卷一七三與本書同。

［2］大同：南朝梁武帝蕭衍年號（535—546）。

［3］都講：學舍中協助博士講經的儒生或主講經書的學者，以才高者任之。

［4］臨安：縣名。治所在今浙江杭州市臨安區北。

武帝受禪，加員外散騎常侍，[1]位揚州别駕從事史，[2]大匠卿。[3]有司奏：“建康令沈孝軌門生陳三兒牒稱，[4]主人翁靈柩在州，[5]主人奉使關右，[6]因欲迎喪，久而未反。此月晦即是再周，[7]主人弟息見在此者，爲至月末除靈，[8]内外即吉？[9]爲待主人還情禮申竟？”以事諮左丞江德藻。[10]德藻議謂：“王衛軍云：[11]‘久喪不葬，唯主人不變，其餘親各終月數而除。’此蓋引禮文論在家内有事故未得葬者耳。孝軌既在異域，雖已迎喪，還期無指，諸弟若遂不除，永絶婚嫁，此於人情，或未爲允。[12]中原淪陷以後，理有事例，宜諮沈常侍詳議。”[13]洙議曰：“禮有變正，又有從宜。《禮·小記》云：[14]‘久而不葬者，唯主喪者不除，其餘以麻終月數者，[15]除喪已。’[16]注云：‘其餘謂傍親。’如鄭所解，衆子皆應不除，王衛軍所引，此蓋禮之正也。但魏氏東關之役，[17]既失亡屍柩，葬禮無期，時議以爲禮無終身之喪，故制使除服。晋氏喪亂，或死於虜庭，無由迎殯，江左故復申明其制。李胤之祖，[18]王華之父，[19]並存亡不測，其子制服，依時釋衰，[20]此並變禮之宜也。孝軌雖因奉使便欲迎喪，而還期未剋，宜依東關故事，在此者並應釋除衰麻，毁靈祔祭；若喪柩得還，别行改葬之禮。自天下寇亂，西朝傾覆，[21]若此之徒，諒非一二，寧可喪期無數，而弗除衰服？朝廷自應爲之限制，以義斷恩。”德藻依洙議。奏可。

[1]員外散騎常侍：官名。魏晋南北朝皆置。南朝宋以後常用作安置閑退官員等，地位漸低。至梁復重其選，職依正員，品視黄門郎，但終不爲人所重。梁十班。陳四品。

[2]揚州别駕從事史：官名。省稱揚州别駕。揚州刺史佐官，總理衆務，主吏員選舉，職權甚重。宋六品。梁十班。陳六品。

[3]大匠卿：官名。南朝梁以將作大匠改名，掌土木工程營建，爲十二卿之一，十班。陳沿置，三品，秩中二千石。

[4]門生：兩晋南北朝時指依附於世家豪族的人户。多爲富家子弟，通過行賄得附高門權貴，以謀取官職。

［5］主人翁靈柩在州：按，大德本、汲古閣本、殿本、百衲本、中華本及《陳書》卷三三《沈洙傳》、《通志》卷一七三“州”皆作“周”。應據改。

［6］關右：漢唐時泛指函谷關或潼關以西地區。此處代指北周政權。按，《陳書·沈洙傳》作“關内”，《通志》卷一七三與本書同。

［7］再周：又一周年。

［8］除靈：謂除喪之日，撤去靈座，焚化靈牌，以示服喪期滿。

［9］即吉：謂居喪期滿，除去喪服即得以參與吉禮。

［10］左丞：官名。即尚書左丞。　江德藻：字德藻，濟陽考城（今河南民權縣）人。本書卷六〇有附傳，《陳書》卷三四有傳。

［11］王衛軍：即王儉。齊武帝即位，進號衛將軍，遂稱。

［12］或未爲允：按，《陳書·沈洙傳》、《通志》卷一七三作“或爲未允”。

［13］宜諮沈常侍詳議：按，《陳書·沈洙傳》同，《通志》卷一七三“議”下有“决”字。

［14］《禮·小記》：即《禮記·喪服小記》。

［15］麻：亦稱絰。即喪服所用的麻帶。扎在頭上的稱首絰，纏在腰間的稱腰絰。《禮記·雜記下》：“麻者不紳，執玉不麻，麻不加於采。”鄭玄注：“麻，謂絰也。”

［16］除喪已：按，大德本、百衲本同，汲古閣本、殿本、中華本及《陳書·沈洙傳》“喪”下有“則”字。應據補。

［17］東關之役：三國魏征南大將軍王昶等征吴大敗於東關。參《三國志》卷四《魏書·齊王芳紀》、卷二一《魏書·傅嘏傳》及裴松之注。東關，地名。在今安徽含山縣西南。

［18］李胤：字宣伯，遼東襄平（今遼寧遼陽市）人。其祖敏，乘輕舟浮滄海，莫知所終。《晋書》卷四四有傳。

［19］王華：字子陵，琅邪臨沂（今山東臨沂市）人。其父廞，舉兵討王恭敗走，不知所在。本書卷二三、《宋書》卷六三有傳。

[20]釋衰：除去喪服，即除喪。衰，同“縗”。用麻布條披於胸前的喪服，服三年之喪者用之。

[21]西朝：東晋及南朝建都建康（今江蘇南京市），西晋建都洛陽（今河南洛陽市東北），其地在建康以西，故稱之爲“西朝”。

文帝即位，累遷光禄卿，[1]侍東宫讀。廢帝嗣位，歷尚書左丞，衡陽王長史，[2]行府國事。

[1]光禄卿：官名。南朝梁改光禄勳置，爲十二卿之一，掌宫殿門户及部分宫廷供御，十一班。陳因之，三品，秩中二千石。

[2]衡陽王：陳伯信。字孚之，陳文帝第七子。本書卷六五、《陳書》卷二八有傳。

梁代舊律，測囚之法，[1]日一上，起自晡鼓，[2]盡于二更。[3]及比部郎范泉删定律令，[4]以舊法測立時久，[5]非人所堪，分其刻數，日再上。廷尉以爲新制過輕，[6]請集八坐丞郎，[7]并祭酒孔奂、行事沈洙五舍人會尚書省詳議。[8]時宣帝録尚書，集衆議之。都官尚書周弘正議曰：[9]“凡小大之獄，必應以情，政言依準五聽，[10]驗其虚實，豈可令恣考掠，[11]以判刑罪？且測人時節，本非古制，近代以來，方有此法。起自晡鼓，迄于二更，豈是常人所能堪忍？所以重械之下，危墮之士，[12]無人不服，誣枉者多。朝晚二時，同等刻數，[13]進退而求，於事爲衷。若謂小促前期數，致實罪不服，[14]如復時節延長，則無愆妄款。且人之所堪，既有强弱，人之立意，固亦多途。至如貫高榜笞刺爇，[15]身無完者；[16]

戴就熏針並極,[17]困篤不移，豈關時刻長短，掠測優劣？夫‘與殺不辜，寧失不經’,[18]‘罪疑唯輕，功疑唯重’。[19]斯則古之聖王，垂此明法。愚謂依范泉著制爲允。”沭議曰：“夜中測立，緩急易欺，兼用晝漏,[20]於事爲允。但漏刻賒促,[21]今古不同。《漢書·律歷》，何承天、祖沖之、祖暅父子《漏經》,[22]並自關鼓至下鼓、自晡鼓至關鼓,[23]皆十三刻，冬夏四時不異。若其日有長短，分在中時前後。[24]今用梁末改漏,[25]下鼓之後，分其短長；夏至之日各十七刻，冬至之日各十二刻。廷尉今牒以時刻短促，致罪人不款。愚意願去夜測之昧，從晝漏之明，斟酌今古之聞,[26]參會二漏之義，捨秋冬之少刻，從夏日之長晷,[27]不問寒暑，並依今之夏至，朝夕上測各十七刻。比之古漏，則一上多昔四刻,[28]即用今漏，則冬至多五刻。雖冬至之時，數刻侵夜，正是少日，於事非疑。庶罪人不以漏短而爲捍，獄囚無在夜之致誣。[29]求之鄙意，竊謂爲宜依范泉前制。”[30]宣帝曰：“沈長史議得中，宜更博議。”左丞宗元饒議曰：[31]“沈議非頓異范，正是欲使四時均其刻數。請寫還刪定曹詳改前制。”[32]宣帝依事施行。

[1]測囚之法：刑罰名。即測刑。又稱測罰。南朝梁、陳使用的一種刑訊逼供的手段。《隋書·刑法志》：“凡繫獄者，不即答款，應加測罰，不得以人士爲隔。”

[2]晡鼓：晡時擊鼓。晡時，指下午三點至五點。

[3]二更：指晚上九點至十一點。

[4]比部郎：官名。尚書省比部曹長官。亦稱比部郎中，其資

深者可稱轉侍郎。掌擬定修改法制，收藏稽核律文。宋六品。梁五班。陳四品，秩六百石。　范泉：南朝陳律學家。陳武帝時以尚書刪定郎的身份主持參訂律令。其制篇目條綱，一用梁法，唯重清議禁錮之科。撰有《陳律》九卷、《陳令》三十卷、《陳科》三十卷。見《隋書·刑法志》《經籍志二》。

[5]測立：刑具名。亦作立測。《隋書·刑法志》："立測者，以土爲垛，高一尺，上圓，劣容囚兩足立。鞭二十，笞三十訖，著兩械及杻，上垛。"

[6]廷尉：官署名。掌審判，主管詔獄。長官爲廷尉，宋三品。梁定名廷尉卿，十一班。陳因之，三品，秩中二千石。

[7]請集八坐丞郎：大德本、汲古閣本、殿本、百衲本、中華本及《陳書》卷三三《沈洙傳》"八坐"作"八座"。按，八坐，亦作八座，魏晉至隋爲尚書省令、僕及諸曹尚書等高官的合稱。八坐丞郎，官名合稱。又稱尚書丞郎。指尚書左、右丞及諸曹侍郎、郎中。宋六品。梁九班至五班。陳四品，秩六百石。

[8]祭酒：官名。即國子祭酒。總領國子學、太學，隸太常。陳三品，秩中二千石。　孔奂：字休文，會稽山陰（今浙江紹興市）人。本書卷二七有附傳，《陳書》卷二一有傳。　五舍人：南朝陳制，中書省設舍人五員，分掌二十一局事，並爲上司，總國内機要。參《隋書·百官志上》。　尚書省：官署名。綜理全國政務的最高行政機構。長官爲尚書令，尚書僕射或左、右僕射副貳。魏晉南北朝多以公卿權重者録尚書事，總領尚書省政務。

[9]都官尚書：官名。南朝宋置，掌領都官、水部、庫部、功論四曹。都官曹主軍事刑獄，其餘三曹所主各如其名。齊、梁、陳沿置。宋三品。梁十三班。陳三品，秩中二千石。　周弘正：字思行，汝南安成（今河南汝南縣）人。本書卷三四有附傳，《陳書》卷二四有傳。

[10]五聽：審察案情的五種方法。《周禮·秋官·小司寇》："一曰辭聽，二曰色聽，三曰氣聽，四曰耳聽，五曰目聽。"鄭玄

注:“觀其出言，不直則煩；觀其顔色，不直則赧然；觀其氣息，不直則喘；觀其聽聆，不直則惑；觀其眸子，視不直則眊然。”聽，判斷。

[11]豈可令恣考掠：按，《陳書·沈洙傳》“令”作“全”，《通志》卷一七三與本書同。

[12]危墮：按，大德本、殿本、百衲本及《通志》卷一七三、《陳書·沈洙傳》同，汲古閣本、中華本作“危墮”。墮，通“墮”。 士：按，大德本、汲古閣本、百衲本同，殿本、中華本及《陳書·沈洙傳》、《通志》卷一七三作“上”。

[13]刻數：猶時間。刻，古代計時單位，一晝夜分爲百刻或百二十刻。參《隋書·天文志上》。

[14]若謂小促前期數，致實罪不服：按，《陳書·沈洙傳》無“數”字，“服”作“伏”；《通志》卷一七三皆與本書同。

[15]貫高：秦末漢初人。西漢初爲趙相。以高祖無禮於趙王張敖，忿恚，遂設伏謀刺，未成。事泄，與敖同被捕。備受酷刑，始終堅持“獨吾屬爲之，王不知也”，及與敖均得赦，乃自殺以明志。事見《史記》卷八九《張耳陳餘列傳》、《漢書》卷三二《張耳陳餘傳》。

[16]身無完者：按，大德本、百衲本、中華本同，汲古閣本、殿本“者”作“膚”。《陳書·沈洙傳》中華本校勘記以爲:“《漢書·張耳陳餘傳》正作‘身無完者’。‘者’作‘膚’，乃後人臆改。”

[17]戴就：字景成，會稽上虞（今浙江紹興市上虞區）人。《後漢書》卷八一有傳。

[18]與殺不辜，寧失不經：語本《尚書·大禹謨》:“與其殺不辜，寧失不經。”不辜，猶無辜、無罪，亦指無罪的人。不經，謂不合常法，不守成規定法。

[19]罪疑唯輕，功疑唯重：語出《尚書·大禹謨》孔傳:“刑疑附輕，賞疑從重，忠厚之至。”罪，猶治罪、受刑。

［20］晝漏：指白天的時間。

［21］漏刻：古代計時器具。即漏壺。因漏壺的箭上刻符號表時間，故稱。　賒促：猶長短。

［22］祖沖之：字文遠，范陽遒（今河北淶水縣）人。本書卷七二、《南齊書》卷五二有傳。　祖暅：大德本、汲古閣本、殿本、百衲本同，中華本作“祖暅之”，《陳書·沈洙傳》作“暅之”。六朝人名中“之”常省。祖暅之，字景爍。本書卷七二有附傳。

［23］關鼓：報夜晚開始之鼓。　下鼓：報晨前結束之鼓。

［24］中時：即午時。指上午十一點至下午一點。亦泛指中午前後。

［25］梁末改漏：梁武帝大同十年（544），將晝夜百刻改爲晝夜一百零八刻，並規定晝漏與夜漏的刻數有四季之分。見《隋書·天文志上》。

［26］斟酌今古之聞：大德本、汲古閣本、殿本、百衲本及《通志》卷一七三同，中華本據《陳書·沈洙傳》改“聞”作“間”。

［27］從夏日之長晷：大德本、殿本、百衲本、中華本及《陳書·沈洙傳》、《通志》卷一七三同，汲古閣本“晷”作“晷”。

［28］一上：謂行測刑一次。按，《陳書》舊本作“上”，中華本補作“一上”；《通志》卷一七三與本書同。

［29］無：按，大德本、汲古閣本、百衲本及《通志》卷一七三同，殿本、中華本及《陳書·沈洙傳》作“無以”。　之：按，大德本、汲古閣本、百衲本及《陳書》舊本、《通志》卷一七三同，殿本、中華本及《陳書·沈洙傳》中華本作“而”。

［30］竊謂爲宜依范泉前制：按，《陳書》“竊謂”下有“允合”及“衆議以”五字，似不當删。《通志》卷一七三與本書同。

［31］宗元饒：南郡江陵（今湖北荆州市荆州區）人。本書卷六八、《陳書》卷二九有傳。

［32］删定曹：官署名。南朝宋置。尚書省諸曹之一，職掌制定律令法規，長官删定曹郎，隸吏部尚書。

洙以太建元年卒。[1]

[1]洙以太建元年卒：據《陳書》卷三三《沈洙傳》，洙時年五十二。太建，南朝陳宣帝陳頊年號（569—582）。

戚衮字公文，吴郡鹽官人也。[1]少聰慧，游學都下，受《三禮》於國子助教劉文紹。[2]一二年中，大義略舉。[3]

[1]鹽官：縣名。治所在今浙江海寧市鹽官鎮南杭州灣海中。

[2]劉文紹：晋陵（今江蘇常州市）人。事見本書本卷《鄭灼傳附張崖傳》及《陳書》卷三三《張崖傳》。

[3]大義略舉：按，《陳書》卷三三《戚衮傳》“舉”作“備”，《通志》卷一七三與本書同。

年十九，梁武帝敕策《孔子正言》并《周禮》《禮記》義，衮對高第。除揚州祭酒從事史。[1]就國子博士宋懷方質《儀禮》義。懷方，北人，自魏攜《儀禮》《禮記》疏，秘惜不傳。及將亡，謂家人曰：“吾死後，戚生若赴，便以《儀禮》《禮記》義本付之；若其不來，即宜隨屍而殯。”[2]爲儒者推許如此。

[1]揚州祭酒從事史：官名。揚州刺史府主要僚屬之一。分掌揚州所置兵、賊、倉、户、水、鎧諸曹事。若不設祭酒則以主簿治事。梁一班。陳九品。

[2]即宜隨屍而殯：按，大德本、汲古閣本、殿本、百衲本皆無“宜”字。《陳書》卷三三《戚衮傳》有。

尋兼太學博士。簡文在東宫，召衮講論。又嘗置宴集玄、儒之士，先命道學互相質難，次令中庶子徐摛馳騁大義，[1]間以劇談。摛辭辯從横，難以答抗，諸儒懾氣。時衮説朝聘義，摛與往復，衮精采自若，領答如流，[2]簡文深加歎賞。

[1]中庶子：官名。太子中庶子省稱。爲太子侍從。南朝梁員四人，掌東宫管記，以功高者一人爲祭酒，與太子中舍人功高者同掌禁令，十一班。陳沿置，四品，秩二千石。　徐摛：字士秀，東海郯（今山東郯城縣）人。本書卷六二、《梁書》卷三〇有傳。

[2]領答：《陳書》卷三三《戚衮傳》作“對答”，《通志》卷一七三與本書同。

敬帝立，爲江州長史。仍隨沈泰鎮南豫州。[1]泰之奔齊，逼衮俱行。後自齊逃還。[2]又隨程文季於吕梁，[3]軍敗入周，久之得歸。卒於始興王府録事參軍。[4]

[1]沈泰：南朝梁、陳時人。初爲東揚州刺史張彪將。陳蒨討彪，泰降蒨，開城門納之。彪平，授安西將軍，歷定、江、南豫等州刺史。陳武帝永定二年（558）二月，奔北齊。事見本書卷九《陳武帝紀》、《陳書》卷二《高祖紀下》等。　南豫州：治壽春縣，在今安徽壽縣。

[2]後自齊逃還：按，《陳書》卷三三《戚衮傳》“齊”作“鄴下”，《通志》卷一七三與本書同。

[3]又隨程文季於吕梁：按，《陳書·戚衮傳》“於”作“北伐”。《通志》卷一七三與本書同。程文季，字少卿。新安海寧（今安徽休寧縣）人。本書卷六七、《陳書》卷一〇有附傳。吕梁，

城名。在今江蘇徐州市銅山區東南廢黄河北岸。

[4]卒於始興王府録事參軍：據《陳書·戚衮傳》，衮"太建十三年卒，時年六十三"。始興王，陳叔陵。字子嵩，陳宣帝第二子。本書卷六五、《陳書》卷三六有傳。王府録事參軍，官名。南朝梁始於皇弟皇子府置，六班。陳沿置，七品。

衮於梁代撰《三禮義記》，逢亂亡失。《禮記義》四十卷行於世。

鄭灼字茂昭，東陽信安人也。[1]幼聰敏，勵志儒學。少受業於皇侃。梁簡文在東宫，雅愛經術，引灼爲西省義學士。[2]承聖中，[3]爲兼中書通事舍人。[4]仕陳，武帝、文帝時，累遷中散大夫。後兼國子博士，[5]未拜卒。[6]

[1]東陽：郡名。治長山縣，在今浙江金華市。　信安：縣名。治所在今浙江衢州市。

[2]西省義學士：官名。南朝梁置，爲文學侍從之臣。

[3]承聖：南朝梁元帝蕭繹年號（552—555）。

[4]爲兼中書通事舍人：按，《陳書》卷三三《鄭灼傳》"爲"下有"威戎將軍"四字，《通志》卷一七三與本書同。

[5]後兼：按，《陳書·鄭灼傳》作"以本職兼"，《通志》卷一七三與本書同。

[6]未拜卒：據《陳書·鄭灼傳》，灼於"太建十三年卒，時年六十八"。

灼性精勤，尤明《三禮》。少時嘗夢與皇侃遇於途，侃謂曰："鄭郎開口。"侃因唾灼口中，自後義理益進。灼家貧，抄義疏以日繼夜，筆豪盡，每削用之。常蔬食，講授多苦心熱，若瓜時，輒偃卧以瓜鎮心，起便讀誦，其篤志如此。

時有晋陵張崖、吴郡陸詡、吴興沈德威、會稽賀德基，[1]俱以禮學自命。

[1]晋陵：郡名。治晋陵縣，在今江蘇常州市。

張崖傳《三禮》於同郡劉文紹。天嘉元年，爲尚書儀曹郎，廣沈文阿《儀注》，撰《五禮》。後爲國子博士。

陸詡少習崔靈恩《三禮義》。[1]梁時，百濟國表求講禮博士，[2]詔令詡行。天嘉中，位尚書祠部郎。

[1]《三禮義》：按，大德本、汲古閣本、殿本、百衲本同，中華本據《陳書》卷三三《陸翊傳》補作“三禮義宗”。按，本書本卷《崔靈恩傳》有“制《三禮義宗》三十卷”。應據補。

[2]百濟國：古國名。在今朝鮮半島西南部。

沈德威字懷遠，少有操行。梁太清末，遁於天目山，[1]築室以居。雖處亂離，而篤學無倦。天嘉元年，徵出都，後爲國子助教。每自學還私室講授，[2]道俗受業數百人，[3]率常如此。遷太常丞，[4]兼五禮學士，後爲尚書祠部郎。陳亡入隋，官至秦王府主簿，[5]卒年五十五。

[1]天目山：山名。一名浮玉山。在今浙江西北部，呈東北、

西南走向，西接皖南山地。

[2]講授：按，大德本、殿本、中華本及《陳書》卷三三《沈德威傳》、《通志》卷一七三同，汲古閣本、百衲本作“講受”。

[3]道俗受業數百人：按，《陳書·沈德威傳》“數”下有一“十”字，《通志》卷一七三與本書同。

[4]太常丞：官名。太常副貳，職掌宗廟祭祀禮儀的具體事務，總管本府諸曹，参議禮制。宋七品。梁五班。陳八品，秩六百石。

[5]秦王府主簿：官名。王府屬官。掌覆省書教。隋置於親王府者，從六品。秦王，楊俊。字阿祇，隋文帝第三子。隋文帝開皇元年（581）立爲秦王。《隋書》卷四五、《北史》卷七一有傳。

賀德基字承業，世傳《禮》學。祖文發、父淹，[1]仕梁俱爲祠部郎，並有名當世。德基少游學都下，積年不歸，衣資罄乏，又耻服故弊，盛冬止衣裌襦袴。[2]嘗於白馬寺前逢一婦人，[3]容服甚盛，呼德基入寺門，脱白綸巾以贈之。仍謂曰："君方爲重器，不久貧寒，故以此相遺耳。"問姓名，不答而去。德基於《禮記》稱爲精明，位尚書祠部郎。雖不至大官，而三世儒學，俱爲祠部郎，時論美其不墜。

[1]祖文發：按，《陳書》卷三三《賀德基傳》同，《通志》卷一七三作“祖父發”。按，據《魏書》卷九八《島夷蕭衍傳》，文發於東魏孝静帝興和四年（542）春以通直常侍隨袁狎出使東魏。

[2]盛冬止衣裌襦袴：按，大德本同，汲古閣本、殿本、百衲本、中華本“襦”作“襦”。襦，同“襦”。

[3]白馬寺：佛寺名。在今湖北荆州市江陵縣故城東。《資治通鑑》卷一六五《梁紀二十一》，梁元帝承聖三年（554），西魏克

江陵，元帝蕭繹出降，“至白馬寺北”。即此。

全緩字弘立，吴郡錢唐人也。[1]幼受《易》于博士褚仲都，[2]篤志研翫，得其精微。陳太建中，位鎮南始興王府諮議參軍。[3]緩通《周易》《老》《莊》，時人言玄者咸推之。

[1]錢唐：縣名。治所在今浙江杭州市。

[2]褚仲都：吴郡錢唐（今浙江杭州市）人，善《周易》，梁武帝天監中歷官《五經》博士。事見本書卷七四、《梁書》卷四七之《褚脩傳》。

[3]王府諮議參軍：官名。南朝梁、陳王府皆置，掌咨謀衆事。梁皇弟皇子府九班。陳皇弟皇子府五品，秩八百石。按，《陳書》卷三三《全緩傳》下有“隨府詣湘州，以疾卒，時年七十四”十三字，《通志》卷一七三與本書同。

張譏字直言，清河武城人也。[1]祖僧寶，梁太子洗馬。[2]父仲悦，梁尚書祠部郎。

[1]武城：縣名。治所在今山東武城縣西北。

[2]太子洗馬：官名。隸太子詹事，掌東宫圖籍、經書，太子出行則前導威儀。南朝宋七品。梁六班。陳因之，六品，秩六百石。

譏幼聰俊，有思理。年十四，通《孝經》《論語》，篤好玄言。受學于汝南周弘正，每有新意，爲先輩推服。梁大同中，召補國子正言生。梁武帝嘗於文德殿釋乾、坤《文言》，[1]譏與陳郡袁憲等預焉。[2]敕令論議，諸儒莫敢先出，譏乃整容而進，諮審循環，辭令温雅。帝甚異之，賜裘褥絹等，云："表卿稽古之力。"

[1]文德殿：建康宫前殿。梁武帝於殿内藏聚群書，置學士省，召高才碩學者待詔其中。　乾、坤《文言》：《易傳》篇名。"十翼"之一。傳爲孔子所作，專釋《乾》《坤》二卦之義。其中解釋《乾》卦之卦辭與爻辭者稱《乾文言》，解釋《坤》卦之卦辭及爻辭者稱《坤文言》。

[2]袁憲：字德章，陳郡陽夏（今河南太康縣）人。本書卷二六有附傳，《陳書》卷二四有傳。

譏幼喪母，有錯綵經帕，即母之遺制，及有所識，家人具以告之。每歲時輒對帕哽噎不能勝。及丁父憂，[1]居喪過禮。爲士林館學士。簡文在東宫，出士林館，發《孝經》題，譏論義往復，甚見嗟賞。及侯景寇逆，於圍城之中，獨侍哀太子於武德後殿，[2]講《老》《莊》。臺城陷，譏崎嶇避難，卒不事景。

[1]丁父憂：按，大德本、殿本、百衲本、中華本同，汲古閣本"丁"訛作"下"。

[2]獨侍哀太子於武德後殿：按，《陳書》卷三三《張譏傳》"獨"作"猶"，《通志》卷一七三與本書同。或疑"猶"字爲是。哀太子，蕭大器。字仁宗，梁簡文帝嫡長子。本書卷五四、《梁書》卷八有傳。

陳天嘉中，爲國子助教。時周弘正在國學，發《周易》題，弘正第四弟弘直亦在講席。[1]譏與弘正論議，弘正屈，弘直危坐厲聲，助其申理。譏乃正色謂弘直曰："今日義集，辯正名理，雖知兄弟急難，四公不得有助。"弘直謂曰："僕助京師，[2]何爲不可？"舉坐以爲笑樂。弘正嘗謂人曰："吾每登坐，見張譏在席，使人懍然。"

[1]弘直：周弘直。字思方，汝南安成（今河南汝南縣）人。本書卷三四、《陳書》卷二四有附傳。

[2]僕助京師：按，大德本、汲古閣本、殿本、百衲本、中華本及《陳書》卷三三《張譏傳》、《通志》卷一七三"京"並作"君"，應從改。

宣帝時，爲武陵王限内記室，[1]兼東宫學士。後主在東宫，集宫僚置宴，時造玉柄麈尾新成，後主親執之曰："當今雖復多士如林，至於堪捉此者，獨張譏耳。"即手授譏。仍令於温大殿講《莊》《老》。[2]宣帝幸宫臨聽，賜御所服衣一襲。

[1]武陵王：陳伯禮。字用之，陳文帝第十子。本書卷六五、《陳書》卷二八有傳。　限内：官制術語。南朝梁、陳指定員之内的官吏。

[2]温大殿：按，大德本、汲古閣本、殿本、百衲本、中華本及《陳書》卷三三《張譏傳》、《通志》卷一七三並作"温文殿"。當從改。

後主嗣位，爲國子博士、東宫學士。後主嘗幸鍾山開善寺，[1]召從臣坐於寺西南松林下，敕讖豎義。[2]時索麈尾未至，後主敕取松枝，手以屬讖，曰："可代麈尾。"顧群臣曰："此即張讖後事。"陳亡入隋，終於長安，年七十六。

[1]開善寺：佛寺名。南朝梁建，原址在今江蘇南京市東紫金山西南獨龍阜。明初遷於紫金山東南麓，改名靈谷寺。

[2]豎義：立義，闡明義理。

讖性恬靜，不求榮利，常慕閑逸。所居宅營山池，植花果，講《周易》《老》《莊》而教授焉。吴郡陸元朗、朱孟博、一乘寺沙門法才、法雲寺沙門慧拔、至真觀道士姚綏，[1]皆傳其業。

[1]陸元朗：南朝陳至唐初人，字德明。《舊唐書》卷一八七、《新唐書》卷一九八有傳。　一乘寺：佛寺名。又名凹凸寺。南朝梁武帝大同三年（537）邵陵王蕭綸所造，在今江蘇南京市東南。　法雲寺：佛寺名。南朝齊武帝時造，在今江蘇南京市東北。　慧拔：《陳書》卷三三《張讖傳》作"慧休"，《通志》卷一七三與本書同。　至真觀：道觀名。在今江蘇蘇州市。

讖所撰《周易義》三十卷，[1]《尚書義》十五卷，《毛詩義》二十卷，《孝經義》八卷，《論語義》二十卷，《老子義》十一卷，《莊子·内篇義》十二卷、《外篇義》二十卷、《雜篇義》十卷，《玄部通義》十二卷，[2]《游玄桂林》二十四卷。[3]後主嘗敕就其家寫入秘閣。

［1］《周易義》三十卷：按，《隋書·經籍志一》著録"《周易講疏》三十卷，陳諮議參軍張譏撰"，《新唐書·藝文志一》作"張譏《講疏》三十卷"，當即傳文所言《周易義》。

［2］《玄部通義》十二卷：按，《舊唐書·經籍志下》《新唐書·藝文志三》所載"張譏《玄書通義》十卷"（《舊唐書》"譏"訛"機"），蓋即本傳所言《玄部通義》之殘缺本。

［3］《游玄桂林》二十四卷：按，《隋書·經籍志一》著録"《遊玄桂林》九卷，張譏撰"，《經籍志三》作"《遊玄桂林》二十一卷、目一卷，張譏撰"。《舊唐書·經籍志上》《新唐書·藝文志一》皆作"《游玄桂林》二十卷"。

子孝則，官至始安王記室參軍。

顧越字允南，[1]吴郡鹽官人也。所居新坂黄岡，[2]世有鄉校，由是顧氏多儒學焉。祖道望，[3]齊散騎侍郎。父仲成，梁護軍司馬、豫章王府諮議參軍。家傳儒學，並專門教授。

［1］允南：按，《陳書》卷三三《顧越傳》、《通志》卷一七三作"思南"。《册府元龜》卷五九七作"思南"，卷七八六作"允南"。

［2］新坂：按，《陳書·顧越傳》、《通志》卷一七三作"新坡"。

［3］祖道望：以下至"並專門教授"，按，此段記述爲《陳書》本傳所無。

越幼明慧，有口辯，勵精學業，不捨晝夜。弱冠游學都下，[1]通儒碩學，必造門質疑，討論無倦。至於微言玄旨，《九章》七曜，音律圖緯，咸盡其精微。時太子詹事周捨以儒學見重，名知人，一見越，便相歎異，命與兄子弘正、弘直游，厚爲之談，由是聲譽日重。時又有會稽賀文發，學兼經史，與越名相埒，故都下謂之發、越焉。

[1]弱冠游學都下：以下至"故都下謂之發、越焉"，按，此段記述《陳書》卷三三《顧越傳》僅以"梁太子詹事周捨甚賞之"一語概括之。

初爲南平元襄王偉國右常侍，[1]與文發俱入府，並見禮重。[2]尋轉行參軍。[3]大通中，[4]詔飈勇將軍陳慶之送魏北海王顥還北主魏，[5]慶之請越參其軍事。時慶之所向剋捷，直至洛陽。[6]既而顥遂肆驕縱，又上下離心，越料其必敗，以疾得歸。裁至彭城，[7]慶之果見摧衄，越竟得先反，時稱其見機。及至，除安西湘東王府參軍。[8]及武帝撰《制旨新義》，選諸儒在所流通，遣越還吴，敷揚講説。

[1]南平元襄王偉：蕭偉。字文達，梁武帝第八弟。本書卷五二、《梁書》卷二二有傳。

[2]與文發俱入府，並見禮重：按，《陳書》卷三三《顧越傳》作"與會稽賀文發俱爲梁南平王偉所重，引爲賓客"，《通志》卷一七三與本書同。

[3]尋轉行參軍：《陳書·顧越傳》作“引爲賓客”。按，《陳書》未載越在南平王國歷官右常侍及行參軍事。

[4]大通中：以下至“時稱其見機”，按，此段敘述爲《陳書·顧越傳》所無。大通，南朝梁武帝蕭衍年號（527—529）。

[5]陳慶之：字子雲，義興國山（今江蘇宜興市）人。本書卷六一、《梁書》卷三二有傳。　魏北海王顥：元顥。字子明，鮮卑族，北魏宗室。襲父爵北海王。《魏書》卷二一上、《北史》卷一九有傳。

[6]洛陽：城名。北魏孝文帝南遷後的都城，在今河南洛陽市東北漢魏故城。

[7]彭城：地名。在今江蘇徐州市。

[8]及至，除安西湘東王府參軍：以下至“尋除《五經》博士，仍令侍宣城王講”。按，本書此大段記述，《陳書·顧越傳》衹有“説《毛氏詩》，傍通異義”“尋補《五經》博士”諸語與之略合，其餘皆無。王府參軍，官名。南朝梁始於皇弟皇子府置正參軍，四班。陳沿置，八品。

越徧該經藝，深明《毛詩》，傍通異義。特善《莊》《老》，尤長論難，兼工綴文，閑尺牘。長七尺三寸，美鬚眉。武帝嘗於重雲殿自講《老子》，[1]僕射徐勉舉越論義。越抗首而請，音響若鐘，容止可觀，帝深贊美之。由是擢爲中軍宣城王記室參軍，[2]尋除《五經》博士，仍令侍宣城王講。

[1]重雲殿：殿堂名。位於建康宫華林園内。梁時殿前置有銅儀。在今江蘇南京市雞籠山南古臺城内。

[2]記室參軍：官名。王府記室參軍的簡稱。皇弟皇子府屬官。梁六班。陳六品。

大同八年，[1]轉安西武陵王府内中録事參軍，[2]尋遷府諮議。及侯景之亂，越與同志沈文阿等逃難東歸，賊黨數授以爵位，越誓不受命。承聖二年，詔授宣惠晋安王府諮議參軍，領國子博士。越以世路未平，無心仕進，因歸鄉，栖隱于武丘山，[3]與吴興沈炯、同郡張種、會稽孔奂等，[4]每爲文會。紹泰元年，復徵爲國子博士。[5]

[1]大同八年：以下至“每爲文會”，按，此段記述爲《陳書》卷三三《顧越傳》所無。

[2]中録事參軍：官名。南朝梁置，爲皇弟皇子府、嗣王蕃王府及庶姓公府、持節府、諸督府僚屬，七班至三班。陳沿置，六品至九品。

[3]武丘山：山名。即虎丘山。《吴地記》：“虎丘山，避唐太祖諱改爲武丘。”在今江蘇蘇州市西北。

[4]沈炯：字初明（《陳書》作“禮明”），吴興武康（今浙江德清縣）人。本書卷六九、《陳書》卷一九有傳。 張種：字士苗，吴郡吴（今江蘇蘇州市）人。本書卷三一有附傳，《陳書》卷二一有傳。

[5]復徵爲：按，《陳書·顧越傳》作“還”，《通志》卷一七三與本書同。

陳天嘉中，詔侍東宫讀。除東中郎鄱陽王府諮議參軍，[1]甚見優禮。尋領羽林監，遷給事中、黄門侍郎，[2]國子博士、侍讀如故。時朝廷草創，[3]疑議多所取決，咸見施用。每侍講東宫，皇太子常虚己禮接。越以宫僚未盡時彦，且太子仁弱，宣帝有奪宗之兆，内懷憤激，乃上疏曰:“臣梁世薄宦，禄不代耕。季年板蕩，竄身窮谷。幸屬聖期，得奉昌運。朝廷以臣微涉藝學，遠垂徵引，擢臣以貴仕，資臣以厚秩，二宫恩遇，有異凡流。木石知感，犬馬識養，臣獨何人，罔懷報德。伏惟皇太子天下之本，養善春官，[4]臣陪侍經籍，於今五載。如愚所見，多有曠官，輔弼丞疑，未極時選。至如文宗學府，廉潔正人，當趨奉龍樓，[5]晨游夕論，恒聞前聖格言，往賢道政。[6]如此，則非僻之語，無從而入。臣年事侵迫，非有邀求，政是懷此不言，則爲有負明聖。敢奏狂瞽，[7]願留中不泄。”[8]疏奏，帝深感焉，而竟不能改革。

[1]鄱陽王：按，《陳書》卷三三《顧越傳》作“始興王”，《通志》卷一七三與本書同。參《陳書》中華本校勘記。

[2]遷給事中、黄門侍郎：按，大德本、汲古閣本、殿本、百衲本及《通志》卷一七三同，中華本據《陳書·顧越傳》改作“遷給事黄門侍郎”，似未必恰當。參中華本校勘記。

[3]時朝廷草創：以下至“而竟不能改革”，按，此段記述爲《陳書·顧越傳》所無。

[4]春官：按，大德本、汲古閣本、殿本、百衲本、中華本作“春宫”。底本誤，應據諸本改。春宫，即東宫，太子宫。《資治通鑑》卷一七二《陳紀六》胡三省注:“太子居東宫，東方主春，故亦曰春宫。”

[5]龍樓：本漢代太子宫門名。此借指太子或太子居處。

[6]道政：按，大德本、汲古閣本、殿本、百衲本、中華本作“政道”。

[7]狂瞽：猶愚妄無知。多用作自謙之辭。

［8］留中：謂將奏章留置宮禁之中，不交有司處理。

及廢帝即位，拜散騎常侍，兼中書舍人，黄門侍郎如故。領天保博士，[1]掌儀禮，猶爲帝師，朝夕講授，[2]甚見尊寵。時宣帝輔政，華皎舉兵不從，[3]越因請假東還。[4]或譖之宣帝，言越將扇動蕃鎮，遂免官。[5]太建元年，卒於家，年七十七。

［1］天保博士：官名。南朝陳置，職掌禮儀。品秩無考。

［2］朝夕：按，大德本、汲古閣本、殿本、百衲本、中華本作“入”。《通志》卷一七三與本書同。

［3］華皎：晋陵暨陽（今江蘇江陰市）人。本書卷六八、《陳書》卷二〇有傳。

［4］越因請假東還：按，《陳書》卷三三《顧越傳》作“越在東陽”，《通志》卷一七三與本書同。

［5］言越將扇動蕃鎮，遂免官：按，《陳書·顧越傳》作“言其有異志，詔下獄，因坐免”，《通志》卷一七三與本書同。

所著《喪服》《毛詩》《老子》《孝經》《論語》等義疏四十餘卷，詩頌碑誌牋表凡二百餘篇。[1]

［1］“所著《喪服》”至“凡二百餘篇”：按，《陳書》卷三三《顧越傳》無此段記述，《通志》卷一七三與本書同。《舊唐書·經籍志下》《新唐書·藝文志四》著録“《顧越集》二卷”。

時有東陽龔孟舒者，亦通《毛詩》，善談名理。仕梁，位尋陽郡丞。[1]元帝在江州，遇之甚重，躬師事焉。

天嘉中，位太中大夫。[2]

[1]郡丞：官名。爲郡守副貳，佐郡守掌衆事。宋八品。梁十班。陳七品至八品，秩六百石。

[2]太中大夫：官名。亦作大中大夫。侍從皇帝左右，掌顧問應對，參謀議政。宋七品。品秩雖不高，禄賜與卿相當。梁、陳多用以安置老疾退免的九卿等大臣，無職事。梁十一班。陳四品，秩千石。按，《陳書》卷三三《顧越傳》下有"太建中卒"四字，《通志》卷一七三與本書同。

沈不害字孝和，吴興武康人也。[1]幼孤，而脩立好學。[2]

[1]吴興武康人也：按，《陳書》卷三三《沈不害傳》下有"祖總，齊尚書祠部郎；父懿，梁邵陵王參軍"語，《通志》卷一七三下有"家世冠族"四字。

[2]而脩立好學：按，《陳書·沈不害傳》下有"十四，召補國子生，舉明經。累遷梁太學博士，轉廬陵王府刑獄參軍，長沙王府諮議，帶汝南令"數語，似不當删。《通志》卷一七三下有"梁世爲太學博士"七字。

陳天嘉初，除衡陽王府中記室參軍，[1]兼嘉德殿學士。[2]自梁季喪亂，至是國學未立，不害上書請崇建儒宫，帝優詔答之。[3]又表改定樂章，詔使製三朝樂服歌詞八首，[4]合二十曲，[5]行之樂府。後爲國子博士，領羽林監。敕脩五禮，掌策文謚議等事。太建中，位光禄卿，[6]通直散騎常侍，兼尚書左丞，卒。[7]

[1]衡陽王：陳伯信。字孚之，陳文帝第七子。本書卷六五、《陳書》卷二八有傳。

[2]嘉德殿學士：官名。南朝陳置，爲文學侍從。品秩無考。

[3]不害上書請崇建儒宮，帝優詔答之：按，不害上書詳文及文帝詔文俱載《陳書》卷三三《沈不害傳》。《通志》卷一七三作“不害上書請建儒宮，詔付外議，依事施行”。

[4]樂服歌詞：按，大德本、汲古閣本、殿本、百衲本、中華本及《通志》卷一七三並作“樂歌詞”。《陳書·沈不害傳》作“樂歌”。

[5]二十曲：按，《陳書·沈不害傳》作“二十八曲”，《通志》卷一七三與本書同。

[6]光禄卿：官名。南朝梁武帝改光禄勳置，位列十二卿，掌宫殿門户及一部分宫廷供御事務，十一班。陳因之，三品，秩中二千石。

[7]卒：據《陳書·沈不害傳》，其於陳宣帝太建十二年（580）卒，時年六十三。

不害通經術，善屬文，雖博綜經典，[1]而家無卷軸。每製文，操筆立成，曾無尋檢。汝南周弘正常稱之曰：“沈生可謂意聖人乎！”著《五禮儀》一百卷，文集十四卷。[2]

[1]經典：按，《陳書》卷三三《沈不害傳》作“墳典”，《通志》卷一七三與本書同。

[2]文集十四卷：按，《舊唐書·經籍志下》《新唐書·藝文志四》著録“《沈不害集》十卷”。

子志道，字崇基，少知名，位安東新蔡王記室參軍。[1]陳亡入隋，卒。

[1]位安東新蔡王記室參軍：按，《陳書》卷三三《沈不害傳》“位”作“歷”，其上有“解褐揚州主簿，尋兼文林著士”十二字；《通志》卷一七三作“除”。

王元規字正範，太原晋陽人也。[1]祖道實，[2]齊晋安郡守。父瑋，梁武陵王府中記室參軍。

[1]太原：郡名。治晋陽縣，在今山西太原市西南。　晋陽：縣名。治所在今山西太原市西南。

[2]道實：按，《陳書》卷三三《王元規傳》作“道寶”，《通志》卷一七三與本書同。

元規八歲而孤。兄弟三人，隨母依舅氏往臨海郡，時年十二。郡土豪劉瑱者，資財巨萬，欲妻以女。母以其兄弟幼弱，欲結强援。元規泣請曰：“姻不失親，古人所重，[1]豈得苟安異壤，輒昏非類？”母感其言而止。

[1]姻不失親，古人所重：語本《論語·學而》：“因不失其親，亦可宗也。”孔安國曰：“因，親也，言所親不失其親。亦可宗敬。”按，大德本同，汲古閣本、殿本、百衲本及《通志》卷一七三“姻”作“因”。《陳書》卷三三《王元規傳》作“姻”，錢大昕《廿二史考異》卷二七云：“此以‘因’作‘婚姻’解，與《論語》孔安國義異。”

元規性孝，事母甚謹，晨昏未嘗離左右。梁時山陰縣有暴水，流漂居宅，元規唯有一小舩，倉卒引其母、妹並姑姪入舩，[1]元規自執檝棹而去，留其男女三人，閣於樹杪。及水退，俱獲全，時人稱其至行。

[1]姑姪：按，《陳書》卷三三《王元規傳》作“孤姪”，《通志》卷一七三與本書同。或疑“孤”字爲是。

少從吴興沈文阿受業，十八，通《春秋左氏》《孝經》《論語》《喪服》。[1]仕梁，位中軍宣城王記室參軍。[2]陳天嘉中，爲鎮東鄱陽王府記室參軍，領國子助教。後主在東宫引爲學士，就受《禮記》《左傳》《喪服》等義。國子祭酒新安王伯固嘗因入宫，[3]適會元規將講，乃啓請執經，時論榮之。俄除尚書祠部郎。自梁代諸儒相傳爲《左氏》學者，皆以賈逵、服虔之義難駁杜預，[4]凡一百八十條。元規引證通析，無復疑滯。每國家議吉凶大禮，常參預焉。後爲南平王府限内參軍。[5]王爲江州，元規隨府之鎮，四方學徒，不遠千里來請道者，常數十百人。陳亡入隋，卒於秦王府東閤祭酒。[6]

[1]通《春秋左氏》《孝經》《論語》《喪服》：按，《陳書》卷三三《王元規傳》同，《通志》卷一七三“春秋左氏”“喪服”分别作“春秋”“喪服記”。

[2]仕梁，位中軍宣城王記室參軍：按，《陳書·王元規傳》“位”作“除”。又，“除”上有“中大通元年，詔策《春秋》，舉高第，時名儒咸稱賞之。起家湘東王國左常侍，轉員外散騎侍郎。

簡文之在東宫，引爲賓客，每令講論，甚見優禮”，“參軍”下有“及侯景寇亂，攜家屬還會稽”，此諸記述，不當盡删。又“仕梁”至“參軍”，《通志》卷一七三作“舉高第，除中軍安成王府記室參軍”。

［3］國子祭酒新安王伯固嘗因入宫：按，大德本、汲古閣本、殿本、百衲本同，中華本據《陳書·王元規傳》於“國”前補“遷”字，且斷爲“遷國子祭酒”和“新安王伯固嘗因入宫”前後二句。故見馬宗霍《南史校證》指出：“檢《陳書·新安王伯固傳》，太建十年，嘗爲國子祭酒，則祭酒爲伯固，非元規也。元規原爲國子助教，不得驟遷至祭酒……疑《陳書》‘遷’字爲誤衍。”（湖南教育出版社 2008 年版，第 1096 頁）按，《通志》卷一七三亦誤衍“遷”字。國子祭酒，官名。西晋武帝咸寧四年（278）始立國子學置。其後歷代因之。南朝梁置一員，總領國子學、太學，十三班。陳沿置，三品，秩中二千石。新安王伯固，陳伯固。字牢之，陳文帝第五子。本書卷六五、《陳書》卷三六有傳。

［4］賈逵：字景伯，扶風平陵（今陝西咸陽市）人。《後漢書》卷三六有傳。

［5］南平王：陳嶷。字承嶽，陳後主第二子。本書卷六五、《陳書》卷二八有傳。

［6］卒於秦王府東閤祭酒：據《陳書·王元規傳》，元規“年七十四，卒於廣陵”。東閤祭酒，官名。東漢末置，王公、丞相、將軍府僚屬。其後，歷代沿置。隋親王府各置一員，掌閤内事，從七品。

元規著《春秋發題辭》及《義記》十一卷，［1］《續經典大義》十四卷，《孝經義記》兩卷，《左傳音》三卷，［2］《禮記音》兩卷。

[1]元規著《春秋發題辭》及《義記》十一卷：按，《隋書·經籍志一》著録“王元規續沈文阿《春秋左氏傳義略》十卷”，或以爲“義記”當作“義略”，此書即沈文阿《春秋義略》所“闕下袟”。參錢大昕《廿二史考異》卷三七及《陳書》、本書中華本校勘記。

[2]《左傳音》三卷：按，《舊唐書·經籍志上》《新唐書·藝文志一》均有著録。

子大業，聰敏知名。

時有吴郡陸慶，少好學，徧通《五經》，尤明《春秋左氏傳》，節操甚高。仕梁爲婁令。[1]陳天嘉初，徵爲通直散騎侍郎，不就。永陽王爲吴郡太守，[2]聞其名，欲與相見，慶辭以疾。時宗人陸榮爲郡五官掾，[3]慶嘗詣焉。王乃微服往榮宅，穿壁以觀之。王謂榮曰："觀陸慶風神凝峻，殆不可測，嚴君平、鄭子真何以尚兹。"[4]鄱陽、晋安王俱以記室徵，[5]不就。乃築室屏居，以禪誦爲事，[6]由是傳經受業者蓋鮮焉。

[1]婁：縣名。治所在今江蘇昆山市東北。

[2]永陽王：陳伯智。字策之，陳文帝第十二子。本書卷六五、《陳書》卷二八有傳。

[3]郡五官掾：官名。郡太守屬吏，掌功曹及諸曹事。南朝梁自三班至流外四班不等。陳八品、九品不等。

[4]嚴君平、鄭子真：並西漢隱士。嚴君平，名遵，字君平，蜀人。卜筮於成都市。鄭子真，名樸，字子真，谷口人，一説褒中人。耕於巖石之下。二人事均見《漢書》卷七二《王貢兩龔鮑傳序》及顔師古注。

[5]鄱陽、晋安王：陳伯山、陳伯恭。伯山字静之，伯恭字肅之，陳文帝第三、第六子。本書卷六五、《陳書》卷二八皆有傳。

[6]禪誦：佛教語。謂坐禪誦經。

論曰：語云："上好之，下必有甚焉者。"[1]是以鄒纓齊紫，[2]且以移俗，况禄在其中，可無尚歟？當天監之際，時主方崇儒業，如崔、嚴、何、伏之徒，前後互見升寵，于時四方學者，靡然向風，斯亦曩時之盛也。自梁迄陳，年且數十，雖時經屯詖，[3]郊生戎馬，而風流不替，豈俗化之移人乎。[4]古人稱上德若風，下應猶草，[5]美哉，豈斯之謂也！

[1]上好之，下必有甚焉者：即上好下甚。語本《孟子·滕文公上》："上有好者，下必有甚焉者矣。"意思是在上者所喜好的，在下者就會更加喜好。

[2]鄒纓齊紫：語本《韓非子·外儲説左上》："齊桓公好服紫，一國盡服紫。當是時也，五素不得一紫。"又云："鄒君好服長纓，左右皆服長纓，纓甚貴。"比喻上行而下效。

[3]屯詖（bì）：猶言艱難險阻。

[4]俗化：習俗教化。　移人：謂使人的精神情態等改變。

[5]上德若風，下應猶草：語本《孟子·滕文公上》："君子之德，風也；小人之德，草也。草尚之風必偃。"